【当代华语世界思想者丛书】

宪政中国

——迷途与前路

The Future of Constitutional China

张千帆 著

博登书屋·纽约

The Future of Constitutional China
Zhang Qianfan

Published by Bouden House, New York

宪政中国
　　——迷途与前路
张千帆 著

当代华语世界思想者丛书
主　编：荣　伟
副主编：罗慰年
出　版：博登书屋·纽约（Bouden House · New York）
邮　箱：boudenhouse@gmail.com
发　行：谷歌图书（电子版）、亚马逊（纸质版）
版　次：2020 年 6 月 第一版，第一次印刷
字　数：195 千字
定　价：$35.00 美元

主编前言

荣 伟

筹备已久的《当代华语世界思想者丛书》终于在纽约出版了。在目前华语世界出版（包括香港、台湾及海外）日益低迷，尤其在受到极权体制的打压日益困难的局面下，我们筹划的这套丛书能够在纽约这个国际大都会当然也是国际文化艺术中心这个大平台上出版发行，可以说更加具备深远意义。

《当代华语世界思想者丛书》旨在推出一批具有独立思想正确价值观、对中国乃至世界的当下时事政治、经济、文化艺术以及哲学、历史等研究领域的深度学术研究著作，特别努力推出鼓励年轻一代学者学术研究。当今世界已经是个信息化、全球化的时代，年轻一代学者视野宽广、思想开放，有独立见解没有或少些思想的禁锢和羁绊，许多年轻学者更具有挑战权威和批判所谓"学术霸主"的勇气和全新的知识结构，我在他们身上看到了未来中国的希望。

独立学者荣剑前几年写过一篇文章"没有思想的中国"，当然他的批判指向是十分明确的。不过我们扪心自问回顾一下近百年来，我们中国人对这个世界到底贡献了什么样的思想或者什么样的精神产品？尤其是 1949 年后我们当代中华文明在当代世界文明大家庭中占有多大一席之地？记得大约十多年前回国和一些学者朋友聚会，其中有学者问我在美国有哪些中国大陆当代搞理论（哲学文化研究）的学者有影响？或者有谁著作被翻译出版？我想了半天回答他们说基本上没有，当然 80 年代曾经影响一代年轻学子的学者李泽厚著作有英文翻译，但是他的理论著作翻译成英文一看就知道一半是马克思主义，一半是中国儒家的东西，实在对西方理论界不能产生什么影响。当时在座也都是国内重量级学者教授，听了我这个结论大家也是无语一阵唏嘘不已。

如今曾几何时国内有些"学术霸主"名声鹊起，看上去学术著作汗牛充栋，拉大旗充虎皮，对年轻学子大谈什么斯特劳斯、施密特等，感觉你今天不懂斯特劳斯、施密特就不能上学术台面的地步！但是这些"学术霸主"如果将他们的学术著作翻译成外文恐怕根本经不起在国际学术舞台上的检验，正如中国的产品在世界上是"山寨"的代名词，中国的这些"学术霸主"的产品恐怕也是另一种"山寨"！我们这个民族还有思想吗？或者还有对当代世界文明有贡献的思想吗？这是我们这个民族应该感到悲哀和深刻反思的。

《当代华语世界思想者丛书》希望努力打造一个在华语世界思想自由交流自由表达的平台，真正让我们的学者能够对我们这个民族的历史与现实的问题做深入的探讨和思考，最重要的是他们都享有在美国宪法第一修正案的保障：充分的言论自由。可以想象，在一个没有言论自由保障的国家，怎么可能会或者容许有真正的思想或者有创造性的思想产生？《当代华语世界思想者丛书》也将推动在华语世界不断产生真正的思想者！

庚子年 2020 年 3 月 28 日

作者序

这本书汇集了我最近十余年来较有力度的六篇非技术性论文，多数是对过去百余年宪政历史事件的纪念、反思和感悟。我对中国宪政史并无系统研究，总是东一榔头西一棒，碰到这个事件百年写一篇，碰到那个事件一甲子写一篇……回头一看，倒也划点成线，从《钦定宪法大纲》到辛亥革命和五四运动，从"文革"到"南巡"讲话，竟然拼成了一部相对完整的叙事。在我记忆中，中国近代史上的重大宪政转折点基本上都在这里了，今后也不会再为什么事的大日子写纪念文了。120 年过去，中国还没有一个大日子是宪政的好日子。毕竟，我们不能总是活在过去的悲惨世界中；在总结、汲取教训之后，还是要向前看、向前走。经历了挫折、失败、困顿、倒退，宪政中国需要有自己的路碑和节日。

第一篇是为纪念立宪百年而写的政论，也受马英九当选台湾总统激发，成稿于 2008 年 3 月。在过去百年，中国宪政曾有过两次标志性事件：1908 年颁布《钦定宪法大纲》和 1911 年爆发辛亥革命。当然，此后还有过一个匆匆出台而昙花一现的《十九信条》。如果说《钦定宪法大纲》启动了清政府半心半意、半推半就的宪政改革，那么《十九信条》则是满清在兵变逼迫下不得不放弃特权、改革政体的产物。假如革命党和袁世凯能有英国"光荣革命"或日本明治维新的智慧，顺势利导、维持皇位、革除皇权，则中国早已走上虚君共和之路，此后百年的内战（乃至侵略与抗战）、"跃进""文革"等种种浩劫亦无从发生。然而，由于清廷一再阻扰宪政，不断葬送改良机会，以至民心尽失，此时纵然洗心革面也回天无力，《信条》很快成为一张废纸，大清王朝不可一世的愚顽、傲慢和短视葬送了自己。不幸的是，革命的成功意味着改良的终结甚至宪政的末日。虽然第一共和与第二共和先后登场，但是百年中国却离宪政渐行渐远。

　　第二篇纪念辛亥百年，发表于2011年圣诞。短短三年之间，随着社会恶性事件的持续发酵和胡温体制趋近终结带来的普遍失望，中国时局和社会情绪都变得悲观了许多。这种情绪变化也体现于两篇文章的语象转折，后一篇要激愤和悲观得多。当然，悲观未必是坏事；百年中国就是对前景太乐观了，以至于肆意折腾，直到今日难以为继的地步。毕竟，革命百年了，宪政不进反退，总要有人给它写一篇审判。《公民宪政宣言》借鉴美国《独立宣言》《法国人权宣言》和《共产党宣言》写成，是我迄今为止在国内传播最广的文献。虽然言辞犀利，但是主旨在于探索宪政转型的条件和机理，以及中国突围改良—革命历史轮回的出路。此文发表后，惊动了最高层，让我一下子进入了"黑名单"。只是紧接着发生了《南周》"新年献词"事件，冲淡了它的严重性。即便如此，文章的删节版还曾以不同标题发表在周志兴主持的《领导者》和孙国栋主编的《律师文摘》；今天，两本编外杂志均已停刊，可见政治环境的恶化程度。《宣言》的传播得益于北大为纪念辛亥百年邀请我讲座，而我平生第一次整个讲座照本宣科，当然主题必须改为"辛亥革命与中国宪政"。虽然校方不知处于何种考虑，临时把讲座换到一个更小的教室，但是当年竟然还能做这样的讲座，今天想来真是恍如隔世。

　　第三篇纪念"五四"百年，"兼顾"1949。某种意义上，1919是两次革命之间承前启后的关节点，王国维先生"从共和到共产"之谶语已现印证的端倪。这一篇成文较晚。此前，我在柏林高研院访问了将近一年，查阅了关于社会契约论和政体设计的大量文献，形成和发展了以政治自然法重构社会契约论的基本思路，并认识到中国宪政百年困顿的根本原因不在于宪法，而在于社会契约的完全缺位。革命之所以反宪政，归根结底在于它反契约；中国历史上的政权无论革命还是反革命，都严重违背几乎一切政治自然法。辛亥革命虽然流血不多，但已经形成了反契约定式。清廷和保皇派作为当时一派重要社会力量，被完全撇在一边，意味着袁世凯和国民党达成的临时权力妥协也迟早会破裂。果然两年不到，1913年刺宋案即宣告政治合作彻底破产。此后帝制复辟和军阀轮流坐庄，使国人对共和民主心生厌倦。

正值欧洲民主陷于一战低谷，凡尔赛条约成了点燃赵家楼大火的导火线，国人仿佛一夜之间就把自洋务运动以来以西方为师的初衷抛诸脑后。但是从辛亥至五四的关键词频分析表明，"革命""列宁""社会主义"等反契约概念一路飙升，至 1919 年已成定势。此后短短三十年，共产革命即全面胜利，或有其命中注定的必然性。

极权国体既已确立，各种灾难在所难免。大小运动不断，"大跃进"带来"大饥荒"。及至领袖权威遭到挑战，还发动一场空前浩劫来保持自己的权位。为纪念"文革"爆发半个世纪，第四篇分析极权政体的特征以及极权退潮之后的转型路径。如果契约社会以横向连接为特征，那么极权国家正好是其极端对立面。我把理想极权结构形容为一个"零阻抗"导体：信息无阻碍地从最底层上达最高层，命令则无障碍地从最高层下达最底层。正是这样的体制使最高领袖得以在党内权威受到削弱后，发动体制外的社会力量打倒自己的政治对手，但同样是为了一个人的权力，社会革命的代价远远大于宫廷内斗的代价。

"文革"之后是改革，危机之后是转机。第五篇纪念——更准确地说，祭奠—邓小平"南巡"二十周年。尤其相对于今天的全面倒行逆施，中国社会愈加怀念邓小平的韬光养晦、江泽民的"三个代表"甚至胡锦涛的"不折腾"，但那是一个苟且的时代，那个时代的苟且决定了今天的困境。中国是不幸的，迄今为止看到的都是不幸——1898 年改良失败、1900 年庚子拳乱、1911 年帝制终结、1927 年革命终于"成功"、1949 年革命再次成功、1959 年开始三年饥荒、1966 年"继续革命"……好不容易迎来 1976-78 之后的改革黄金十年，1989 年还是以不幸终结。在很大程度上，这次不幸是因为中国改早了。改革必然导致新旧两种力量交锋，而邓小平、陈云等第一代领导人尚在，绝不会允许江山易色。这一点和苏联同期有本质不同。中国以血的教训促成了世界"民主第三波"的成功，东欧乃至印尼等国的和平转型均以天安门事件为戒，各国成功的"教训"又转化为后八九体制强化社会管控的"经验"。"邓南巡"启动了无政改的经改，畸形发展形成的庞大利益集团进一步扼制未来的政改。没有选票，再多的自由、财富或半吊子法治都可以一夜之间被打回准"文革"的原形。

正因为此，当这一届领导人上台，部分出于其特定的家庭背景，社会对其政治改革的期望颇高，我也不能"免俗"。2012年底，我起草《改革共识倡议书》，并在吴思、洪振快支持下，和《炎黄春秋》杂志社共同举办研讨会并征集意见和签名，郭道晖、江平、资中筠等多位著名学者、律师和媒体人参加，李锐老先生也坐着轮椅出现在会场。之前曾受到干预而不得不改换会场，我自己则被学校要求不得组织参与。为了保证会议顺利进行，我只能一头一尾露个面，会议由杂志社的朋友们主持。虽然国内杂志没敢刊登原文，但是《倡议书》被翻译成英文和日文，在海外流传甚广。第一批联署征集了70余位知名学者联名，后来又征集了两三批，共数百人。这是2008年之后，国内第一次大规模公知联名活动。由于倡议色调温和，而且在迅速遭到全网封杀之后没有坚持征集，因而这次活动没有给参与者带来不利影响。也正是因为倡议温和，遭到不少激进派的指责，说我们在"跪求"当局云云。读者看了《倡议书》的内容和行文，不难判断这类无厘头指责是否公平。

事实上，之所以取名"倡议书"而非"建议""谏言"之类的题名，正是因为这份倡议不只是"上书"，更是面向社会，希望通过公开讨论就改革方向形成社会共识。当时也有老师提醒我不要太"乐观"。事后看，这类告诫是有远见的，但还是把《倡议书》的定位局限于上书。而即便是上书，我认为也是有必要的。当一个不知底细的领导人上任，知识界有义务表达自己对其施政方向的期望。至于做不做是他的事情，但说不说是我们的事情。这是一个责任公民对国家所应有的态度。我在此表达一个改良派的不改"初心"：如果今后遇到适当的转机，仍然会以《倡议书》原文再次发动联署，因为它所提倡的改革是一个健康中国所必须坚持的发展方向，而近年来不仅一条没有落实，反而大开倒车。这样下去，真不知会把中国带向何处。

2020年初，新冠病毒开始肆虐，让国人看到了宪政民主之于健康中国的重要意义。一群同道草拟了"中国良心知识分子谈宪政民主问卷"，覆盖了宪政民主的基本理念和制度设计等主要方面，希望能激发中国公知思考未来的宪政制度框架。批评和反对是知识分子的天职，但是关心中国未来的知识分子不能只知道反对，更要懂得制度建构和实践操作。值"五四"101 岁之际,张伦兄主持的"中国:历史与未来"网开张,首发了我的答卷。[1] 答卷针对 36 个问题,扼要而全面地总结了我最近二十余年来对宪政中国的思考。我的大致结论体现在标题当中:中国的当务之急不是制宪,而是立约和行宪,左右各派都必须承认并遵守社会契约和政治自然法的基本原则;和许多美国总统制的崇拜者不同的是,我主张未来中国宪政制度的基本型态是议会制+联邦制。这是经过大量文献考察并结合中国实情得出的结论,具体参见答卷中的相关部分。本书最后一部分收录了这份答卷,也算是我在宪政中国困顿之际对这个时代的一份答卷。

在国内言论环境大踏步倒退的今天,承蒙《当代华语世界思想者丛书》主编荣伟兄约稿,为国内思想者提供了继续发声的机会,在此特致诚挚的感谢!

---

[1] 张伦的发刊词:"思索未来、再造文明"、执象的开卷词及其对答卷的评论:"宪政工程学的雏形与深度", 分别见 https://www.chinese-future.org, https://www.chinese-future.org/articles/l2ssnll7h7hte5sgcbh8tzyt8fbpnd, https://www.chinese-future.org/articles/enr4pywjh3htjwajtmkdp7bac7s8zx.

目 录

壹、從国共合作到"第三共和"

国共内斗毁了"第一共和",暴力革命只能建立假"共和",真正意义的国共合作或能缔造"第三共和"。

一、引言

1908年,中国制定了第一部成文宪法《钦定宪法大纲》。之后百年,中国风风雨雨、磕磕碰碰,经历了太多的人世沧桑。《大纲》不是一部什么好宪法,里面充斥着传统皇权的专横与傲慢。由于既得利益集团的重重阻挠,清廷在官制改革等一系列重大举措上止步不前、陷入困境;宪法大纲也只有短短三年寿命,整个改良运动到辛亥革命便宣告彻底失败。究其失败的原因,无非是官民矛盾不能通过有效的制度加以解决。当然,《大纲》里面也有"议院""言论""自由""财产"这些来自西方的当时中国颇为陌生的字眼,但就是这区区几个舶来的概念耗费了中国几代人的努力。之后经历了两次革命、通过了十来部宪法,但是没有一部宪法得到真正的落实。直到今天,即便这些东西大都进入了现行宪法文本,也基本上流于表面。"有宪法、无宪政"是中国立宪百年的常态,其间夹杂着军阀混战、极权统治、社会灾难和生灵涂炭。

百年之后,2008年3月,国民党候选人马英九获得了台湾大选的胜利。台湾政党的"二次轮替"不仅标志着台湾民主的成熟,而且也至少暂时化解了台海在民进党执政期间的紧张局势。国共"第三次合作"的呼声重新在民间浮现，甚至排上官方的议事日程。对于两岸和平来说，这些当然都是利好消息；惟独政策上的谈判、经济和文化上的合作乃至两岸关系的松动与和解，尚不能令人满足，因为国共两党几十年来打打杀杀，不仅造成神州遍地战火横飞、生灵涂炭，而且断送了太多的宪政发展良机。台湾地区直到1987年解禁之后才开始宪政，大陆地区则时至今日仍然处于"有宪法而无宪政"的状态；社会问题不能通过正常的制度途径得到解决，以至越积越多、难以为继。如果我们还相信"解铃还需系铃人"这句古话，那么中国宪政这个死结可能还确实需要第三次国共合作才能解开。但这一次不能像前两次那样，合作只是对付内乱或外敌的权宜之计，各自心里却在打着如何大权独揽的如意算盘；第三次合作承载着在本质上不同的历史使命，那就是为中国带来一个真正的共和——如果没有更合适的名字，不妨称之为"第三共和"。

在过去百年中，中国已经有过两次共和：第一次推翻了帝制，第二次结束了内战。两次共和历程中，国共几度为友、几度为敌，但是两者都分享几个共同特点。第一，国共两党都是革命党，因而其所缔造的共和也是通过暴力革命夺取的结果。1911年的辛亥革命，国民党革了清王朝的命；1949年的共产革命，共产党又革了国民党的命。这样，两次革命所建立的共和又带上了第二个共同特征，那就是它们都实行一党执政体制。一党执政不可能实现权力制衡，因而就产生了第三个共同问题，那就是两次共和都没有实现宪政。第一共和虽然以宪政为目标，但是直到1949年败退台湾，也没有迎来宪政；到台湾之后仍然实行一党"训政"（在某种意义上，戒严甚至可以说是一种"军政"），竟长达38年之久；第二共和则更是长期追求"专政"而非宪政，因而宪政之遥遥无期也就十分可以理解了。

两次共和历时近百年，其间成千上万的中国人互相残杀，整个民族付出了惨重代价，到头来还不知究竟是为什么。目睹百年革命的乱象之后，我们今天应当引以为戒了。这个戒律不是别的，就是革命与宪政的势不两立；革命不等于宪政，也不可能实现宪政。国共两党领导了两次革命，不仅颠覆了古代政制、扫荡了传统文化，而且也永久搁置了宪政。既然宪政是两次共和共同的历史欠账，我们有理由要求国共两党再来一次共和,还中国一个真正的宪政。中国宪政如果还有前途的话,那就是由中国人民在两党(或多党)和平竞争的基础上共同缔造的第三共和。

二、告别革命

百年宪政的坎坷之路,在此不必絮叨了。甲午海战的震撼、马关条约的耻辱、公车上书的激动、百日维新的亢奋、"六君子"的悲壮、彷行宪政的希望和失望、辛亥革命的幸运、"大总统"的逆行、"贿选宪法"的苦涩、"联省自治"的无奈、北伐成功的欢欣和接踵而来的血腥、民国宪法的终成正果和仓皇败离……这一切往事似乎早已是过眼云烟但又确实并不如烟。1949 年后,中国大陆终于恢复了统一,但是动盪并不少见。五四宪法很快被"反右"和"大跃进"的浪潮湮没,"文革"的流毒则感染了 1975 和 1978 两部宪法。直到改革开放之后,大陆的中国人才过上安稳日子,宪政才重新成为可能——但也只是可能而已:至少对于大陆来说,宪政还不是现实,而只是探索和追求的目标。

为什么中国宪政之路如此艰难,追求百年仍不得正果?这得从"宪政"这个词的本意说起。如今,"宪政"成了中国大陆的热门辞汇。原先,宪政似乎只是一些意识形态上的"非主流"学者甚至异议份子离经叛道的主张,但在经过长期沉默之后,中共十六大报告相当肯定地提到这个词,顿时让许多人感到莫大的希望,主流或非主流都开始喜欢用"宪政"二字。虽然后来一度成为禁忌,但"宪政"还是越来越热。如今民间权利意识高涨,但是一旦遭遇侵犯,如何保护权利?大家都不约而同诉诸"宪政",宪政已经和权利、自由、法治这些雅俗共赏的概念分不开。即使在普通人眼里,宪政也成了中国前途的代名词。

但宪政究竟是什么?其实这个问题一点也不深奥。在形式意义上,宪政无非就是依宪执政——可以是依任何"宪",那怕是一本菜谱也行,就和法治无非就是依法治国,可以依照包括恶法在内的任何

3

法律一样。然而，仅这一点就很难做到。原因在于，一般的法乃至宪法都会把自己打点得相当"漂亮"，赤裸裸的"恶法"是极其少见的。只要不是出于极端的愚昧或狂妄，法或宪法一般不会规定某个统治家族"万世一系、永永尊戴"，也不会赋予某个"伟大领袖"以半人半神的地位，或索性写上国家主席的名字。1975年宪法是在腥风血雨的"文革"行将就木中制定的，但就是面对这样一部"宪法"，你也只能感叹制定者的无辜，至多加上一点"臭老九"特有的鄙夷；那里面有激情、有无知、有今天看来令人发笑的地方，但是如果不知道"文革"实际发生的事情，你看不出其中的罪恶，即便是可怕的"专政"也是通过"人民"这样神圣的主体来施行的。一切都是为了"人民"——从1788年美国联邦宪法到1972年北朝鲜宪法，所有成文宪法都是这么写的，而且往往人民越穷越卑微的地方，"人民"的口号喊得越响亮。

然而，法可以规定得很"漂亮"，但要落到实处就有难度了。"人民"是谁？她是什么样子？她会说话吗？在"人民利益"受到侵犯的时候，她能站起来保护自己吗？所有现代专制者当然都知道，"人民"是其玩弄于鼓掌之上的虚构，是为其统治提供正当性的门面。即便将"人民"具体到一个个芸芸众生，他们也是一堆没有组织、没有声音、互不相识的"马铃薯"；如果没有一个政治机制将他们结合起来，通过选举表达他们的偏好，迫使受制于选举的统治者对他们负责，那么他们只能是默默任由统治者宰割的羔羊。归根结底，在任何一个社会的任何一个时期，权力、财产或资源等利益都是有限的，如何分配这些利益因而成为国家的本质问题。宪法或一般法规定利益如何分配以及分配机制，而且一般都会规定"人民"的利益至高无上，但是究竟如何分配还取决于社会的实际统治模式。

在一个专制社会，一个不对"人民"（至少是社会大多数人）负责的统治集团是规则的制定者和实际执行者，而所有实际运行中的规则都是以他们的利益为出发点，任何纸上的规定都不管用。法是"统治阶级"的工具，这一点马克思并没有说错；而工具总是为实际制作和使用工具的人服务的，这是"工具理性"的基本要求。除非你愿意相信每个人都是无私奉献的"活雷锋"，这个统治集团实际执行的规则当然首先是对自己最有利；反正"人民"不会说话、不会自卫、不会反抗，不妨通过各种方式让自己"先富起来"。固然，从长远来看，"人民"的利益也未尝不重要，谁不明白"水能载舟、水能覆舟"的道理？但是对于任何一个具体的统治者来说，其理性视域是极其有限的。首先，任何统治者的任期都是有限的，只要在其任内没"翻船"，多拿一点又何妨？因此，统治几乎成了一种"击鼓传花"的游戏。至少对于当代大陆来说，统治者恐怕没有流芳百世的雄心，而只有维持现状的耐心，因而我们不能指望他们会从个人的长远利益出发尊重"人民"的公共利益。其次，现代统治集团一点都不是"铁板一块"；它很庞大、很多元、很鱼龙混杂，里面也有"清官"、有锐意进取的改革者乃至为社会打抱不平的愤世嫉俗者，但是其利益取向决定了整个集团的基本行为倾向。事实上，即便个别好心的最高领导人有心整顿，在这个如此庞大的集团面前也显得无能为力——光绪"维新"不过百日，还不是被打入冷宫？至高无上的皇帝尚且如此，没有此等名义、任期和责任都有限的当代领导人又为何犯得着"舍生取义"？除非有毛泽东当年的威望和能量，和体制相抗衡的领导人最终会发现自己是以卵击石。更何况他们和集团内的全体成员一样，也都处于一种身不由己的"囚犯困境"之中：一个官员的贪污不至于引发一场社会暴动，而个人的洁身自好也拯救不了一个腐败的整体，是故"不贪白不贪"。在这种统治逻辑下，宪法虽然规定得很好看，但最终是不可能按照宪法说的那些去落实的——或更准确地说，在制定当初就根本没想过要真正落实！于是就出现了"潜规则"和"显规则"之间的几千年来一以贯之的割裂，出现了有法而没有法治、有宪法而无宪政的见怪不怪的现象。一些学者神神秘秘、颠三倒四、翻来覆去还说不清楚的那点"奥秘"，其实不就是这个简单的道理吗？

因此，专制国家是不会实行法治和宪政的，除非是极其少见的赤裸裸的恶法。所谓"恶法"，就是违背"人民"利益或公共利益的法——总之，通过牺牲大多数人来迎合少数人利益的法，而专制国家的通常手法是在良法的外表下行恶法之实，因为不对多数人负责的少数统治者制定和实施的实际规则必然是为少数人服务的。当然，上述"铁律"也未必没有例外。有人可能会说，看看新加坡，一个以华人文化为主的没有民主的社会，法治不也实行得不错吗？确实，因为种种偶然因素——譬如长期作为一个民主与法治国家的殖民地、一群受过优良教育的统治精英、开国元首的精明及其持久影响，个别国家可能成为幸运的例外。但是这种幸运是极其罕见的——说来说去，那些威权法治论者也只能举出新加坡和香港几个屈指可数的例子。不论这些例外是否能成立，百年宪政的崎岖之路证明，中国和世界上绝大多数国家一样，都不是受到上天特别眷顾的"幸运儿"。

这样就带来了缠绕中国近代法治整整一个世纪的难题。当这个国家接受启蒙之后，人心思变，但是社会权力结构不允许变；统治集团週边的知识精英、政治活动家或一般大众希望分得更多的利益，但是这简单意味着一场零和游戏的开始，因为首当其冲的显然是统治集团的既得利益。迄今为止，所有规则实际上都是为了这个既得利益集团服务的，整个国家机器的目的就是在他们掌控下维持和实施这套既得利益规则；当改革在不打破现有权力结构的前提下试图重新分配社会利益，其命运也就可想而知了。在这个意义上，专制是一种自我维护和自我修复的统治机制。它不但违背了所有宪政原则，而且也是实行宪政的最大阻力。这种阻力不仅在于专制传统养成了和民主宪政相抵触的文化和惰性，而更在于它培育了一个天然抵制宪政的利益集团。在一个专制传统的国家，大大小小的统治者都是专制的既得利益者，都从专制权力结构中分取自己的职权所决定的那一杯羹。他们掌握着主要的政治、经济和社会资源，因而只要他们在位，他们就是任何改革都绕不过的门槛。改革必须使他们获利，才有可能进行下去；一旦改革要改变这种利益格局或影响其赖以维持这种格局的权力结构，他们自然不会束手就擒。在《钦定宪法大纲》颁布后，满清贵族在官制改革过程中的一系列倒行逆施就足以说明这一点。在维持现有权力分配格局的基础上，有限的改良是否获得成功，在根本上取决于是否能够获得既得利益集团的合作。

应该承认的是，这种合作未必在所有情况下都是"与虎谋皮"。在某个特定的发展阶段，统治集团可能也是改革的得益者，因而不但不会阻挠而且还可能主动推进改革。大陆改革开放三十年就见证了一个相对幸运的历程。执政者放弃了手中掌握的某些权力，社会因此获得了蓬勃的发展生机，人民的生活得到大幅度提高，而就在这个过程中，各级官员利用仍然相当庞大的剩余权力寻租，使自己成为经济改革最大的得益者之一。这是为什么经济改革得以顺利进行下去（虽然几度遭遇极左思潮阻挠，但意识毕竟是短暂的，利益才是永恒的），为什么这三十年全世界都目睹了"中国奇迹"——无非是因为中国的起点实在太低、政治运动将老百姓折腾得实在太苦、计划经济体制下的大陆社会实在太穷太僵化，以至只要维持政治与社会稳定，任何松动都会增加社会活力，任何发展都会增加 GDP，任何不是失去理智的改革都是有益的——而且是对几乎所有人都有益的 Pareto 最优，官员、企业家、知识份子、工人、农民都多多少少以不同方式获利了；既然"蛋糕"在不断做大，每人多少都能分得一块。当然，在现行权力结构下，获利程度大不相同，那些掌握权力资源的自然要得大头。这也就注定了政治改革的命运凶多吉少，因为这就动了既得利益集团真正在乎的"乳酪"，就如同要没收渔民用来捕鱼的渔具一般；大凡不笨的人都知道，"渔"比"鱼"更重要，获得利益的权力和机会比实际利益更重要。对于一个没有远见和自信的统治集团来说，政治改革不是任何意义上的"合作"，而简直就是直截了当的"革命"，因而必然显得战战兢兢、如临深渊、如履薄冰或索性止步不前。改革只能沿着阻力最小——也就是不触动政治——的经济轴线走下去，而这条路能走多远是一个未知数，因为经济增长非但无法约束政治权力，而且通过给统治增添资源、政绩与合法性而进一步加剧权力膨胀，因而也无法保证改革一直是 Pareto 最优；大大小小的执政者通过权钱勾结和滥用权力，难免忘乎所以，不明智地过度侵犯平民百姓的基本利益，造成强征强拆、补偿不公、农民失地等大量现行体制内部无法控制和消化的社会问题。即便没有此起彼伏的社会危机，体制外的精英和平民也未必能容忍现行权力结构所造成的资源和利益分配不公，因而政治改革的呼声不会平息。在这种情况下，如果执政者执迷不悟，社会问题越积越多，最后总有压垮骆驼的最后一根稻草。到那时，屡遭挫折的改革就真的流变为革命了。

在政治改革屡战屡败的情况下，似乎只有通过革命才能打破既有的权力结构，消灭阻挠社会改革的利益集团。然而，血与火的百年洗礼已经充分证明，革命并不能超越改革面临的困境。首先，革命虽然往往以宪政为目标，最终却不一定能推动宪政，因为革命的成功本身将造就新的既得利益；一旦宪政对这个集团的利益产生不利影响，那么它将和旧的既得利益一样成为宪政的障碍。更何况在暴力革命推翻专制过程中，新的执政党必然付出过惨重的生命代价，因而上台后断不肯轻易把江山拱手让人；现在的执政党之所以垄断着"坐江山"的权力，一大"理由"就是不能让革命者的"鲜血白流"。言下之意，你要我让位，至少得付出同样的代价；获取政权的代价本身似乎就为执政提供了正当性基础，统治权成为暴力集团互相争夺的战利品，新政权对执政利益的垄断被认为是对当年流血牺牲的犒劳或补偿，权力和利益垄断成为新执政者的"正当"期望。

其次，革命的成功通常是以高度集权为前提的，成功之后执政党出于自身利益的考虑一般不会主动放权，因而势必和宪政的分权原则相抵触。例如辛亥革命之后，国民党仍然是一个组织涣散的政党，军事力量十分薄弱，因而只有不时和军阀结盟才能维持生存。直到1924 年根据苏维埃的组织形式改组整顿之后，国民党才成为一个高度集权的政党，并不久胜利完成北伐。但是北伐成功之日，也正是国民党走向全面独裁之时。就在北伐胜利不到一个月，国民党就开始清剿共产党和左派势力，在党内和党外实行专制统治。后来共产党对国民党的最终胜利，也同样是以暴制暴的军事胜利。在本质上，革命就是以一种更厉害的专制打败原来的专制，用更强大的暴力摧毁原来的暴力。面对掌握着国家机器的既得利益集团，要在专制国家的政治生态中生存并取代原有的专制，革命党必须高度组织化、集权化、专制化。这也就注定了一个成功的革命党在指导原则和组织结构上都是和自由民主背道而驰的，而在革命成功之后必然顺理成章地延续暴力革命时期的习惯统治方式。并不奇怪的是，作为一种极端剧烈的变法形式，革命只是暴风骤雨式地完成了统治集团的更替，但此后往往是"换汤不换药"；宪政面临的困境依旧，甚至可能因为新的统治集团更加独裁而发生倒退。

事实上，革命对社会的风险是巨大的。由于革命通常发生在专制体制内，革命和反革命的诉求都不可能通过正常的民主辩论得到核实与澄清，革命口号可能带有巨大的欺骗性或误导性；在革命成功之后，一旦恢复集权统治，新的统治集团不通过正常选举对人民负责，那么也就完全未必兑现革命时期为了争取民心所提出的承诺。国民党执政后长期"训政"，迟迟不"还政于民"、实行宪政，就可以作为革命党不信守承诺的一个例子。共产党打江山靠的是农民，执政前也提出了种种美好的承诺，但是一旦执政之后短短几年内就收回了农民的土地，实施半个世纪之久的城乡二元体制更是从制度上歧视农民的基本权益，造成了巨大的城乡差别。假如农民知道这个结果，当初还会支持革命吗？再有，国共两党都曾将联邦制作为其政治主张，但是一旦掌权之后又纷纷抛弃联邦制、改行中央集权。中共二大自1922年以来就提出联邦制，直到1947年10月10日发佈的《中国人民解放军宣言》还提到各少数民族"平等自治及自由加入中华联邦"，但在掌握政权之后马上改变了民族政策，"联邦"也成了一个不准再提的禁区。革命党的理想和目标可以很诱人，但是一个需要革命的社会并没有什么机制能保证革命成功后会履行承诺。

由此可见，虽然政治改革面临重重困境，但是简单的革命并不是走向宪政的良方。归根结底，宪政关系到每个人的利益；宪政首先是每个人都有权参与的民主政治，因而实施宪政的必然结果是相对均衡的权力分配结构，而相对均衡的权力分配进而保障相对均衡的资源和利益分配。失衡的权力结构必然造成失衡的利益分配结构。在一个高度集权的框架下，掌握重权的执政者必然集中了不成比例的社会资源，进而形成一个自我保护、阻挠改革的既得利益集团。中国宪政之所以历经曲折、进展缓慢，根本原因不仅在于中国知识份子对宪政在认识上的偏差，不仅在于传统政治体制在理念上和现代宪政格格不入，而更在于这个体制下的权力和利益分配结构自始至终排斥宪政改革。革命推翻了一个旧政权，但是并不能打破旧体制，更不能造就和维持一个新制度。一旦国家统治锁定在专制模式，宪政可谓难上加难。从这个角度看，中国宪政百年走过的艰辛历程实在是十分正常的；百年之后宪政仍未成功，也就不足为奇了。

三、再造共和

既然政治改革似乎希望渺茫，革命更是一条走不通的死路，那么我们的出路在哪里？其实没有谁能确切地回答这个问题，任何自称找到答案的人不是欺世盗名就是在自欺欺人，因为革命一途不通，只有迂回改革，而在专制权力结构中如何开展改革，取决于特定执政者的眼光和魄力、平民百姓的智慧、统治结构的利益分化格局、社会矛盾的尖锐程度和国际政治压力大小等一系列不可控制甚至不可预测的因素。这些因素决定了改革不是一门可以预言的科学，而至多只是"摸着石头过河"的艺术。好在我们虽然还不知道"石头"在哪里，但是对岸在何方还是相当清楚的。如果说在改革开放初期，中国人还不清楚路往哪里走，传统意识形态仍然占据着大多数人的思想，左右阵营还在姓"社"姓"资"的论争上纠缠不清，知识份子对国家前途感到迷茫、困顿、焦虑，那么今天大凡有思想的人都会认同人权、法治、民主、宪政这些世界普适价值作为我们自己的追求。至于偶尔遭遇左的回潮乃至泛滥，只是大势已去的回光返照而已；即便是左派的前途也在于宪政，那些对"伟大领袖"情有独钟的乌托邦左派只是一种出于无知的异想天开，就和少数企求暴力革命的偏激右派一样会成为历史的记忆；他们或许不会消失，但是不可能主导大局，因为空想和革命都不是解决中国问题的办法。简单维持现状也是没有出路的，因为事实已经证明现体制无法解决层出不穷的社会问题，因而迟早会分崩离析；到那时，中国将再次被逼到革命的风口浪尖上。百年宪政之后，中国今天已经没有退路，只有继续向前走，直到真正步入宪政的阳关大道；除了少数短视的既得利益者之外，不同的人群，不论立场、利益、身份、阶层是什么，都没有理由反对宪政改革。既然两次革命都没有给我们带来真正的宪政，也不可能缔造真正的共和，那么我们今天需要的正是一次名副其实的共和运动；也只有通过这第三次共和，中国宪政才能抵达自己的归属。

让我们看看共和对中国究竟意味着什么。"共和"其实不是一个法律概念，也没有确切的定义，不同体制的国家都可以是"共和国"。譬如英国严格来说是君主制，但是它也被称为"共和"

(Commonwealth)。这是因为和中国皇帝不同，国王并不是英国的最高统治者，"议会中的国王"——也就是国王和上下两院的联合体——才分享英国的最高统治权。况且 1689 年"光荣革命"之后，国王成了没有实权的"虚君"，英国的最高权力实际上由选举产生的议会所掌握。由此可见，不论名称怎样、形式如何，"共和"的首要标志就是人民主权。当然，共和并不是简单的多数主义民主。在某种意义上，共和比简单民主更温和，因为纯粹的多数主义容易导致"多数人暴政"，任由代表多数人利益的议会以法律的形式剥夺少数人的基本权利，而共和则提倡"你好、我好、大家好"，主张每一个人的基本权利、自由和尊严都应该得到国家和社会的尊重。但是这并不否定一个基本事实，那就是民主是共和的底线要求。要配得上"共和"的称号，国家的最高统治者必须对人民负责，而且这种责任不只是名义上的。当今几乎所有国家的宪法都将自己称为"共和国"，但是一个国家的实质究竟是否共和，最终取决于国内民主和人权的实际状况。如果虽然宪法规定了选举，但是实际上选举很不规范，最后大大小小的各级官员并不对选民负责，那么这样的国家显然是专制国而非共和国。

我们看到，专制国家往往在"改革—革命—专制"中循环往复、不能自拔。专制社会之所以容易引发革命或暴动，是因为一个不对人民负责的统治集团用不着考虑老百姓的死活，从而人为造成许多冤屈和不幸。由于缺乏民主再生机制，因而不可能通过和平方式替换不合格的官员，官员也都因为没有淘汰压力而肆无忌惮、为所欲为；更有甚者，在一个对上不对下负责的体制中，各级官员都需要笼络上级领导才能得到升迁提拔，从而导致买官卖官盛行、贪污腐败泛滥，官场成为官位交易的市场。同时，在一个最高统治集团说一不二的专制国家，为了维持繁荣稳定、歌舞昇平的表面，受钳制的新闻只能报喜不报忧，大量的官员贪腐和社会苦难不能公开报导，因而无论是领导人还是老百姓都无从得知他们身处其中的真实社会状态，很可能已经坐在火山口上还浑然不觉；社会矛盾越积越多、无从解决，最后必然引发大规模冲突。更糟糕的是，专制不仅削弱政府的正常治理能力，而且也损害社会自理能力。由于官本位造成的社会差别实在太大，官员和百姓、贵族与贫民、精英和草根、穷人与富人一个个形同陌路、势如水火。不同阶层的人群好比生活在不同世界，没有任何共同语言和相互理解；带着完全不同的思维，但又共同生活在一个狭小的空间，他们之间免不了产生许多摩擦、蔑视、嫉妒甚至仇恨，因而才有开宝马的称挤公交的是"垃圾"，拿工资的称发工资的是"剥削者"。在社会不能自治、政府又无心或无能治理的情况下，不断积累的社会问题最后必然引发暴力冲突甚至革命。正如法国思想家托克维尔在《旧体制与法国革命》一书中所观察的，专制及其造成的社会隔阂正是革命的火种。

相比之下，民主共和的最大好处就在于其维持社会和谐与稳定的功用。由于民众有权每隔几年选举他们中意的议员和领导人，不合格的官员将被及时淘汰；这样的体制总能通过议会制定符合民情的法律，再通过依法行政使人民得到良法的实惠。即便个别候选人通过欺骗轻信的选民而当选，上台后不履行天花乱坠的承诺，那么他也只能得逞一时，选民不会上当一世；就和商品一样，一旦失去信誉，他将付出永远被逐出政治舞台的惨重代价。刚刚结束的台湾选举就证明了，人民不是白痴，不是政客的玩偶，选举也不纯粹是一场"口水仗"或黑金交易；几次选举之后，选民成熟了，政客变乖了，选举货真价实了，老百姓决定自己命运了。一旦保证政府对人民负责，那么不论什么社会问题都能迎刃而解：首先，官员有压力和意愿及时解决社会问题，不然就面临下台的风险；即使现行法律和社会脱节，也很容易通过一个运行有方的议会及时调整社会政策，不断化解随时出现的社会矛盾。最后也最重要的是，民主是建立在言论和新闻自由基础上的——不然怎么知道该选谁？由于表达不受控制，而人天生对不幸更关切，各种社会问题一出现，就一览无遗地暴露在人们眼皮底下，不会等到堆积成山的时候再兵戎相见。其实不用等政府插手，许多问题通过公民之间面对面的接触、切磋和协商就能解决。虽然有时可能产生激烈的碰撞，但是大声喧嚣、争吵甚至漫骂也远比沉默和冷漠要好；即便争论不能达致解决问题的方案，至少也为各方提供了"出气"的机会。

因此，在一个成熟的共和体制下，你绝少发现革命。既然官员不敢无法无天，法律不断反映新的现实并得到落实，社会问题就像每日的垃圾那样一出现就被清理，大多数人生活在舒适和舒畅的环境；即便少数人命运不济，也可以通过唤起多数人的同情而得到照顾；即使极少数人丧失理智、铤而走险，也只能构成个别犯罪，而不可能掀起一场危及体制的暴动。在这个意义上，民主通过和谐而实现稳定，专制则强制稳定而牺牲和谐；如果将专制比喻为一座大坝，坝内坝外的水位之差越来越大，最后不堪重负、轰然倒塌，那么民主就像是一条泻洪道，通过官民相互交融不断调整方向、解决问题、消除压力。或许有点似是而非的是，专制是革命的盟友，共和才是革命的天敌；如果执政者希望政权稳定，那么民主共和才是他们的理性选择。

当然，宪政的希望最终不在于我们是否能说服统治者，而在于我们有什么样的老百姓；宪政固然是为了更理性的统治，但是统治的目的在于更幸福的生活。今天，我们向革命告别，为的是远离专制、走向共和，共同缔造两次革命都没有完成的宪政。第三次共和不会再走暴力革命的老路，也不需要一个革命先锋的领导，因为我们发现它只会带领我们走向更严厉的专制，离宪政越来越远。宪政是大家是事业，只有靠大家一起来推动才能成功；如果长期接受奴役的百姓已经习惯于奴隶生活，那么他们只适合专制，而不能适应共和，因为一个共和国的公民不是任何人的奴仆，而是把握自己命运的主人。要摆脱奴役，我们必须先学会如何统治自己。我们必须明白，我们都生活在同一个国家、同一个"世界"，说同一种语言，延续并创造着同一种文明。文明越发达，人们相互依赖的程度越高；不同阶层的利益有冲突，但是这种冲突只有在相互理解、体谅与合作的前提下才能解决。我们的公民需要理解，开宝马的需要挤公交的，挤公交的在某种程度上也需要开宝马的；老板需要工人干活才能赢利，工人也需要老板发工资才能生存。如果我们通过面对面的交流，各方都能体会彼此的难处、尊重对方的需求，那么许多问题原本没有必要去找政府就能得到解决。即便有些老板不自觉甚至太黑心，如果工人可以自己组织起来，选举自己的工会领袖，动用集体谈判的力量甚至罢工的威胁，或诉诸舆论公意的支持，那么农民工就不需要总理出面为他们讨工资了（一位年近七十的总理又能为几个农民工讨回工资？），更没有必要为了工资在绝望中跳楼（哪怕只是为了"做秀"而引起公众眼球）。在一个共和国，没有任何人会因为身份、地位、性别、年龄、财富等个人难以控制的因素而成为绝对的弱势群体。在一个公民自治的共同体中，每个人都有可依赖的社会资源；人数越多，力量越大，但即便是少数甚至个体也可以争取多数的同情或司法的保护，而非孤立无援、任人宰割。

不错，老百姓还是需要政府替他们办事，但是共和国的公民和专制国的臣民大不一样。在专制国家，所有人在政府面前都是弱势群体；宪法可能规定了一长串权利，但是没有哪一条得到切实保障。事实上，就连政府自己也因为欠缺民主正当性而成为道义上的弱势；统治合法性全部来自社会稳定和经济增长，一旦增长停滞就失去了最后一点威信，而突如其来的天灾人祸更是让各级官员神经紧张，惟恐自己成为"政绩体制"下"一票否决"的替罪羊。在一个真正的共和政体，政府只要做好自己份内的事，就可以获得尊重、自信和选票，而完全没有必要成天为自己不能控制的突发事件战战兢兢，因为"群众的眼睛是雪亮的"，老百姓对官员政绩和责任的判断比上级领导更准确、更合情、更公正；既然没有"政绩"的压力，地方官员也没有必要充当企业家，到处拉投资、跑专案，不择手段、不惜一切、不计后果地提升地方 GDP；只要他能保证一方水土平平安安，保证适龄儿童有机会上学，保证老人有劳保、病人有医保——总之，保证当地人民一个不受政治骚扰的正常生活，那么他尽可高枕无忧地享受选票箱前的胜利，并发现选票比"关系"更可靠，理性实际的选民比捉摸不定的上级领导更通情达理。老百姓受益更不必说了，这本来就是共和的题中之意：他们不必再担忧一夜之间失去自己的房屋或土地，不必为盲目开发导致的空气、河流、庄稼、食品污染而苦恼，不必用自己相当有限的收入为政府豪华大楼、豪华公车、公款吃喝以及各种名目的公费出国"考察"或"学习"垫付昂贵的"学费"，当然也不必再默默忍受似乎永无休止的贪污腐败、买官卖官等各种离奇的官场故事。所有这些都是少数人以人民的利益为赌资进行的一场豪赌，共和只是把它从赌徒手中还给它的主人。共和政体的利益和资源不会任由少数几个赌徒划拨、分配、掠夺，因为全体选民将通过他们选出的代表决定利益的分配、资源的用途，从而使利益分配必然更均衡、资源利用更高效。

宪政的希望最终在于人民从专制国的臣民转变为共和国的公民，因为均衡分配利益的制度前提是均衡的权力分配，而只有公民才能胜任选举并监督掌权者的重任。一个公民不仅自己具备理性、宽容、自由、守法等共和的美德，而且对自己国家的制度也秉持一定的期望。他尊重合法的权威，也维护自己的尊严；他尊重他人的隐私，但保留批评政府的自由；他保持独立的个性，但坚持结社和集会的权利；他从不逃税，但是要求知道税钱花在哪里；他有义务参加选举，但前提是选举必须有意义，也就是说他的选票必须是一次知情的、自由的、平等的选择——必须是有"选择"的，因而候选人必须自由产生，而不是"等额选举"或幕后内定；选择必须是自由的，因而不能受到暴力胁迫或组织指示；选择必须是知情的，因而候选人和选民之间必须存在充分的交流，候选人有自由在合法范围内充分展开，选民则有权利从自由的新闻报导获得全面资讯；选择还必须是平等的，因而每一票的分量都是大致相等的，城乡、性别、职业、地区都不构成区别对待的正当理由。如此选举产生的代议机构自然"以人为本"——代表多数人的利益和立场，它所通过的法律至少不会为少数掌权者服务。政府不敢再盖豪华大楼，因为怕承担挥霍浪费的罪名；官员也不能用公款大吃大喝或出国旅游，因为所有预算都要经过向选民负责的议会批准；生态环境也会按照法律规定得到治理，因为法律将在公众监督下得到有效执行，执法不力的官员会受到议会质询甚至撤换；买官卖官将成为过时的现象，因为在自下而上的选举社会中，失去人事任免权的上级政府已无官可售，而贿赂众多的中间选民则代价太高且容易暴露。就这样，一个共和国的公民远离腐败、丑闻、污染、浪费及其它形式的政治骚扰，过着平常而有尊严的生活，因为这个国家的机器是为了所有人的利益而运转的；即便万一他在某个特定问题上成了少数的一份子，那么他仍可通过独立公正的司法维护自己的宪法权利，抗衡多数人貌似合法的专制。

这就是一个公民对共和的基本期望。这种生活方式应该不算奢侈，但是在专制国家却不可能得到满足。如果我们现在离此差距很

15

远，那么就需要通过一次新的共和运动实现自己的梦想，共同缔造一个真正的共和，使我们自己成为共和国的公民。公民和共和是一对不可分离的共生体：共和是靠公民支撑起来的，公民则需要国家对其身份予以制度上的承认和保障；如果人民全都成了公民，那么共和即便没有名号也已经存在；但是一个公民之所以为"公"，不仅是因为她对自己的生活方式有如此期望，而且还因为国家制度允许她依法通过各种方式有效控制公权力。如果公权力失控，那么共和即不存在；而要缔造共和，首先需要培养具有公民意识的新一代。一旦人民都期望成为公民，那么共和就指日可待。

四、宪政改良的路径与前途

共和不是一个不可能的乌托邦，但也不是从天上掉下来的馅饼。从专制到共和之路尤其充满艰险，会不断遭遇现状的压抑、改革的挫折乃至革命的冲动。清末官员的一句话准确总结了贯穿百年的宪政困境："宪法之行，利于国、利于民，而最不利于官。"中国宪政百年的最大障碍也正在于这个"官"字，因为既得利益决定了他们的反宪政立场。诚然，假如看开一点，宪政即使对官也未尝不利，至少对"政府"这个整体的威望和信任是大为有利的，但是我们不能寄希望于每一位执政者的高瞻远瞩、审时度势或深谋远虑；毕竟，凡人都是理性自私的，而且在前途不定的时候大都是狭隘的自私，我们没有理由相信也不可能要求为官者具备超越常人的素质。一旦落实到个体，宪政对于每一位现任者来说至少都是短期不利的：一旦放开选举，相当比例的现任官员将落选；即便连任，选举也将对所有官员产生前所未有的巨大压力和不适应感；选举结果不再可能是接近"全票通过"，而至多是没有争议的多数；马英九对谢长廷的比分对于真正的选举来说已是相当悬殊的"大胜"，而对于习惯组织内定的"候选人"来说却只是心中"没谱"的"险胜"。即便顺利当选，宪政也将极大约束执政者支配资源的权力；为官仍然能得到一份体面的薪水，但是将失去各种寻租机会和灰色收入的来源；财富将更多地流向社会，有限政府必然意味着"藏富于民",政府将成为一个"清水衙门"。或许到那时,原先热衷买官卖官的许多人不会再选择做官了,因为那将是一桩得不偿失的买卖。曾有山西某地的村官候选人自己花 200 多万现金买通村民当选,难道他们是雷锋那样的"傻子"吗?如果上任后支配煤矿等资源的权力受到规范和约束,他们还会这么"傻"吗?现任统治者是现有权力格局的最大得益者,他们当然不会自动放弃或改变这个为他们带来巨大利益的制度。因此,中国体制改革是不会自动发生的,除非中国特别幸运,执政者觉悟特别超常;不过从过去百年的坎坷历程看,我们似乎不能守株待兔,对命运抱有太多幻想。只有当他们面临越来越大的社会压力,普遍感到非改不能维持自己的生存,且不但改革有把握成功,而且执政党在经过"创造性转化"(譬如改称社会民主党)之后未必大权旁落,改革者也不至于成为既得利益集团的众矢之的,至少不至于没有社会支持而陷入孤立无援的绝境,才可能出现中国的戈尔巴乔夫。

这个压力或动力从哪里来呢?既然不可能来自统治集团自身,它最终只能来自人民。既然宪政是为了大家的事业,那么这项事业只有靠大家来推动,本来便是顺理成章的逻辑。归根结底,中国宪政之路不是某个先哲指出来的,也不是某个英明的执政党或领导人开拓出来的,而是靠人民自己在共同缔造共和过程中一步一步走出来的。在历次政治运动的浩劫和集权体制的管束下,中国原本没有宪政这条路;只不过近年来走的人多了,也就渐渐成了路。改革开放以来,人民的自由越来越多,不仅打破了"人民公社"和计划经济的枷锁,基本满足了温饱甚至接近"小康",而且也接触了大量新思想、新资讯和新制度;与此同时,政府滥用权力、贪污腐败、侵犯权利的机会越来越多,而人民的权利意识越来越强,两者之间发生了不可避免的冲突。虽然目前的制度框架不能有效解决官民纠纷,新闻媒体也不能自由报导每一桩社会苦难,但是权利和权力的碰撞还是取得了某些来之不易的积极成果。一个典型标志是发生在 2003 年"非典"期间的"孙志刚事件"。一名大学毕业生在收容所的非正常死亡激起了全国的义愤,致使国务院在几个月内就废除了实施了几十年之久的收容遣送制度。这次事件不但报导出来,激起了尤其是广大线民的强烈抗议以及法学博士的联名上书,而且也引发了中央高层的关注,最后通过行政干预迅速改革了严重侵害公民自由的制度。虽然法学博士向全国人大常委会的上书没有得到直接回应,这个宪法授权的最高解释机构继续保持着宪法解释的"零记录",但"孙志刚事件"还是显示了社会压力对宪政的推动作用。

更重要的是,"孙志刚事件"开启了一个宪政时代。从此以后,成功的维权事件都纷纷仿效孙志刚模式,也就是发生在特定地方的恶性事件报导出来,激起全国反应并最终引发高层注意;为了维护统治形象,中央直接干预并纠正某些地方侵权行为。无论是2005年曝光的"佘祥林案件"(刑讯逼供造成的11年冤案),还是2007年的山西"黑砖窑事件"(地方政府长期放任的奴工制),都是在有限的新闻监督、全国压力和中央干预下合力取得的有限成果。当然,少数地方政府相对开明,未必等到中央发话就在公民压力下自动纠错。例如2007年6月,厦门市民通过手机短信联络,来到市政府门前集体"散步"(因为正常申请集会游行不可能得到批准),抗议当地规划的PX化工专案,迫使厦门市"暂停"了这一威胁当地环境的工程。但是总的来说,成功的维权事件凤毛麟角,而且即使成功也来之极为不易;厦门PX事件是在市民有勇有谋、不懈抗争、几经周折才取得的成果,况且事件发生不久后全国媒体还一度被勒令停止报导,最后成功似乎并非纯粹依靠自下而上的市民压力,而且还取决于一些不尽为人知的偶然因素。厦门事件一年后,成都数百名市民同样上街"散步",抗议刚动工不久的四川石化专案,结果6名市民被警方以非法游行示威或利用网路散佈谣言、煽动闹事甚至"颠覆国家政权"等罪名拘留。在现有权力结构不变、选举只是表面文章、各级人大基本上还是"橡皮图章"、各级官员还是对上不对下负责的情况下,中国的维权运动可谓是"逆水行舟"、举步维艰;既然它在本质上是反体制的,其胜少败多也就在意料之中了。

中国维权运动的基本困境在于,它在形式上是"体制内"的,也就是企求通过现有的制度安排争取宪法和法律规定的权利;但在实质上,它要从既得利益中"分一杯羹",因而成功自然是难上加难。虽然宪法和法律规定了许多权利,但是整个体制的设置是对维权不利的；无论是选举制度的有名无实、执政权力的无边无际还是司法独立的遥遥无期，都是在有意无意地维护着既得利益。如果说自上而下的主动改革缺乏压力和动力，那么自下而上的维权运动也同样面临"从体制内反体制"的改革困境：国家机器掌握在既得利益手中，而公民权利的维护显然意味着特定的既得利益受损；对于这样的维权，国家机器能答应吗？在体制内从事损害体制利益的维权有任何希望成功吗？然而，除此之外，我们难道还有别的选择吗？

维权要成功，必须有资源。我们的资源在哪里？我们如何从体制外迫使体制内掌握国家权力的人做出不利于既得利益的决定？问题的设定已经使答案很困难，但是我们还是要说，我们并非一无所有。首先，社会公义在我们这边——简单地因为我们是绝大多数；事实上，大多数人的利益诉求不仅是合道德的，而且也是合法的，是宪法和法律明确规定了的。当然，中国宪法目前只是不管用的门面，但是如果中国还没有完全堕落到"成者为王败者寇"的"自然丛林"，如果"名不正"确实可能"言不顺""事不成"，那么道义和门面绝非无足轻重。当一位六十多岁的老人手持宪法站在开发商的推土机面前时，他无疑是微弱的，即便通过不久的宪法修正案也没能为他的财产权增添一点分量，但如果没有他手里那本"不管用"的宪法，那么他就成了一位不折不扣的弱者；然而，弱不经风的他之所以还能引起如此巨大的心灵震撼，无非是因为宪法赋予他的道德力量。事实上，除了那些已经没有什么人在乎的政治口号之外，现行宪法还是规定了不少可资利用的东西；既然执政党自己也强调"依法治国""依宪执政"，那么我们至少可以不断拿宪法和法律说事。虽然缺乏有效的实施机制，但是就从 2004 年修宪通过的"国家尊重和保障人权""私有财产不受侵犯"、征收必须"给予补偿"等条款看，政府在向公民的权利意识低头。因此，别看目前这部宪法不管用，它的进步就是公民维权运动的结果；不信，让政府试试删除那些条款，看看社会是否答应！

多数产生道义，道义生成舆论，舆论施加压力。一旦发生公民意识不能容忍的违法侵权事件，媒体报导将激发巨大的道德压力。在保护新闻自由的宪政国家，任何重大事件都逃不出社会的关注和道德的审判；中国新闻自由受到钳制，但是毕竟"纸包不住火"，诸如孙志刚、佘祥林、黑砖窑和 PX 事件仍然相继曝光。中国很大，不仅有许多个地方政府，而且也有许多个立场、抱负、胆识各不相同的媒体；政府管制无疑是一视同仁地严格，但是很难将各个媒体在每时每刻都同样管死。为了追求新闻效应和经济效益，媒体队伍也越来越多元化；不少单位雇用没有正式身份的"假记者"，但有时候"假记者"挖掘的新闻比"真记者"还真；媒体职业确实不够规范，但有时候不规范的管理有助于打破规范的管制。再加上网路越来越发达，线民越来越多，而控制越来越难。虽然政府也不断尝试控制网路言论的手段，但是网路终究不像传统媒体那么容易就范。最后的结果是，新闻自由确实极其有限，舆论监督的力量大为减弱，但是有限或微弱并不等于不存在。在传播媒介越来越多元化的时代，随着新闻管制成本越来越高，舆论伸张道义的作用也将越来越显着。

当然，这里也不要忘记不同阵营的知识份子。正如梁启超早在清末洞察的，专制国家的政府和人民之间隔着很大距离，于是造成上下不亲、离心离德；民主宪政的作用就是在于拉近人民和政府之间的距离，而身处上下之间的知识份子注定会发挥独一无二的作用。取决于他们和政府的相对距离，有的是在体制内春风得意的"御用文人"，有的则是游离于体制边缘的"公共知识份子"。在中国的宪政发展进程中，他们各有各的作用；有的可以为民请命，有的则可以为政府出谋划策——不要忘记，几次修宪都是在体制内学者的宣导和帮助下通过的，其中不仅有"邓小平理论"和"三个代表"，而且也有"法治""人权""私有财产"等普适观念。事实上，在当今活跃于学术、政治和社会舞台的知识份子中，意识形态分布可以说是惊人地单一。和普通百姓不同的是，知识份子不是轻信一族；他们的职业就是阅读、观察和思考，即便不够深入也足以看破官方宣传的表像；如今只有傻瓜还会相信那些早已僵死而又摆脱不掉的教条，只有瞎子才看不见无所不在的现实。除了极个别自圆其说能力或历史现实理性超强的例外，没有谁能否认"大跃进""文革""反右"的历史存在，没有谁能否认孙志刚、佘祥林或黑砖窑的现实存在，没有谁能否认买官卖官、贪污腐败、挥霍浪费的普遍存在，也没有谁能为所有这些提供历史的或现实的正当性论辩；换言之，所有人都认同这一切都是不正当的，因而现状必须改变，而且要改的不只是个别现象或行为，而是滋生这些现象和行为的整个制度。即便进入体制中上层的知识份子，也只是"身在曹营"而已，信仰如果存在的话早已不在那里；即便不同阵营主张相左，一般也是策略而非目的之争：政治和经济都是要改的，但是目前哪个优先？民主和法治都是要有的，究竟是先法治还是先民主？至于自由主义和新左派之间的价值之争，或许只是一个多元社会的正常现象而已。未来谁胜谁负，取决于中国社会的发展方向以及不同学说对社会发展的功用；到时候，人民自然会给一个判断，就和他们对真理标准争论、计划与市场争论、法治与人治争论所给出的判断一样。我们相信更多的知识份子会以自己的方式，和人民一起推动中国的共和宪政。

最后，既然是改良而非革命，那么宪政改革就不可能没有政府的支持。不要误解，我们无意将政府官员"妖魔化"，更无意指涉绝大多数并无决策权因而也没有太多腐败机会的基层公务员或政府研究人员。我们只不过认为，凡人都有良心，但也都有私念，而在制度不能有效约束行为甚至为犯罪提供太多机会的条件下，良知未必能战胜私欲。然而，我们并不否认统治集团内部不乏"好人"存在；尤其在没有个人利益冲突的情况下，他们完全可能主动推进制度改革。四川、云南、山西、深圳等地一度突破宪法框架，实行乡镇长乃至县长直选；浙江温岭、上海闵行、江苏无锡等地率先开展行政民主化试验，而这些都是开明的地方"一把手"主动推进的结果。因此，我们不能忽视统治集团内部改革的潜能，只是我们也不能一味依赖少数开明领导的单兵突进，因而我们必须思考，如何帮助这个体制改革自己？如何推广有益的地方改革试验，使之不至于在投机钻营的"政绩体制"和人浮于事的官场文化中湮没，或重蹈"人存政举、人亡政息"的覆辙？一言以蔽之，中国宪政在体制内可能得到什么样的支持？虽然在缺乏外部压力的环境下，内部改造的空间可能确实不大，却也不是没有一点文章可做。

首先，统治集团内部远非"铁板一块"。不仅人的品性、旨趣、志向各异，而且制度改革对不同阶层的官员来说意味着不同的利益关系。推进基层选举，对于基层官员来说无异于"革"自己的"命"，因而断然不肯"自废武功"；上级领导则虽然会听到抱怨甚至感到压力，但是基层改革和自己并没有直接干系，因而阻力相对更小。事实上，云南、四川等地的乡镇长直选正是上级政府或党委推动的产物。这样，从地方到中央层层推进，未尝不可能逐步实现下级政府的民主选举。当然，这种自下而上的民主政治过程必然和自上而下的政党组织控制相冲突，就和目前村委会选举遭遇上级干扰的困境一样。然而，中央和地方各级官员的利益分化结构并非不可能作为推进基层改革的契机。尤其是中央的某些惠民政策难以突破地方既得利益的阻碍，因而"上有政策、下有对策""政令不出中南海"成了常见现象。如果中央确实想实施对老百姓有利的政策，而囿于有限的落实能力，那么就不应反对某些必要的地方制度改革，至少让下级政府对当地老百姓负责。如果可以效法经济改革模式，那么诸如广东等思想更加自由活跃的地方可以试验局部政治改革，而中央的义务则是在全国推广成功的地方试验。其次，基层选举同样可以在执政党内部展开；目前某些地方开始试验"党内民主"，而规范的党内选举有可能促使执政党转变自身职能、理顺党政关系，加强执政党的立法领导职能，同时逐步弱化乃至退出行政和司法职能。

不可否认的是，在缺乏外部竞争和社会压力的条件下，这些都只是乐观的猜测。一旦遇到系统性挑战，如果缺乏远见和自信，那么统治集团的自然反应更可能是上下联合抵制改革。近两年的基层选举便见证了最糟糕的中央—地方联合：中央为了稳定而限制新闻自由，不啻赐给地方一柄打击独立竞选活动的尚方宝剑。至少在目前没有竞争对手的环境下，执政党还缺乏足够的压力或动力自行启动良性体制改革。然而，既然宪政改革离不开执政党的合作，那么就有必要挖掘执政党内部改造的潜力并设法促成执政模式的转型。

五、结语

和百年前一样，当代中国宪政的前途并不乐观；虽然并非注定失败，但至少没有任何成功的把握；每次成功的维权都需要付出巨大努力、动用体制内外的各方面资源，而仍然充满各种变数和凶险；个别成功的地方试验则取决于少数地方领导的开明、远见和魄力，而不能指望中央的首肯和支持，至今在全国范围内还不成气候；公民维权意识越来越强，但是无法无天的各级官员似乎并没有因此而有所收敛。今后，政府和人民、中央和地方、国家和政党以及执政党内部各个派系之间如何磨合、是否可能在磨合中产生稳定的制度（如任期不超过两届）、制度安排对共和宪政是否有利（如究竟是党政分离还是更加高度合一），目前都还是未知数。

这就将我们带回到两岸的未来发展。如果内陆民间力量还过分薄弱，国际“外援”又面临“主权至上”“爱国主义”“本土资源”等话语的干扰，那么不要忘记中国自己还有港、澳、台这三颗不受中央指令直接控制的“卫星”。中国未来的前途不是让这些制度和文化上的“异数”为内地传统基因所同化，而恰恰在于如何让这些地方的制度和文化逐渐影响内陆各地乃至中央；我们显然更乐于看到山西成为香港，而非香港成为山西。然而，作为殖民地的港澳本身欠缺自治的传统，回归后的政治民主化又受制于“循序渐进”的桎梏，因而难以作为大陆的样板。香港可望在十年后实行普选，但是届时具体如何仍待观望。相比之下，台湾离大陆最远，但是宪政改革启动最早，政治民主化也走在最前面。从这次大选的情况来看，台湾民主真的是很“争气”。我们当然不能单以马英九的胜负论台湾民主的成败，但是台湾成功完成的政党二次轮替不仅意味着台湾民主的进一步深化和提升，也确实让担心台海安全的许多人松了一口气。3.22 大选以最有说服力的方式向大陆人民及其领导人证明，民主可以是理性的，也是可以被信任的；至少在经过几次历练之后，人民有足够的智慧和能力排除粉饰、中伤、欺骗等各种法外因素，选择在政策上对自己最有利的领导人；民主捍卫了和平，反而是不允许人民选择的体制才是对两岸和平的最大威胁。台湾民主的成功彻底打破了华人不适合民主的神话，为大陆树立了绝好的样板，也为大陆的政治体制改革增添了几分压力。

如果有朝一日，未来的国共合作能更进一步，通过政策合作走向政治竞争，大陆执政党最终向台湾执政党开放，两个"革命党"尽弃前嫌、永别革命、共同再造共和，那么中国宪政将获得极大的希望。虽然台湾面对大陆犹如鸡卵之势，但是台湾对大陆的影响力却并非其面积或人口可比。大陆在两岸关系、经贸合作、国际外交等一系列事务上需要台湾方面合作，台湾完全有能力以此为筹码提出政治合作主张。政治合作无疑是大陆宪政的福音，对于台湾来说也并非纯粹的"奉献"，更不是台湾本土利益的"牺牲"。无论台湾未来是走向本土化也好、国际化也好，大陆是一个绕不过的关口。台湾希望看到一个什么样的大陆呢？一个民主宽容的大陆，还是一个专制黩武的大陆？这不是一个问题。台湾人民要想在大陆屋簷下和平生存，最安全的方式莫过于帮助大陆建立一个对人民负责的政府。既然如此，台湾对大陆宪政作出一点力所能及的贡献不但不是过分的要求，而且也符合台湾自己的根本利益。因此，我们期待国共双方的第三次合作，并由此带来中国的"第三共和"。

当然，所有这些在目前都还是一厢情愿。两岸政治前途确实是两岸人民在条件成熟的情况下共同决定的结果，现在不可逆料。因此，第三次国共合作只不过是中国宪政的一次机会，是宪政改革诸多路径中或许阻力最小的一条，而非我们的全部希望所在。如果国共两党在未来有机会再次同台较量——只不过这一次是在选票箱前而非战场上决一雌雄，那固然是天遂人愿、两全其美，两党也正式化干戈为玉帛，并还清了对中国宪政亏欠的陈年旧账。但这显然不是惟一的道路。就和台湾宪政在没有大陆帮助下取得成功一样，大陆宪政终究还是要靠自己的力量。无论这条路是否走得通，无论台湾的国民党是否能回归大陆，中国宪政还是会不断向前走，中国的新共和运动还是会以不可阻挡的势头继续展开。

宪政尚未成功，同志仍需努力。尽管告别了革命，我们仍不妨借用孙中山的遗言自勉。虽然他追求共和宪政，但是他对革命夺权的坚持到底却摧毁了共和宪政的萌芽。他去世后的历史证明，革命并不能将我们带向真正的共和。今天，我们彷佛又回到百年前的原点，再度面临缔造共和的重任。只不过这一次不是1911，也不是1949。它没有硝烟、流血或暗杀，但是它所要求的智慧、远见、魄力和勇气却一点不亚于一场战争；它有被告，但是没有敌人；它承认天赋、机遇和修行人各不同，并鼓励自由竞争，但不承认任何人、阶级或党派有超越常人的先进性，更不承认任何派别有垄断执政权的天然合法性。它或许永远不会有一个属于自己的名号，但是正在发生并将持续下去。和前两次不同的是，第三次共和是由人民自己创造的，因而也是真正属于人民自己的。它不只是我们心中共用的一个梦，而是一场实实在在、旷日持久的运动。只有通过这场新共和运动，中国宪政才能最终完成其百年未竟之旅。

贰、公民宪政宣言

韩国、台湾、前苏联、东欧、南非、智利、印尼、泰国、尼泊尔、突尼斯、缅甸……人民能够做到的，中国人民也一定能够做到。

1911 年，武昌兵变推倒了摇摇欲坠的大清帝国，终结了数千年皇权统治，但是皇权的结束远非真正意义的共和的开始。在辛亥革命推翻帝制整整一个世纪之后，中国正陷于不可自拔的专制及其必然带来的官僚腐败和社会危机。百年来，中国战乱频发、生灵涂炭，人民屡遭浩劫、历经艰难，宪政命途多舛、功败垂成。改革开放给中国带来了三十年的相对安宁，让中国摆脱了大饥荒和"大革命"的威胁，并逐步回归到世界文明家庭之中，但是专制权力结构并没有发生本质变化。虽然 1949 年曾有人宣佈"中国人从此站起来了"，这一百年和此前数千年一样，人民实际上从未做过一天的主人。

辛亥革命百年之后，我们发现中华民族再次"到了最危险的时候"。民权不张，公权必然无限膨胀，巧取豪夺、强征滥拆、欺压百姓甚至草菅人命之事无所不在。在一个公权力至高无上、横行无忌的国家，政府必然是一切掠夺和腐败的总根源。改革三十年，中央放松管制，人民获得了劳动致富的机会，改善了自己的生活，但是也为各级官员腐败创造了大量资源和机会；人民的劳动成果必然遭到各级官员和极少数既得利益者的攫取与瓜分，人民收入的增长必然跟不上财政收入的增长，社会贫富差距必然不断拉大。改革一方面彻底瓦解了全体官民对正统意识形态的最后一点迷信，造成不可遏制的腐败、堕落、庸俗和拜金主义；另一方面则极大透支了中国的自然资源并破坏了生态环境，破坏的速度远远超过发展的速度，而且只要政绩体制不变，这个破坏过程就没有止境，直到危及每个人的基本生存。承载着几千年文明的中国从来没有像今天这样没有信仰、没有是非、没有道德勇气、没有自我反省和净化的能力，贪官污吏从来没有像今天这样多如牛毛，空气与江河从来没有如此浑浊，食品从来没有如此不安全，草原与湖泊从来没有萎缩得如此之快……

如果"中国模式"在国内不可维持下去，那么今日中国也在历史上第一次呈现出对外扩张的危险趋势。这种扩张一方面体现为中国向发达国家输送廉价劳力和产品，通过"低人权优势"压榨国内工资、消耗国内资源以吸引国际投资并维持增长；另一方面则体现为利用欠发达国家和中国同样的体制弊病掠夺它们的资源，借以满足国内维持增长的需要。无论是为了转嫁国内危机还是满足高能耗增长模式对资源的需求，中国正带着和百年前专制帝国没有本质区别的心态走向世界，只不过这一次是以"扬眉吐气"、报怨雪耻的姿态；加上某些国际势力对中国"崛起"的恐惧和敌视，中国难免和世界发生诸多摩擦乃至冲突，从而进一步激发国人的好战情绪。官方在正统意识形态彻底破产之后一直在寻求可接受的替代品，但最后必然发现惟一可以利用的是国人尚剩的一点民族自尊心。加上政府长期灌输形成的扭曲历史观、台湾与少数族群聚集地区的分离主义隐患、政府控制下的国内媒体对所有"敏感"事件的高度选择性和误导性报导……这一切都注定国家主义在中国呈星火燎原之势；只要领土主权受到任何挑逗，极端民族主义情绪完全有能耐在一夜之间将1930年代德国法西斯或日本军国主义在中国死灰复燃。今日中国在表面一片歌舞升平背后，实际上到处都埋放着一触即发的火药。

无论是百年坎坷还是未来的凶险，一切罪恶都归因于奴役人民的集权专制。然而，专制是狡猾而顽固的，并不会因革命而被打破；恰好相反，革命往往建立更强大的暴政。满清覆亡的教训在于，只有及时施行宪政改革才能避免革命的悲剧；如果统治者执迷不悟、拒绝改革，那么不仅统治者自己将玩火自焚，而且整个中国社会都将陷入革命—暴政的恶性循环，中华民族将沦落到文明废弛、腐败横行、资源耗竭、环境破坏、民不聊生的万劫不复之地。百年历史沧桑充分证明，只有宪政才能救中国。

要打破专制，只有依靠人民的觉悟；要建立宪政，人民首先要树立自己的尊严。个人尊严是国家宪政的前提，不可想象一个奴才治国的奴隶国家能制定和施行一部人人自由的宪法。专制的最大罪恶不仅在于践踏了人的尊严，而且在于剥夺了个人恢复自我尊严的能力，使他们自甘堕落地臣服于专制淫威之下。中国宪政的最根本困境在于专制体制为自己的持续生存创造了最有利的主奴人格状态，每个人在权势面前是驯顺的奴才，在弱势人群面前则成了趾高气扬的主子，无限膨胀的公权和长期受压抑的人格形成一对互为依存的稳态。要打破专制的窠臼，首先必须唤醒普罗大众作为公民的主人意识。

有朝一日，当国人从专制奴役的噩梦中醒来，意识到自己深陷政治腐败和道德堕落的处境，并力图恢复人类的道德常识，他们最终会认同以下不证自明之理：人人都有不可剥夺与不可让渡的内在尊严，国家的义务是通过宪法与法律制度尊重与保护人的尊严；对尊严的任何漠视与践踏都是不合法的，一个长期漠视与践踏尊严的政府只能是一个不合法的政府，它的最终命运只能是被人民彻底抛弃。然而，专制是根深蒂固的；专制病毒早已深入中华民族的骨髓，毒化了每一个国人的品性。要摆脱专制奴役，不能不对专制造成的危害和国人的现实处境有一个清醒的认识。

一、专制的病症与罪恶

所谓"专制"，无非是指号称掌握国家权力的一群人代替人民统治国家，而拒绝通过週期性选举等宪政机制受人民约束并对人民负责。由于统治集团的成员都是理性自利的，他们必然会利用自己掌握的权力攫取属于社会大众的公共资源。在统治者骄横淫逸的另一面，是饱受剥削欺凌的人民——更确切地说，臣民。专制就是一群没有政治人格的臣民和政治权力过度膨胀的统治者构成的一对共生体。统治者骑在臣民头上作威作福，唯唯诺诺的臣民则任由统治者压迫欺诈，只有在被逼到绝境、走投无路的情况下才揭竿而起。但是暴力革命只是专制长期压抑下的骤然发泄，不仅不能改变臣民人格，而且通常使国民性格变得更加暴戾与无耻。革命之后，新的统治者依然故我，甚至倚仗革命赋予的合法性变本加厉，对整个社会施行更加极端的暴政，直到新政权的合法性在一次次暴政中丧失殆尽。在经过一个多世纪的战争与革命的风云激荡之后，中国专制秩序再次面临土崩瓦解，但是专制给社会造成的永久创伤却无法弥平，专制传统所生成的周而复始的历史惯性也几乎无法打破。既然不能成为掌控自己命运的狮子，人民永远是被任意宰割的羔羊。

1. 专制政权的罪恶

一个专制政权给人民带来的伤害罄竹难书，以下只是摘其要者：

它首先会变卖这个国家的所有财富并归为己有，无论是劳动力、土地、自然资源还是水甚至空气；这些财富或者落入大小官员私囊，或者任由他们以公款消费的方式堂而皇之挥霍殆尽。国家越大，可供动用的资源越多，专制统治就越稳定，人民的苦难越深重。统治集团热衷于把自己当作人民的"救星"、把人民的劳动成果变成自己的执政"奇迹"，实际上在利用国家机器攫取巨大垄断利益的同时，还在不断觊觎人民靠辛勤劳动分得的那一份口粮；而之所以还给他们留下一口，只是害怕他们忍无可忍、铤而走险。

它挟持整个民族，任意征用国家财富并拿去和外国政府交换，用压榨本国劳动力积累起来的外汇储备去"拯救"发达国家的经济危机，作为捍卫自己统治地位的资本。作为一个自利政府，专制政府在本质上也是一个卖国政府；剥夺自己的人民和换取别国的友善在本质上不仅不矛盾，而且完全可以在执政者的自我利益这一点上统一起来。早在清末，慈禧就公开宣称要"量中华之国力，结与国之欢心"，乃至"宁赠友邦，不予家奴"。今日卡扎菲、穆巴拉克之流的独裁者当然不是任何意义上的"反美英雄"；恰好相反，他们用自己国家的资源笼络西方政要和知识精英，和他们混得如鱼得水，并以此换

29

取自己的苟延残喘。如果中国有朝一日走向战争，最大的障碍很可能不是人民爱好和平的愿望，而是全体腐败的执政者对海外家族利益的投鼠忌器。

在意识形态全球式微的当今世界，专制统治利益早已和国际资本珠联璧合、完美结体；后者需要获取廉价劳力、降低资源成本、转嫁环境污染、逃避本国规制和税制，前者则需要源源不断地输入国际资本以维持和扩大国内的过剩产能、维持 GDP 增长的繁荣假像、在国内普遍贫困的基础上维持输出型经济。如果马克思预言的资本剥削在资本主义民主国家受到相当程度的遏制，那么它在民主和专制共存的国际环境下找到了新的出路。国际资本借助国内专制剥夺中国劳工的所有权利并实现最大程度的剥削，昔日建立在马克思主义理论基础上的政权则只能倚靠国际输入和廉价输出为自己输血。

但恰恰又是它把"爱国"时刻挂在嘴上，不遗余力地粉饰自己的"爱国"形象，用人为扭曲的历史观不断制造假想的敌人和民族危机感，让自己成为理所当然的民族守护人。为了维护自己的统治，它甚至不惜把整个民族放在战争的火山口上。在维护"主权"的大旗下，所有执政劣迹都显得微不足道，所有针对政府的批评都会轻而易举地被贴上"卖国"的标籤，所有自发的维权行动都是"国际反华势力"策划的结果，都会"严重扰乱社会秩序"。

它为了维护"国家统一""民族团结"而实施高压族群政策，同时扭曲历史、压制真相、禁止不同族群之间的自由交流，人为制造族群矛盾、隔阂与仇恨，埋下国家分裂的重大隐患，进而以此作为维持集权专制的借口。任何专制统治者会都把民族主义当作最后一根救命稻草，并在民族主义情绪高涨的骑虎难下中引火自焚。

它本能地嫉妒并压制不合官方主流的任何学说和独立于其控制之外的任何组织，从而有效扼杀取代它自己的所有政治和道德力量。对于宗教势力或拉拢、驯服、同化，或排挤、迫害、打压，不仅因统治者个人的恣意任性而人为制造国家敌人，而且使整个民族生存于一片信仰沙漠之中。官方正统教条早已成为一具僵尸，却仍然捆绑着众多茫然的心灵，使他们不得自由接受不同信念的洗礼，而只能任由自己荒废、空虚、死亡。

它禁止所有实质问题的自由与公开讨论，使得整个社会生活在愚昧、麻木、偏见和由此产生的危险之中。在网路时代，它不得不放任"不明真相的群众"窃窃私语；它可以让虚假广告满天飞，甚至可以对色情言论视而不见，它巴不得整个民族都浸淫在俗不可耐的打情骂俏之中，但是它绝不能容忍任何严肃而"敏感"话题的公开辩论，从而使国家决策成为一场"盲人骑瞎马"的自杀式竞赛。

它让社会失去理性，不仅因为它任意设置言论禁区，使民众不可能从建立在真相基础上的有意义的辩论中训练说理的习惯，而且它自己就是专横的典范。一个枪杆子里出来的政权只有靠枪杆子维持，最终也只有靠枪杆子才能改变，一切说理都显得啰嗦、无用甚至荒诞。一个不讲理的政府培育了一个不讲理的民族，一个大独裁者培育了一群小独裁者，犬儒、势利、暴戾、权力崇拜是这个社会每天呼吸的空气。

它让所有的恶法盛行，让所有良法失效，让所有法官成为傀儡，让它自己制定的法律成为门面，让实现"法治国家"的宪法宣言成为市井笑话。专制和法治本来就互不相容，无论是个人还是集体专制都是法治的对立面；法对统治者有利就实施，不利就搁置。即便个别开明的改革者真心要实现法治，但是无论用心如何良苦，他们都不可能真正撼动和法治对立的庞大既得利益。更何况在一个人的清廉不足以救国、一个人的腐败不足以灭国的"囚徒困境"中，再开明的改革者自己也是既得利益集团的一分子，轮到自己的时候照样不会接受法治的约束。在一个腐败已经渗入每一根毛细血管的社会，相对的清廉会因为阻碍腐败而以"腐败"之名遭到清算。

然而，它的最大罪恶尚不在此，而在于泯灭了臣民的自由人格，摧毁了他们的内在尊严，并使他们永远心怀恐惧地匍匐在它的阴影之下。在全能政府的对面，我们发现一群无能的群氓，他们的共同点在于丧失尊严和耻感。官员不以剥削压榨人民为耻，人民不以接受奴役为耻；人民的卑贱懦弱纵容了官员的骄横无耻，官员的飞扬跋扈加固了人民的恐惧臣服。在这样一个人格集体堕落的社会，没有人敢于站起来抵制政府的胡作非为。明知这个体制不合法、官方宣传无意义、如此"发展"下去的后果只能是集体毁灭，但是面对党旗信誓旦旦握拳宣誓的仍大有人在。只要自己还能保住饭碗，没有被逼到走投无路的境况；只要自家房子没有被拆，自己还有一席遮蔽之地；只要这个国家残存的空气和水还能供自己苟全，就不会有人起来反抗暴政。经过百年折腾和三十年"发展"之后，中华民族的道德境界已经退缩到人人为己的经济动物状态。每个人都义愤填膺地"围观"自己生活的这个世界，轮到自己则照旧乖乖按"潜规则"行事；每个人都对体制和现状牢骚满腹，但又甘愿充当这台庞大专制机器的某个部件，为它的任意肆虐忠实履行着自己的职责。

2．专制社会的病症

专制的一半是统治者的暴政，另一半则是人民的懦弱和懒惰；它让极少数人成为桀骜不驯、贪得无厌的暴君，让绝大多数人成为逆来顺受、低三下四的哀民。专制造就国民的病态人格，病态人格反过来维持和加固专制，使国家永远陷于不能自立、自决、自治的政治残废状态。举其大者，一个专制社会呈现出如下致命病症。

一曰无耻。专制是迄今为止最无耻的制度，并以自己为楷模複制了无数无耻的臣民。为了维持自己的形象，专制政权厚颜无耻自我吹捧，不择手段封杀批评。它不仅用强权压垮每个人的嵴樑，将每个人变成在权力面前唯唯诺诺、卑躬屈膝的应声虫，为了趋利无所不为、为了避害噤若寒蝉乃至甘愿鹦鹉学舌，而且为每个人树立了一个无耻的样板，尤其是在他们看穿了"皇帝的新衣"之后仍然不得不用自己的谎言为它遮体，以此彻底磨灭他们的基本耻感，最终使一国之人统统变成将说谎和造假当作美德的无耻小人。

二曰懦弱。专制的维系是建立在臣民的普遍恐惧基础上的，专制淫威使每个人都变成在自己的职位、待遇、名利、家庭面前畏首畏尾的可怜虫。专制教育体制从来压制独立思考和信仰，用一套并不高贵的谎言教唆儿童说谎，让人从小就不敢面对事实、质疑正统、坚持真理。专制者用自己炮制的"信仰"代替全体国民的信仰，而在不受质疑、养尊处优的正统信仰必然衰亡之后，仍然不允许国民自由信仰，致使全国上下不剩任何信仰。一群没有信仰、没有组织、一盘散沙的个体面对庞大的权力怪兽，自然吓得争先恐后地乞求权力的放生与施舍。在一个权力渗透到每一个角落的国家，上级永远是正确的代名词；服从命令是至高无上的美德，也是决定奖惩升贬的最高依据，即便在号称以探究真理为己任的高等学府也不例外。在严密的权力体系内，不存在独立思维的呼吸空间。没有独立判断，也就无所谓过错和责任；所有人都在服从更上一级的命令，即便最伤天害理的行为也因为上级旨意而显得情有可原。一群懦弱的国民本不足以担当任何责任，也不存在任何责任可以担当。

三曰激进。越是在这样的国家，激进的声音越受追捧；温和理性的主张越受冷落，即便存在也必然微弱寡助，最后淹没在嬉笑怒骂的汪洋大海之中。既然专制国家禁止自由言论，打破专制造成的万马齐喑需要承担难以预测的风险，勇气成为这个社会最稀缺的资源，勇敢（尤其是敢言）成为这个社会的首要美德，口无遮拦的勇夫就是这个社会最大的英雄。无论是左派还是右派，不激进就无法打动愤世嫉俗的民众。这一方面是因为公权缺乏制衡，无法无天、欺人太甚，社会积怨太多而长年不得排解，任何报导出来的消息都足以引发一场暴动，只不过在国家机器的强大震慑下不敢发作，因而只能借助激进的言论发泄无所不在的沉闷。另一方面，专制者的专横使所有说理都成为婆婆妈妈、与虎谋皮的纸上谈兵；哪怕分析得再头头是道，于国于民有利无害，但是最终都会因为触动既得利益的乳酪而至多博得决策者发自内心的冷笑。正因为几乎任何主张在专制社会都不可能付诸现实，人民无需面对激进主张给自己带来的风险；既然只是"说说而已"，社会改革成为少数"知识份子"的专利。不负责任的文人们乐得画饼充饥，构筑一座座虚妄的乌托邦，用激烈的文字博取人民的欢心和拥戴，而人民也乐得从中获得现实生活中得不到的心理畅快，就如同阅读武侠小说编造的虚幻故事让人们感受公平和侠义的畅快一样。改革主张与其说是治理社会病症的药方，不如说是满足社会心理的兴奋剂，而沉闷的专制社会恰恰需要不断制造打破沉闷的兴奋点。这样，专制国家满地都是充斥幻想的革命者。

　　四曰轻狂。专制社会的国民往往显得过于自信、轻信、武断乃至狂妄，不仅因为他们从小被灌输一种过于简单的善恶观，并认定它是唯一正确的真理，而且由于舆论受到严格控制、资讯受到高度过滤，他们在此基础上形成的世界观过度单一，因而不需要也没有机会面临不同利益和观念之间的复杂冲撞。尤其是因为他们从来没有机会真正选择自己的统治者并根据执政业绩决定其命运，他们永远只能被动接受执政者自我粉饰、自欺欺人的执政"理念"，并心满意足地认定面前的执政者就是自己的救世主，直到谎言被一次次惨痛的真相戳破；即便如此，在"敏感"资讯受到高度遮罩的环境下，多数人仍然不假思索地认同现行体制的天然合法性。

　　五曰好战。一个懦弱而渺小的个体往往反而尤其虚荣，并寄希望于一个强大的集体满足个人的虚荣心，而对于这个集体给自己带来的切身危险却视而不见。既然道德文明毁坏、内心一片虚空，便只有把 GDP 数字、航天飞机、航空母舰等外在"成就"当作惟一值得炫耀的资本。专制政府本来就不遗余力地向其臣民们灌输国家主义理想，把主权和国土奉为超越一切的至高价值；每个国民都被统治者奴役，但在接受奴役的同时又反过来把自己臆想为桀骜不驯的统治者，在主权、忠君、"爱国"这套价值体系中梦游。其实对于这个国家的奴隶来说，不论谁是统治者都改变不了他们做奴隶的命运，国家的命运本来和他们没有关系，但是这套价值体系的系统灌输却使他们热血沸腾地甘当统治者的炮灰，乃至即便牺牲自己被专制极大贬值的生命也乐此不疲。专制国家的每一个人都很弱小，却都是坚定的军国主义者。

　　六曰势利。面对权力卑躬屈膝，面对真理和良心便必然显得轻慢、冷漠、不知敬畏。独立人格缺失本来就是专制社会的常态，专制机器迟早会把独立思维从肉体上绞杀殆尽，并以此警示全体国民，让他们战战兢兢、危言危行。当权力变成可以兑换一切的通货，任何道德或法律规则都显得苍白无力。在这样的社会，信仰是偏执，原则是迂腐；只有利益才是永恒的目的，只有能兑现利益的权力才值得追逐。在赏罚分明的权力体制下，每个人都被驯服为圆滑世故的犬儒，乖乖地、理智地昧着良心地选择顺从，整个国家成为趋炎附势的竞技场。明知有些事情于国于民不利，自己做了却也心安理得，别人问起就把自己的责任推得一乾二淨——我也是没办法，上级就是这么指示的。试问这和党卫军押送犹太人去煤气炉有什么本质区别呢？他们不也在忠实执行着"元首"的命令吗？只不过他们造成的后果可能更直观一点而已。专制机器将整个国家变成一个巨大的囚笼，拘押着在它驯化下变得彻底理性自私、只顾自己的全体囚徒；自由对于所有人都更好，但是既然每个人在他人不选择自由的情况下都要为此付出惨重代价，所有人都继续接受并维持奴役。即便国家大厦将倾，也不会有人敢于站起来抵制，而只能任凭其在风雨飘摇中走向集体毁灭。

以上病症加在一起，造就了一个悲剧人格；多数国民染上了这种性格，便造就了一个悲剧民族，而民族的悲剧比个人悲剧更加深重。一个悲剧人格尚可能在惨痛的现实面前有所警醒，处于悲剧民族中的个人则不仅自己无需面对或无法改变整个民族面临的厄运，而且会在民族"强盛"的光环笼罩下走向危险的深渊。让个人正视自己、承担责任乃至改造国家是需要道德勇气的，将一切责任"外包"给遥不可及的"帝国主义""反华势力"则无需付出任何代价，而在泯灭了个人责任之后，这正是专制者喜闻乐见的。在国家主义话语体系下，"爱国"是不需要理由的，"维护主权"是不需要理由的，让貌似和政府过不去的"卖国贼"闭嘴乃至消失也是不需要理由的；相反，这些哗众取宠的言论很能迎合国民心理、很能发泄社会鬱闷，让众人在一片喝彩或叫骂中忘却自己作为国家奴才的屈辱，甚或从针对某个弱国或弱势族群的强硬姿态中找回一点做主人的快感。在不可一世的国家主义尘嚣中，每一个"爱国者"都如释重负地卸下自己的道德责任，在"抗美""反日""中国模式"的自我陶醉中寻找阿Q式的精神自慰，惟独视而不见的是自己身边此起彼伏的国内危机及其昭然若揭的制度根源，任由自己生活的这片国土在自得其乐的"发展"模式下被糟蹋殆尽。

二、中国道德与政治人格及其缺陷

一个健全的国家是由一个个健全的个人构成的，中国的复兴首先要求重建正常的道德与政治人格。数千年来，以儒家伦理为代表的传统道德文化为凝聚中国社会发挥了不可替代的作用，但是由于其自身的政治人格缺失，中国一直未能完成现代公民转型。然而，传统道德非但不是建立公民人格的障碍，而且完全可以作为构造新型人格的起点。当今中国之要务就是挖掘和恢复传统道德中的永恒价值，并在吸取其他国家先进文明的基础上加以融合完善，借以完成从"小人"到"君子"、从臣民到公民的人格进化。

1. 人类的人格类型及其进化

自人类从蒙昧时代进化到现代文明以来，人类个体逐步发育为成熟的道德与智能主体。人从动物进化而来，原先只有动物与生俱有的趋利避害本能，而对自身和他人的内在价值没有任何意识。当这样一群人不得不来到一起，从分散的家庭组成社会与国家，维系秩序的纽带只能是对暴力的恐惧。随后建立的道德与法律秩序虽然以更加文明的方式包装了国家暴力，但这种秩序必然是以权力至上及与其对应的绝对服从为核心。随着国家暴力确立了绝对统治权威，自由自在、自给自足的原始人格分化为精英统治的贵族人格和被动接受统治的奴隶人格。这种人格状态使父亲成为家庭的专制君主，使大大小小的贵族统治者成为在各自管辖范围内掌握生杀予夺的"父母官"，使国王成为统领一国奴隶的"牧羊人"。只是近代民主逐渐使被统治者成为统治者之后，两种极端人格才进化为温和适中的现代公民人格，从而在人类历史上第一次建立了自主、自立、自由的人类意识。公民通过自己参与制定的法律统治自己，作为权利主体承担国家义务，在纳税基础上享受公共服务，并在有权控制和监督公权力行为的制度前提下接受政府统治，从而真正成为亚里士多德意义上的既不愿奴役他人、也不接受他人奴役的"君子"。

"人生而自由。"卢梭将原始人想像为独来独往的野蛮人，但是原始人并非绝对自由，因为人从动物的进化预设了家庭关系的存在；家庭合作很可能是人类分工的起源，并帮助人类逐步完成直立行走、工具发明、智力飞跃的漫长进化过程。然而，这个时期的人类确实基本上停留在自然动物阶段，人类意识仍然是一片朦胧、尚未开发的处女地。人除了自己的基本生理需求之外，至多只是在乎生活习惯中形成的家庭长幼关系，但是这种关系与其说是一种有意识遵从的伦理，不如说是在成长过程中自然形成的条件反射；他更关心的是他的猎物，主导他思维的是广袤的大自然，而不是难得邂逅的同类。原始人没有多少值得称颂的美德，但是更不具备阴谋犯罪的智力和动机。自私和自由是他们的动物本能，谦让、义务、忧患只是对牛弹琴的现代发明。在物质意义上，他们确实是"自由"的——没有道德义务、没有法律惩罚、没有人为制造的国家权威、没有宗教或领袖崇拜，只有极为稀薄的家庭行为准则以及大自然套在他身上的枷锁。

随着人类和自然之间的关系不断紧张，这种无忧无虑、悠闲自在的无政府状态终于结束了，人类第一次被迫面对自己的同类；或由于人类繁衍速度过快，或由于冰川季的到来，或由于彗星碰撞等突发事件极大减少了人类赖以生存的资源，原先零星发生的边界争斗升级为大规模的血腥战争。家族迅速扩大为部落，兵器制作极大刺激了工艺发展，军事领袖成为最早受众人膜拜的英雄……军事征服建立了最早的人类国家，第一次将人类分为征服者与被征服者，从中衍生出贵族统治的权力、奴隶接受统治的义务以及维持统治的律法。人类第一次获得了合法奴役他人的权力，也第一次被套上人为制定的国家律法的枷锁，由此产生了权力、义务和服从的道德意识。进入农耕社会之后，主奴意识延续下来，庄园经济将农奴的人身和思想牢牢束缚在土地上。文明在血腥中诞生了，而从暴力征服脱胎而来的社会只能是一种建立在统治与服从意识之上的专制秩序；在国家权力的统一命令和协调下，人类智力和语言发展了，技术进步了，物质丰富了，耗费巨大人力建造起来的宏大工程令后人叹为观止，但是自由自在的原始人格从此一去不复返了。

专制形态的政治与经济秩序造就了依附性人格，并反过来维系专制秩序：奴隶被迫依附贵族提供的生产与生活手段，贵族则依靠剥削奴隶的劳动维持奢靡的生活。贵族尽情纵容自己最大程度地压榨奴隶的工具价值，奴隶则出于恐惧而任劳任怨，被动接受他人对自己的奴役。在极端失衡的权力与义务关系下，每个人都不会意识到自己作为道德主体的内在价值与尊严。在这个意义上，专制只是人类动物状态的延续：统治者不把被统治者当人看，被统治者也不把自己当人看。对于贵族来说，奴隶只是一群供自己享受的动物；即便贵族之间存在一定程度的尊重，但这种尊重也是基于外在身份和权力，而非个人内在的德性或才干。对于奴隶来说，贵族则不啻掌握自己命运、必须无条件服从的神。在国家强制下的命令与服从关系中，贵族天经地义地行使着绝对统治的权力，奴隶则不假思索地服从主人的权威。或许只有在稍纵即逝的片刻闲暇，忙碌终日的奴隶才会感叹命运的不公，但是在人被当作工具的时代，他看不到也不会理解自己作为人的内在价值，更不敢想像自己具备和主人同等的尊严。事实上，即便在世界上最早的民主体制——雅典城邦民主，平等也仅限于自由人之间，奴隶无权参政议政。既然被统治者永远是被沉默的大多数，永远没有质疑专制正当性的发言权，他们永远不会产生捍卫尊严、反抗专制的思想意识，永远只能心怀恐惧地服从奴役自己人身和思想的专制体制，直到特定突发事件（如饥荒）直接威胁自己的物理生存，才会揭竿而起、推翻暴政。但这种为物质生存所激发的行为与其说是对暴政的有意识反抗，不如说是动物陷于绝境中的条件反射；危机过后，政权易手，而专制依旧，甚或更加强化。

当然，宗教与道德学说的发展能在一定程度上约束权势者的行为，并超越政治与社会结构对人类意识的禁锢。在传统中国，儒家伦理一直发挥着规范不同阶层社会关系的作用。在欧洲，基督教信仰的早期发展填补了人类心灵的空虚。教会成为新的贵族阶层，形成了独立于世俗权力之外的权力中心，从而打破了世俗权力对社会统治的绝对垄断，形成了最早的社会分权结构。虽然君主拥有至高无上的世俗统治权，却不仅无法干涉人的思想和信仰，而且自己也受教会法的约束。新教革命进一步打破了天主教会对信仰的垄断，让个人通过《圣经》和上帝直接建立联系，在基督教内部形成了教义和教派的多元化，并孕育了对不同思想与信仰的社会宽容。在此基础上，文艺复兴带来的思想解放最终为人格独立和政治自由奠定了基础。然而，在教会垄断信仰的漫长中世纪，宗教时常和世俗权力在勾心斗角中融合一体，成为统治者强化服从、禁锢思考的工具。在独尊儒术的中国，儒家道德学说更是统治合法性的基础，长期的政学合一产生了严重的思想和政治专制。虽然儒家伦理有助于规范统治行为并塑造相对独立的"君子"人格，但是一旦成为惟一合法的统治哲学，必然沦为政治与道德双重专制的帮凶。

只有在政治权力相对均衡、社会结构相对自由、政教并非高度合一的国家，才有可能打破牢固的专制秩序，并最终解放依附于专制的人身与思想。在封建制英国，君主权威实际上并未达到严格绝对的程度，国王与贵族之间也未形成牢不可破的"君君、臣臣"关系。贵族们可以公开拒绝国王征兵纳税的号召，甚至联合起来反叛国家的最高统治者。1215 年，英国大贵族强迫约翰王签署《大宪章》，第一次以成文契约形式限制国王特权并保护贵族权利，在中世纪的漫漫黑夜中播下一粒民主宪政的种子。随着贸易的发展和社会分工的不断细化，社会阶层出现了更为复杂的分化。不仅贵族内部一直存在不同等级，而且城市出现了商人、手工业、作家、艺术家等自由职业，并在西欧形成了不同等级和职业之间的契约关系。虽然这些契约所赋予的权利与义务是不平等的，但是它第一次实现了身份地位不同的个人在实质不平等的契约面前的形式平等。在贵族和国王的长期斗争中，市民等新兴力量不断加入，民主的种子最终结成正果。1689 年，"光荣革命"宣告英国议会民主的最终胜利。专制的动摇促进道德自由和独立人格的发育，独立道德人格的成熟则反过来推动自由民主政体的生根与巩固，直至国家政治自由与国民道德自主取代专制成为稳定的共生体。

近代工业革命的发生使得社会多数人得以脱离土地关系对人身的束缚，成为通过契约形成外部经济关系并决定自己生存状态的自由公民；虽然强势和弱势之间的契约未必公平，但是它毕竟第一次赋予众人决定自己命运的自由，何况私有制和市场经济的不平等可以在民主政治过程中得到一定程度的纠正。在政治上，公民通过制定宪法和国家立约，界定国家权力和公民权利的边界。在人类历史上第一次，公民成为政治和经济自由的独立主体，通过契约决定谁是自己的老板、雇员或合作伙伴，通过选票决定谁做自己在政府的代言人。作为决定自己命运的主体，人不再为了他人而生存；人的存在价值不再单纯限于对主人、家庭或国王的责任，而更体现于自己受社会尊重和国家保护的权利。现代公民终于和原始人一样脱离了人为奴役的束缚，但是他的意识里除了自然和自己的需求之外，现在还带上了社会、国家及其赋予自己的权利和义务。国家保障的权利不仅为他保留了自由和独立，而且为他提供了安全和保护；他对社会的义务则不再是在暴力压迫下被动无奈的结果，而是他和其他公民一起参与制定的赋予自我的对等责任。在面对一整套获得与赋予的平等关系中，人第一次有可能认真对待自我并反思自己作为独立与自由主体的价值。在摆脱奴役、依赖、剥削、贪婪之后，人第一次获得了自觉意识并全面实现自我内在尊严的政治与社会条件。

虽然经济自由是道德与政治自由的必要条件，但远不是决定一切的充分条件。就和经济发展本身并不简单遵循任何"铁律"一样，人类道德与政治发展也不是建立在"经济基础"之上的水到渠成的必然产物。相反，一个国家的道德与政治发展水准直接制约着其社会与经济发展，社会发展的道德、经济、政治与法治条件实际上是环环相扣的复杂共生体；经济只是其中的重要一环，对于国民的道德和政治人格发展等"上层建筑"并无决定性作用。事实上，即便同属于价值层次的道德和政治人格之间也不存在绝对的决定性关系。政治人格是道德人格的自然延伸，但是后者并不简单决定前者。中国儒家传统维持了一套相当超越的道德学说，但是同时又在其特定社会环境下认可并维护一套极其顽固的国家主义专制理论。在一个公权力不受控制的国家，所有人都是政治权力的奴隶；在至高无上的皇权面前，即便德高望重的"君子"也变成了侏儒，根本不具备和最高权力分庭抗礼的资格。既然臣民和国家之间无法形成平等契约关系，民主宪政不可能在中国发芽，市场经济也无从扎根。两千多年来，传统儒家人格一直面临道德自主和政治附庸之间的痛苦割裂，中国政治史在很大程度上就是一部"士大夫"以独立人格抗衡绝对皇权的历史；直到近代中国，道德人格最终在严重加剧的政治集权体制下彻底湮灭。

2. 儒家传统人格及其缺陷

在人类文明发展史上，中国对世界的最大贡献在于孔子以降的儒家学说发现并肯定了人的内在价值和尊严。经典儒家教义坚持人性善，相信每个人都有仁、义、礼、智的内在潜质。仁让人友善，义让人公正，智赋予人认识自然、社会和自己的能力，礼则是对同样具备内在尊严的他人所赋予的对等尊重。人在礼的薰陶下经过自觉修身之后，就能将这些潜质发展成为实际品性，并成长为道德成熟的"君子"。儒家君子代表了道德独立、光明正义、勇敢坚毅的高尚人格："君子义以为上""和而不流，中立而不倚"；"在上位不陵下，在下位不援上，正己而不求诸人"；"得志，与民由之；不得志，独行其道。富贵不能淫，贫贱不能移，威武不能屈。"

作为引领传统中国社会的人格表率，君子有责任通过内省不断审视自己的人格状态；如果他的为人处世不符合仁义原则，贬损了自己或他人的内在尊严，或阻碍了其内在潜质的正常发育，那么他会为自己感到羞愧。孔子之所以主张"行己有耻"，正是因为君子清醒意识到自己的人格尊严，任何有损尊严的言行最终都是对自己人格的贬损，因而自然会产生一种耻感。因为有耻感，君子必然有所不为，譬如不会放下身段去做一个"樑上君子"，也不会做一个阿谀权贵甚至为虎作伥的"御用文人"，否则就把自己降格为依附他人生存、损害社会利益的寄生虫。反之，道德没有发育成熟的"小人"则看不到"人人有贵于己者"，因而也无所谓荣辱；也正是因为没有耻感，小人们为追逐外在的蝇头小利往往不择手段、无所不为。因此，孟子告诫："人不可以无耻。无耻之耻，无耻矣。"

两千多年来，儒家的君子人格及其"温、良、恭、俭、让"等美德培育了一代又一代士绅阶层，维系了传统中国的道德文明和社会基本秩序。但不能不看到的是，由于农耕时代的教育落后、文化难以普及等种种原因，儒家"君子"只是局限于人口中的极少数精英；绝大多数不识字的贫民至多只是受到礼乐乡俗的薰陶，而未能培养独立自主的道德人格。儒家据此认定，虽然人人都有成为君子的潜质，但是实际上多数人都不能成长为君子，而只能是道德不成熟的小人。

41

君子劳心，小人劳力；"劳心者治人，劳力者治于人。"按照这套貌似顺理成章的逻辑，儒家将社会截然分层为统治者和被统治者阶级，并排除了政治民主的可能性——既然大多数人是自私短视、不能自治的小人，多数决胜的选举又会是什么结果？诚然，中国传统考试制度为社会底层提供了一定的流动机会，但是这并不能改变统治机会必然局限于极少数人的基本现实。儒家伦理强调人的道德自主，但是到了政治层面却蜕变为剥夺多数人道德自由的专制学说。

事实上，政治专制不仅剥夺了绝大多数人的尊严和人格自由发展的权利，而且也剥夺了高居统治阶层的士大夫自己发表意见、谏言献策的自由。"君君、臣臣"的礼制固然对君臣都规定了义务，但这种义务关系显然是不对等的，更不存在强迫君上履行义务的有效机制。即使孟子提出过"闻诛一夫纣矣，未闻弑君也"的激进反叛学说，但是面对掌握国家机器的暴君，儒家依然无可奈何，只得选择"危邦不入、乱邦不居"的逃避策略。虽然个别忠臣敢于直言犯上、冒死谏君，但是在统治权力得不到有效制约的制度环境下，君子即便在位也难免出于对无限权力的恐惧而不得不限制自己的言行，不在位则更无从防范公权对个人尊严和道德自由的任意践踏，而这显然不符合君子本来无忧无惧、凛然正气的人格形象。对上，"君子"无法保证自己的权利不受皇权侵犯；对下，他们也不能保证自己不滥用权力而侵犯多数小民们的利益。由此可见，专制剥夺所有人的政治自由，并让每个人都成为政治上的"小人"。

儒家政治人格的缺陷不仅长期阻碍了中国社会的发展，而且为近代道德人格的堕落埋下伏笔。虽然儒家道德传统对于抗衡官僚腐败和皇权滥用发挥了有限的作用，但本身就是依附政治专制才得以维持的道德专制秩序；当革命扫除原有的专制秩序之后，儒家道统迟早也将成为专制政治的殉葬品。既然儒家不信任平民百姓的判断能力，拒绝在百家争鸣、自由辩论、平等竞争的环境下说服社会多数自愿接受自己的主张，而是通过国家权力将一家之言强加在全体臣民身上，那么在这套政治秩序瓦解之后，他们必然也不能依靠多数人的力量抵御另一套专制学说对自身的暴力摧毁。"独尊儒术"方针在确立儒家统治地位的同时，也注定了儒学在五四运动之后没落的命运。

事实上，当一种更为彻底的专制学说主动亲近中国的时候，那些在传统专制文化薰陶下反传统的文人们势必隐约感觉出一种内在的亲切；它对均富的诉求、对大众的怜悯、对个人自由的厌恶、对集体和国家的青睐，以及对"真理""至善"和自封"正统"的热衷……，一切都何其似曾相识；惟独不能兑现的是革命所承诺的共和梦想，因为革命打着民主共和的旗号，实际上推行的是更为系统的精英"党治"。只是在传统精英的道德人格被历次"运动"扫荡殆尽之后，公权打着"人民"的名义愈加膨胀，留下一堆没有操守、不负责任的蛀虫，为了私利不顾一切地蚕食着这个民族的物质生存基础。

3. 近代中国的人格变异

如果说儒家文明在自己的主导地位不受挑战的前提下还能显得雍容大度，那么在近代持续不断的列强打击下则趋于固步自封。两千多年来，儒家文明缺乏来自发达文明的实质性竞争和挑战，致使中国从来以世界文明中心自居，对周边民族一向採取居高临下的姿态，因而在更为强大的西方文明面前自然产生拒斥心理。清政府的屡战屡败、抵制改良不仅危及政权合法性，而且最终也让儒家文化成为落后的替罪羊。在内敛、自省的儒家文化传统遭到彻底颠覆之后，中国社会变得愈加愤世嫉俗、怨天尤人，并变本加厉地把洗刷民族屈辱的希望寄托在强大的国家机器上。国家主义在儒家的政治人格中本来就时隐时现，而政治专制传统的延续和强化最终消灭了传统道德人格，致使全体国民都沦为耻感灭失、尊严荡然、甘愿为权力玩弄于鼓掌之上的小人。

中国近代历史教科书鲜明体现了国民性格的根本变异。自鸦片战争以降，中国的战败和屈辱固然是列强恃强凌弱的结果，但同样也是愚顽不化的清廷和社会保守势力一再拒绝改革的自然后果，而专制君主和臣民的颟顸守旧、狂妄自大、封闭排外必然恶化事态的发展。然而，中国历史教材对自己的过错从来隻字不提，而把全部责任推给了"帝国主义"，进而不知好歹地仇视这些国家的民主宪政制度。这些靠自由民主发展壮大的国家只对自己的选民负责，并不对不决定本国政府命运的外国负责，更不会对它们本无好感、鄙视有加的专制政权和臣民负责。鸦片战争部分是执迷不悟的最高统治者一再闭关锁国的结果，火烧圆明园则是由中国官兵虐杀外国使团所引发，但是一个不知反省的失败民族却对自己的所有失当视而不见。虽然现政权不需要对百年历史负责，但是为了把中国打扮成一个可怜无辜、饱受欺凌、乞求"解放"的弱国，硬是从官方教科书里抹去了所有不利于国家形象的历史真相，把百年历史打扮成一部"可歌可泣""前仆后继的英勇奋斗"史；执政者出于自己的需要将清政府简单描绘为对外腐败无能、丧权辱国，不断将禁烟等对外策略之争升格为"爱国"与"卖国"的伪路线之争，夸大中国的外交失败并抹杀自民国以来的外交成就，利用民族虚荣心兜售其虚妄的军国主义历史观，煽动敌视西方的民族情绪以维持自己对民主宪政的抵制。中国人时常抗议日本历史教科书否认"南京大屠杀"的真相，却从不知道自己的历史教科书问题比日本严重多少倍。中国近代史从来没有摆脱过政治干预，从来是一部为了政治目的挑挑拣拣、乔装打扮的"党史"，因而注定了是一部自我炫耀、逃避责任的伪史。

孟子曰："夫人必自侮，然后人侮之；家必自毁，而后人毁之；国必自伐，而后人伐之。"中国之所以长期羸弱、被动挨打，根本原因在于专制文化极大束缚了臣民的自由发展和创造能力，一个由精英奴才统治大众奴隶的国家是不可能真正强大的。一群政治上的奴隶不仅不会受人尊重，也不可能以相互尊重的方式平等待人，更不可能保护本来就不属于他们的国土和主权，而造成奴役状态的根源显然不在于"帝国主义"，甚至不在于奴役他们的特定专制政府，而最终在于他们自己，因为是他们接受并维持了国家机器对自己的奴役。要让中国真正在世界上站起来，成为一个受人尊敬的文明大国，中国人首先要站起来并成为自由的文明人。中国的强盛固然依赖于经济、工业与科技的发达，固然要学习借鉴西方的先进政治与法律制度，但是最根本的还在于国民人格本身的建设与完善，而儒家道德人格所内含的自重、自省、自强能力本来是足以完成这一使命的。

1894 年甲午战争，日本几乎一夜之间全歼苦心经营多年的北洋水师；中国朝野震惊之余，却不仅没有产生狭隘的民族仇恨，而且掀起了一股学习日本政治与法治文明的留日潮。放在今天，这简直是不可思议的奇迹。1915-16年，皇权的消失使得儒家正统失去了政治庇护，新文化运动开始全面反思和攻击传统道德，却不幸犯了矫枉过正的错误。新文化运动虽然旨在清算传统人格欠账，但是过分夸大了传统道德和礼仪制度的缺陷，抛弃了儒家伦理体系的内在精华，致使中华文明不能立足于自身固有的道德资源而完成复兴大业。作为中国最早的"愤青"作家，鲁迅只是因为其左翼立场受现政权认同才获得如日中天的影响；虽然其强烈的批判意识对于当代社会仍有意义，也是他今天继续受青年追捧的原因，但是他所批判的"礼教吃人"只不过是以极尽夸张的方式把全部过错归咎于"传统"而已。在抛弃个人反躬自省和自我担当之后，新文化运动的激进倾向开启了一个令人不安的狂躁时代。一旦儒家传统遭到全盘否定，国民的道德人格也将随之发生根本的变异；把皇帝小儿赶下台容易，但是崇拜权力的政治人格不仅没有丝毫改变，却在道德人格灭失之后把一个比皇帝强大得多的独裁者请进来。

好景果然不长，巴黎和会对中国阴差阳错的背叛一夜之间点燃了赵家楼的大火，长期积压在国人心头的愤懑和戾气终于在民族主义找到爆发口，和仇视西方既有秩序的马克思主义一拍即合。五四运动之后，在新生苏维埃政权的积极撮合下，中国很快从无政府主义的极端走向极权主义极端，"三民主义"、共产主义先后替代儒家教义成为国家正统。一个政治人格缺失的国家自然无法抵御专制主义政治思想的变种入侵，而政治专制的确立和强化最终戕杀了中国的道德人格。所谓的"爱国主义"实际上建立在个体人格空壳化的基础上，至高无上的"国家"幻影完全吞噬了作为道德主体的个人，使每个人成为一颗没有独立价值、没有内在尊严、只能寄生于国家威权之下因而国家可以随意处置的尘埃。在个人自身失去全部存在价值和道德底线之后，中国便向"革命"、造反、杀戮等大规模摧毁性变革敞开大门，直至全体国民将大独裁者当作自己的"大救星"，并心甘情愿地听从他的命令相互残害。一个在政治上愚昧幼稚的民族必然是一个悲剧民族，无数人会用生命和血汗为自己的愚昧堕落付出代价。

中国百年的最大失败恰在于未能从根本上反思失败的终极原因

和教训，让整个民族徘徊于牢骚悱恻的小人情怀之中。"革命"学说把所有罪恶都推给"帝国主义""封建主义"和一切"反革命势力"，惟独自己才是一贯正确的先进力量，因而可以采取一切手段消灭革命的障碍。在这套"学说"之下，每个人都因为接受"先进"思想而变成可以无所不为的上帝，不论什么伤天害理的行为都可以获得正当理由；任何人和自己过不去都是"进步"的障碍、民族的敌人、国家的罪犯，必欲除之而后快。究其实质，这些形形色色的"革命"学说不过是个人或集团暴力夺取国家权力的挡箭牌，假借种种"思想""理论""主义"等欺世盗名的外壳将自己极度膨胀的私欲包装起来。它们充分调度人的贪婪、狂妄和恐惧，彻底解脱了人对自己和他人的内在责任感，将每个人都变成除了权力之外没有敬畏的造反派。

革命人格和传统道德人格是格格不入的。革命者认定自己是绝对正确的上帝，人民实际上是觉悟不高、能力有限、"不明真相的群众"，对手则是十恶不赦、必须从肉体上消灭的敌人。在革命者眼里，"反动派"只是社会进步的障碍而已；他们岂止是没有内在价值与尊严，他们简直就只剩下内在的邪恶。无足轻重的灰尘不过没有价值而已，但是"反革命"注定只能作恶，因而消灭他们不仅为全人类消除了祸患，甚至对他们自己也是一种释罪和解脱。当然，"一切反动派都不会自行退出历史舞台"，因而只有通过先进力量掌握的暴力机器才能摧毁之。在革命的血雨腥风中，在赤裸裸的暴力面前，只剩下个别领导人的淫威，个人尊严和耻感都消失得无影无踪。建立统治之后，执政者当然"不会自行退出历史舞台"，社会也没有任何一种力量足以抗衡和控制至高无上的权力，"解放者"成为空前绝后的压迫者。

4. 权力体系下的人格堕落

在一个权力压倒一切的国家，道德堕落是迟早发生的必然结局。这是因为权力本来就和道德无关，掌握权力——尤其是通过暴力夺取权力——的事实本身不等于善恶或对错。但是一旦权力成为一种社会通货，不仅可以换取金钱、文凭、荣誉……，而且成为权力本身的正当性来源，社会就丧失了基本是非标准，权力成为真理的代名词。但是权力对是非的垄断又是徒劳的，不仅因为人们内心的是非判断不可能和权力的绝对命令保持一致，而且因为权力本身就是高度流动、变化莫测的；昨天还坐在市委书记的高位上"反腐倡廉"，明天可能就变成囚笼里的贪官。这样必然造成是非观念的混乱乃至丧失，仅剩下无所不在的权力和金钱崇拜。所有人都忘却自己的本性、掏空自己的内在，把自己等同于权力、金钱和欲望铸就的虚壳。

虽然中国号称"信仰"马克思主义，但马克思主义本来只是一种政治经济学理论，而不是关于人的道德学说；即便马克思本人或许受某种信仰支配，但是信仰成分在一个实证理论中必然是极其微薄的。事实上，在非人的"生产力"支配了整部人类历史的"科学"图景中，任何信仰都被发配到个人"迷信"的边缘。然而，由于任何专制政权都需要一个大一统的意识形态来支撑自己的合法性，马克思主义的中国版早已变成一个汇聚一切"真理"的无所不包的大麻袋，政治学、法学、哲学、人学……统统可以从中变身出来。可悲的是，这一套自诩要"解放全人类"的学说却是建立在奴隶人格的基础上。在生产力、生产关系、上层建筑这套"科学"决定论话语中，人只不过是按经济铁律运转的历史机器上一颗渺小的螺丝钉，个人自由只是人在未能认识经济发展规律情况下的任性偏差，意志自决更是井底之蛙在博大精深的"必然规律"面前不知天高地厚的狂妄梦呓，甚至多数人的集体意志在"资本主义必然灭亡、社会主义必然胜利"之类的"规律"面前也注定是螳臂挡车。在这套完全非人化的经济主义理论体系中，实在看不到还有什么值得和需要"信仰"的。

马克思的最大错误不仅在于没有充分认识到人的意识对物质的决定性反作用，而且在"存在决定意识"的框架下，通过把活生生的人绑在生产力—生产关系的经济发展"铁律"上，使人完全物化并丧失道德主体性和进取心。这套"唯物"至上的理论盲目夸大经济体制的作用，让只是人类活动一部分的"经济"吞噬了整个人，把人看成是无法超越经济利益的动物，把道德等"意识形态"作为完全寄生于"经济基础"之上的附庸。"公平竞争"只是资产阶级主流学者编造的一个神话，勤劳致富只是剥削者自欺欺人的谎言或被剥削者自我安慰的梦想。在经济"规律"面前，体制承担了一切；什么美德都显得虚伪，什么罪恶都变得情有可原。穷人可以因为穷而偷盗，女人可以因为穷而卖淫，甚至"每一个毛孔都滴着血"的资本家也可以怪"万恶"的资本主义制度造就了他们的贪婪……既然什么都是生产力发展的必然结果，什么都可以怪罪阻碍生产力发展的制度，个人还有什么不可以做的呢？如果中国之所以没有民主，不是因为中国人自己的懒惰和懦弱，而是因为 GDP 还没有达到某个神秘的"拐点"，个人对于推动国家的政治进步又能做什么？一旦变成决定一切和解释一切的"真理"，马克思主义只能成为犯罪和堕落的借口；它的兴盛注定充满暴力和血腥，它的衰落也必将留下一个纸醉金迷、物欲横流的小人社会。

在体制成为一切罪恶的替罪羊之后，"砸碎万恶的旧世界"自然就成为马克思主义的革命纲领，似乎改变体制就能拯救一切。然而，当《共产党宣言》断言"无产者失去的只是锁链，他将赢得整个世界"的时候，它忘记了每个"无产者"至少是有生命的。在道德上，让"无产阶级"冒死用暴力消灭"资产阶级"的生命是不正当的；任何高尚的目的都不可能使这种不正当手段正当化，因为它要摧毁的正是人最基本的价值。暴力革命的鼓吹者无视一个基本常识，那就是任何体制或集体行为都不可能对个人的不道德行为负责；最终，实际上可以自由选择的个人要对自己选择的行为负责。事实上，在任何经济体制下，个人道德都有相当自由的发挥空间；即便在高压政治下，个人仍然享有内在的灵魂或思想自由。我们看不到为什么一个资本家不可能有一点怜悯或慷慨，或每一个"无产者"都一定那么"大公无私"；看不到为什么资本家知道自己的"丧钟"迟早会敲响，还会傻乎乎地等死，而不会和"无产者"谈判并共同建立一种更为人性化的私有制和市场秩序；更看不到为什么两千多年前雅典、罗马在奴隶制就能实行民主，几百年前英国、美国在农业社会就能实现共和，而已经进入"社会主义初级阶段"的中国却不能让人民实质性地"当家作主"……

中国历史证明，理论与实践的因果关系有时恰好倒置；马克思从来未能预言中国政治与经济的发展走向，而全体中国人却不偏不倚地落入了马克思的经济主义陷阱之中。三十年的"改革开放"虽然突破了奴役人民的计划体制，却丝毫没有突破经济主义思维陷阱。改革的基本宗旨无非是"改善人民生活""提高综合国力"，而这种思维的基本前提依然是人民只是对温饱、财富、GDP 感兴趣的经济动物，而且是自己不能改变命运、只能仰仗政府指导、任由官员盘剥的无能经济动物。尤其在 1989 年之后，改革已经在既得利益绑架下变质，官员彻底主导了改革方向；在完全排除人民参与的情况下，所谓的"改革"只能对极少数人有利并损害人民的长远利益，财富、土地、资源乃至生态环境等基本公共利益成为极少数人垄断和瓜分的对象。在正统信仰彻底失效、计划体制的社会保障完全失灵、"市场经济"将一切公共物品货币化的年代，每个人都被变本加厉地转化为经济动物。

先是经历了马列主义"科学"理论的去信仰化洗礼，之后又经历了马列"信仰"本身的崩溃，今日中国社会的道德信仰已荡然无存，全体国民都成为一群匍匐在权力和金钱之下的爬行动物；得势者不择手段以权敛财，弱势者则被压在房价、物价、药费、教育乱收费等多重"大山"之下不得喘息。整个民族或为利益所诱、或为生存所逼，每个人似乎都在经济"高速发展"的当口不可理喻地走到了末世边缘；农村的孩子从小看不到明天的希望，城里的孩子从小学就开始准备高考的马拉松竞赛……偌大中国再也无人有心或有闲把自己的道德修养当回事，国家前途更是几个屈指可数、无所事事的落魄文人才津津乐道的话题。在道德人格已被摧毁殆尽、政治人格从来没有成型并在长期专制教育下畸形发育的国家，这一切似乎都是早已命定的劫数。

经过革命与暴政的反复历练，中国已经进入了一个彻底没有忏悔、没有反省、没有耻感、没有操守的时代。当代"五毛"现象就是一个范例。如今显然不是革命士气高昂的五六十年代，"人民已不再愚不可及"；"有奶便是娘"的"五毛党"未必认同官方正统立场，也不可能不知道自己在做什么，但是为了一点蝇头小利甘愿出卖自己、为虎作伥，将自己的人格贬值到几个小钱。绝大多数中国"左派"之所以"左"，也不是因为不知道过去几十年发生的事情，而是在既有的意识形态话语体系下为自己寻找利益最大化的理性定位。其实中国的所谓"左派",真不知"左"在哪里。西方的"左派"立场未必正确,但是至少操守应该肯定,因为他们是敢于批评政府和舆论主流的少数派。中国的"左派"恰好相反,他们中的青年或是一群被国家主义历史教育彻底洗脑的"愤青",其老于世故的一辈则多是故意利用在权力控制下严重失真的历史观和社会舆论,觊觎用政治安全的"主流"话语向权力体制邀功请赏的小人。一群四肢不勤、娇柔做作、百无聊赖的文人在学术上无法建立自己,便投机取巧,或假借"爱国"之名哗众取宠,或搬弄国外左翼批判学派的一点"最新理论",而批判西方的实际目的是为了讨好中国政府。对于一个将自身人格完全寄托于"国家"的学者群体,国家主义是其最自然也最"有利"的归属。如果逆境中的民主宪政思想因舆论管制而不足以抗衡"左翼"煽风点火和市民激进情绪,那么这个国家极易重蹈五四覆辙,甚至上演德国和日本的法西斯主义闹剧。

究其实质,国家主义是一个尚未完成公民道德建构而首先诉诸于政治国家建构的头脚倒置的怪胎。它原是一群无聊文人泛起的历史沉渣,在国内危机应接不暇的环境下本不足成气候,但是在历史教育的长期扭曲和政府对"敏感"舆论的严格控制下,国民在专制压抑下早已养成欺软怕硬、怨天尤人的品性,很容易将假想的"国际反华势力"作为出气口,以至任何周边领土主权纠纷都可能掀起新一轮国家主义狂潮,恰和政府一贯的"爱国"高姿态合流。一个意识形态彻底破产的政权只有祭起"爱国主义"大旗,玩弄国家、民族、政党概念的偷樑换柱,把自己自封为民族利益的天然代表人,将全体国民捆绑在穷兵黩武、自我毁灭的战车上。其实政府官员是中国当今社会最"西化"的一个群体。他们不仅和西方接触最频繁,成天在发达国家访问"考察",而且多有子女在海外工作求学,或在海外银行存有钜款,因而最惧怕得罪西方政府;这个庞大的既得利益集团理应是中国"和平崛起"的最大保护伞,灌输军国主义实际上是自掘坟墓。然而,人的理性是受限制的;政府长期灌输的"爱国主义"教育已经把它自己放在激进情绪的火山口上,只等一次突发事件引火自焚。国家主义本来是出于政府合法性的需要,却可能成为颠覆政权合法性的由头；政府和大众的国家主义情绪造就了一群有求必应的吹鼓手，而后者不遗余力的鼓噪终将把这个自以为不可一世的国家带到毁灭的边缘。

当然，如果说中国"崛起"激化的国际矛盾还有待时日，那么国内矛盾早已层出不穷、无所不在、应接不暇；如今不用生活在中国，只要上网流览就能略知梗概，无需赘述。这些事件无一不是因为公权完全失控而造成的权力极度滥用引起，在一个政治人格缺失、道德人格毁坏的国家本来十分正常。在一个权力呼风唤雨、所向披靡的社会，统治者的野心、贪欲和自信必然过度膨胀；被统治者则人人畏缩懦弱，不被逼到生死关头便不敢出头抗争。如此，则每天网上头版必然都是人命关天的大事，更多巧取豪夺、侵占民利但不出人命的事情则悄然进行而不受任何关注。事实上，官员和百姓每天都被众多新鲜事件包围着，早已疲惫并"适应"了不太平的生存环境；久而久之，甚至丧失了道德判断的基本常识。当一个民族泯灭了是非观念和基本耻感，沦落到不知羞耻为何物的地步，那么无论发生什么惊天动地的事情都不再稀罕。以此势头"发展"下去，千年文明将毁于一代，大好河山将被彻底毁坏。在公权泛滥、道德衰败的环境下，这个国家赖以生存的物质基础也开始动摇；面对资源耗竭、环境污染、生态恶化的威胁，中华民族已进入名副其实的生存危机。

三、中国道德与政治人格之重建

要让饱经革命、暴政、"运动""发展"之苦的中国社会回归理智与常态，国民首先必须恢复基本道德常识和耻感。搜刮民脂民膏和偷盗一样是可耻的，为自肥或"三公"挥霍而滥用公共财政是可耻的，为了自己的政绩而盲目"发展"、耗费资源、污染环境、祸害百姓是可耻的，大权在握却未能使一方百姓"老有所终，幼有所长，矜寡孤独废弃者皆有所养"是可耻的，治理不善而不允许别人批评是可耻的，靠选举舞弊和组织操控维持自己的统治地位是可耻的，垄断新闻机器不断为自己制造"伟大、光荣、正确"的形象更是可耻的；人民之间互不体恤、相互"投毒"是可耻的，受到欺凌只知道低三下四"上访"是可耻的，宪法赋予了民主权利而自己却不知珍惜是可耻的；违心说假话是可耻的，媒体不敢报导真相是可耻的；学者夸夸其谈、不能身体力行、不能仗义执言是可耻的，为了讨好掌权者而歌功颂德或用偏激言论误国误民更是可耻的……

无论为官为民，如能以上述言行为耻，则中国社会不知能避免多少悲剧和闹剧。要恢复耻感，人民必须意识到自己的内在价值和尊严，不再把自己当作权力、利益、欲望、恐惧驱使的对象，不再把自己降格为不能决定自己命运的浮尘，不再唯唯诺诺地甘当权力的奴隶，不再做专制高音喇叭的应声虫，不再做专制机器上的一颗"永不生锈的螺丝钉"。其实专制是世界上最虚弱的政体，它完全是靠人民的恐惧支撑起来的；一旦多数人民觉醒并意识到它不值得恐惧的时候，它便顿时什么也不是。惟有国民觉醒，中国才能远离堕落、远离耻辱、远离恐惧、远离暴虐、远离疯狂、远离懦弱、远离幼稚、远离渺小、远离人为制造的悲剧和危机……要让中国在世界上站起来，中国人首先自己要站起来，恢复自己的道德常识，不再辜负上天赋予自己的禀性，做一个有尊严的大写的"人"。在现代社会，这意味着中国人需要完成从臣民到公民的道德与政治人格转变。

1. 传统道德人格的复兴

中国的复兴需要新的道德，但是中国道德人格的重建并非在一片历史沙漠上展开，而完全可以借助传统儒家的道德资源。维系中华文明两千余年的儒家文化非但不是宪政的障碍，而且本身就是宪政的一种形式，只不过其中的政治专制主义和道德教条主义因素与现代宪政文明格格不入，因而有必要进行适当甄别和扬弃。尤其是在现代教育普及的大背景下，儒家不能再坚持天赋德性仅为少数"君子"垄断，大多数百姓则只能停留在道德发育不成熟的"小人"阶段。平等早已是当今社会普遍接受的理念，教育平等是受宪法保护的基本权利；一个大致公平的教育环境使每个人都有平等机会成为"君子"，也就是合格的现代公民，因而也都有权获得参与政治的平等机会。在摒除政治集权和道德专制之后，儒家的尊严学说将为中国道德人格的重建奠定思想基础。

儒家相信，"天生德于予""万物皆备于我矣。"究其根本，儒家伦理旨在唤醒人的内在尊严，进而使人获得道德自主和自律的能力。既然上天赐予人以道德、智慧、健康、勇气等各种禀赋，人理应自珍自重、自强不息，而不能自暴自弃，甘愿做他人或自身欲望的奴隶。我有聪慧的大脑，足以理性认知与面对世界上的人和事，并作出自己的独立判断，自然轮不到政府对我指手画脚；我有正常的道德，自然不会萌生倚强凌弱、假公济私乃至杀人越货的邪念；我有勤劳的双手、健康的体魄，自然用不着乞讨嗟来之食，更不屑出卖自己的灵魂，为五斗米向权贵折腰；我有足够的自信和勇气，坦荡做人、平心处事、直率说话，而用不着战战兢兢、唯唯诺诺、低声下气，或在自己犯错的情况下文过饰非甚至虚报瞒报，而应当勇于诚实反省并承担自己的责任。既然具备了这些得天独厚的禀赋，人就应该像孟子说得那样，"居天下之广居，立天下之正位，行天下之大道"，做一个顶天立地的"大丈夫"。

当然，儒家对内在尊严的自我意识不是让每个人把自己想像为无所不能的上帝。恰好相反，人的尊严一部分正体现于对自身局限的认知能力和对他人尊严的平等尊重。人贵有良知良能，但是未必凡事都能保证符合自己的真性；如果未能将自己的良知良能发展到出类拔萃，就更应该反思自己、奋发进取："不患无位，患所以立"；"仁者如射，射者正己而后发，发而不中，不怨胜己者，反求诸己而已。"作为理智的动物，人只要敢于面对自己就能看到自己的弱点和局限，因而需要不断反省自己的言行；一旦发现所作所为对不起自己的天赋禀性，就应该感到愧疚并幡然改过，进而完善自己的德性。因此，君子的第一美德是诚实："反身而诚，乐莫大焉。"对人诚，首先要对己诚；自己骗得了别人，却永远骗不了自己，除非选择消极逃避，拒绝面对自己的灵魂。如果一个人连自己都能骗，那还有谁不能骗？儒家最看不起口是心非、表里不一的"伪君子"，因为虚伪不仅让人打肿脸充胖子，造成表面繁荣的假像，而且会形成逃避现实的习惯，而人的终极逃避是自我；一旦人开始否定自己的内在价值和尊严，拒绝对照自己的应然和现实，那么不仅会失去进取的方向和动力，而且会把自己的一切过错和无能归咎于"帝国主义""反华势力""社会发展阶段""体制问题""上级指示"等等外在因素，最终堕落为怨天尤人、不思进取的小人。如果不能脚踏实地、面对真实的自我，那么难免"失之毫厘、谬之千里"，所有其余的美德——无论是才华、雄辩还是勤奋——都只能让人在错误的方向上越走越远。

人的良知良能也让每个人都看到并承认，他人也和自己一样具备作为人的内在价值和尊严；在要求他人尊重自己之前，自己首先要尊重他人。即便做不到"己欲立而立人，己欲达而达人"，也至少做到"己所不欲，勿施于人"。卢梭误以为反思是造成人人嫉妒、攀比、贪婪的万恶之源，但是他的"反思"其实只是人从进化而来的条件反射本能而已；儒家要求的反思则是由外在现象触动，在对比自己的言行和上天赋予自己的道德禀性之后的理性内省。别人对自己轻慢，首先要反思自己。自己理亏，则童叟无欺、退而正己；确定自己无过，而后才能和别人论理，如此才可能获得夫子"虽千万人，吾往矣"的道德气概。

既然自己和他人都有平等的内在尊严，公正界定自己和他人的权利边线就显得尤其重要；对于一个自立自主的君子来说，侵占属于别人的利益显然是一种耻辱，尤其在自己明知的情况下和偷盗无异。在经济和社会交往过程中，凡事在原则上都应征求他人的知情同意，合作必须建立在各方自愿基础上，而不得通过任何强迫、欺诈或暴力手段巧取豪夺；如果发生了协调不了的矛盾，也要通过一个公正透明的程式得出让各方信服的解决方案。

如果自己"内省不疚"，那么一个现代社会的君子也会理直气壮地为了自己的正当权利而斗争。人的内在尊严当然不仅意味着人是传统的义务主体，一个只知默默奉献的人只是没有自我意识的奴隶；人格尊严首先体现于人的权利意识，而国家宪法和法律的存在目的正在于保护每个人的正当权利。事实上，人不仅和其他人争权利，更要向政府争取属于自己的正当权利；对政府违法的纵容不仅是懦弱的表现，而且也助长了官员贬损他人和自己人格的恶习。

在犬儒盛行、物欲泛滥、世风日下的大环境下，今日中国迫切需要重建自觉、自律、自强、自主的道德人格。儒家的人格尊严学说不仅为中国道德重建奠定了本体基础，而且对于纠正当前盛行的权力崇拜人格、指导国民的当代道德生活并建构现代公民人格也将发挥有益的作用。

2. 当代道德人格的重建

儒家的尊严学说不是曲高和寡的理论说教，而是可以直接指导现代生活的实用规范。在儒家伦理经过改造后，即便一位默默无闻、自食其力的农民也完全可以成为现代社会的"君子"，位高权重的官员则反而更容易在权力体制的腐蚀下堕落为寡廉鲜耻的"小人"。如今中国之所以发生这么多事情，归根结底是中国人不仅没有把自己的同胞当人看，也没有把自己的尊严当回事；不尊重他人，就等于不尊重自己。要改善中国的现状，国人惟有认真面对自己，做一个对得起自己尊严本性的人，像儒家"君子"那样反躬自问：作为一个和他人一样具有内在尊严的人，我究竟应该做什么？我如何行为才符合自己的尊严本性？在一个不尊重个人尊严的制度环境下，回答这些问题并不容易，但是不论别人如何行为或对自己如何，每个人都应该守住基本的道德底线，尊重他人的基本权利和内在尊严，至少做到不通过欺诈、隐瞒、滥用公权等手段故意伤害他人。

如果你是一个以种地为生的农民，你首先要问自己：是否做过亏心事？譬如自己种的蔬菜水果是否注射过激素或喷洒过量农药？粮食是否经过有害处理？如果自己做了亏心事，那么遭到处罚也是理所应当。当然，这个国家的政策仍然在歧视你，但自我保护的正当方式不是任由自己唯利是图的行为危害他人的生命和健康，因为那不仅殃及无辜，而且也无法从根本上改善自己的处境。维护自己利益的正当方式是通过改变现有的法律和政策，让你作为这个国家的公民也能平等分享发展的收益。要改变现行政策，只有让决策者对你和广大相同处境的农民负责；而要让决策者对你负责，只有从基层选举开始，从关注自己的那张选票开始。如果你的地被征、房子被拆，不要匆忙跑去"上访",不仅因为低三下四求人有辱你的人格,而且漫漫上访路途凶险而收获甚微;作为十几亿人的一份子,你不可能受到中央领导的关注,也不应该将自己的命运完全交给他人。你不能不问:是谁征了你的地、拆了你的房?为什么村委会没有维护你的权利?征地补偿款究竟到了谁的腰包?为什么县乡政府敢如此无视你的基本生存?宪法规定他们对基层人大负责,为什么征地、拆迁过程中从来没有看到人大代表的踪影?人大和村委会选举的时候,你自己在哪里?……你很快会发现,与其上访,不如把希望寄托在一个对你更加负责的村委会和能够有效监督地方官员的人大代表身上。

如果你是一个街头小贩,城管来找你麻烦,你该如何应对?如果你卖的食品存在品质问题,或用了问题猪肉,或用了"地沟油",或用了有害的食品添加剂,那么遭到查处罚没只能是咎由自取。如果你卖的是没有任何问题的健康食品,那么你应该站起来用法律维护自己的权利。作为一个有尊严的公民,你在不损害他人利益的前提下享有合法谋生的自由;如果你的正当权利受到政府限制,那么无非是以下两种情况之一:或者是政府行为根本无法可依,或者是政府依据的法本身就是一部侵犯公民宪法权利的恶法。如果城管行为本身违法,可以和他对簿公堂;如果城管搬出一部恶法作为挡箭牌,也可以通过不同管道挑战恶法的合理性。你可以要求法官拒绝参照或适用恶法,可以联名上书国家机构审查恶法的合法性,更可以通过媒体揭露恶法对你和其他小贩的无理限制。即便法律维权在现行制度环境下收效甚微,侵害他人健康的私力救济和报复行为仍然是不正当的;它不仅对你个人产生法律风险,而且也是对自己人格的自我贬损。

如果你是一个法官或法律学者,那么你要问自己:我是否对得起自己的职业,为这个国家的制度进步尽过一点力?农民、小贩和一切弱势群体要理性维护他们作为人的权利,只有通过有效的制度。制度不立,则必然民智不开;那样农民就只能为这个国家输送有毒食品,小贩遭遇城管只能持刀维权,被拆迁户只能自焚或上访……如果接到此类案件,你为他们争取过吗?生活在大城市的精英们一直抱怨中国食品越来越不卫生、越来越不安全,进而指责农民和小贩道德败坏,但是这个国家的制度对得起他们吗?面对这样一个充满歧视的社会，他们究竟有什么道义和法律责任？在他们的正当权利遭到歧视的时候，你为他们做过什么？干预司法的上级命令下来，你抵制过吗？宪法不能进入诉讼程式，就如同一张废纸；作为学者，你呼吁过吗？禁止司法适用宪法的一系列倒行逆施出台，你反对过吗？诚然，知识和行动是分开的两个环节，学者首先要把学术做好，但是即便把"为民请命"的中国传统放在一边，学者对于制度现状仍然要比普通百姓承担更多的责任。如果连相对独立的学者都集体噤声，那又如何让黎民百姓用制度维权？这个国家还能有什么希望？

如果你是一个官员或公务员，那么你不能忘记问自己：自己的贡献是否与自己的地位和待遇相称？"彼君子兮，不素餐兮。"在"君轻民贵""民为邦本"的民本主义传统下，做官从来不只是一种享受，而更是一份责任和担当。当然，做官不是不能得好处，在中国的制度环境下也很难不让官员得好处，但是如果自己并没有对这个国家做出那么大的贡献，地方没有治理得那么出色，黎民百姓的生活还不是那么幸福，能否适可而止、少拿一点，让人民多分一点？"邦无道，富且贵焉，耻也。"如果两千多年前古人就能做到"日三省吾身""以道事君，不可则止"，为什么今天的官员反而不能呢？每个人都有自己的尊严，官员自然也不例外；甚至贪官也有良知良能，只不过他用行为背叛了自己的尊严而已。官员的尊严显然不是体现于在人民面前耀武扬威、作威作福，而是在上级面前依法办事、不卑不亢。但是在严格的自上而下集权体制之下，各级官员在上级面前普遍逢迎拍马、唯唯诺诺、低三下四，完全丧失了中国传统士大夫"君有过则谏，反复之而不听则去"的人格魄力。

在一个糟践尊严的制度下，有尊严地活着对谁都不容易。在一个专制国家，不仅人民是奴隶，大小统治者也都是奴隶，即便最高统治者也只是自己不受控制的权力和情欲的奴隶。如果哪个官员胆敢顶撞上级，那么自己的"乌纱帽"必定很快不保；即便个别官员想洁身自好，也会被腐败集团作为权力寻租的绊脚石而罗织罪名除掉。法官不能独立，社会公正失去了最后一道屏障；敢言的知识份子遭遇体制边缘化，更多的学者见风使舵、趋炎附势，甘愿为体制所同化。农民、小贩、被拆迁户等弱势群体受到欺压之后，制度维权之路不通，只能诉诸有损尊严的"上访",或在绝望之下诉诸暴力行为报复社会,致使中国社会充斥顺民和暴民,惟独缺少实践民主、守护法治、捍卫尊严的公民。政府不给人民尊严,人民自然也不会尊重政府,最后无论地位、权势、名誉、财富,所有人都沦为小人并陷于相互鄙视、相互贬损、相互伤害的小人世界之中。

然而,中国人的尊严重建总要有一个起点;其实,只要每个人多在乎一点自己做人的尊严,建立一个尊严社会并非难事。尤其不要忘记,中国儒家传统是一门"为己之学";数千年儒家文化的全部教诲可以归结为一句话:关注你自己,做对得起自己的事情。做一个好人固然是对别人好,但首先是对自己好;一个坏人做的坏事损人利己,但损害最大的其实还是自己。贪官盗窃国库而未被发现,固然肥了自己、亏了纳税人;农民生产和销售有毒食品,固然降低了自己的成本而损害了国民健康;学者出卖灵魂、粉饰太平、助纣为虐,自己名利双全却污染了一国的风气……但他们付出的代价是用自己的言行把自己变成"贪官""奸商""刁民"和"御用文人"。现代人感冒了知道要看病吃药,为了看上去年轻而染发美容,哪怕是自己种的花草也懂得悉心爱护,为什么自己的灵魂堕落却不但不知拯救,反而沾沾自喜、乐此不疲呢?彷佛身体是自己的,容貌是自己的,甚至权力、财富、房子、车子、花草等身外之物也是自己的,惟独灵魂不是自己的。用孟子的话说:"岂爱身不若桐梓哉?弗思甚也!"孟子给每个人提出了一个值得思考的问题:究竟什么是自我?什么才是真正对自己"好"?什么才是值得自己追求的生活?毕竟,人生只此一次,一个没有经过思考的人生是不值得过的。

要认真对待人生,首先要对得起自己的职业,因为它毕竟是每个人的生存基础。现代社会的基本契约就是每个人做好自己的份内事,并按自己对他人的贡献获取相应的回报;一个人不守自己的本分,则必然苟且偷安,而这和盗贼有什么本质区别呢?在道德底线集体失守的中国,重复一点道德常识也许并非多余:官员的职业是把国家治理好,而不是滥用公权侵占民利;军人的职业是保护全体人民,而不是保卫专制者的既得利益,更不是和这个国家的其他既得利益者一样挥霍民脂民膏,甚至不惜兜售军国主义来维护自己的地位和利益;

学者的职业是探索真理、针砭时弊，而不是助纣为虐、同流合污；企业家和商人的职业是为社会提供安全可靠的产品，而不是通过假冒伪劣或剥削工人不当牟利，更不能逃避自己的工业污染所带来的环境治理责任；农民的职业是为社会提供健康卫生的食品，而不是用各种投机取巧危害国民的健康⋯⋯

只有各人各界相互尊重、各司其职，中国社会才能回归正常，中国人的生命和生活才会有尊严。每个人都有义务把每个人当人来对待，而不仅仅是自己谋利的对象。官员要把人民当人看，对自己的决策和行为负责，而不能将人民和属于人民的公共利益作为自己的鱼肉；学者要把学生和公众当人看，对自己的言论负责，不要用不负责任的言论误人子弟甚至误国误民；城市居民要把农民当人看，不能把自己相对优裕的生活建立在歧视和剥夺的基础上；农民也要把城里人当人看，对自己生产的食品负责。事实上，当我们把他人当作自己手段的时候，我们首先伤害的是自己的人格；在把他人完全物化之前，我们其实已经把自己降格为一只完全被贪欲控制的动物。即便自己被他人当作牟利的工具，正当的行为方式也不是反过来将他人作为自己的牟利工具，而是用法律保护自己的尊严和权利不受侵犯，进而纠正相互渔利、相互贬损、相互毒害的社会倾向。如果政府将人民当作剥削和压迫的工具，甚至法律也不足以保护人民的基本权利，那么正当的行为方式显然不是和官府沆瀣一气、盘剥他人，或简单仇官仇富，而是通过积极参与政治、改革政府构成、约束官员权力，让宪法和法律规定的维权机制运行起来，迫使政府尊重人民并对人民负责。

3. 从臣民到公民的政治人格转变

一旦定位于以人格尊严为核心的价值体系，儒家道德文明和现代公民精神是高度一致的。只是在政治专制传统下，囿于古代的经济和教育发展水准，儒家看不到政治民主的可能性，因而不自觉地假定只有少数人才能成为勤勉好学、奋发向上的"君子"，绝大多数只能是被动接受统治的"小人"。然而，后人没有必要把儒家伦理解释为绝对维护政治专制的道德专制主义；恰好相反，现代科技文明的进步为普及教育创造了物质条件，使每个人都有机会接受基本教育并成为理智和道德健全的"君子"，儒家也就没有理由再坚持为政治专制保驾护航的精英主义伦理。既然每个人都具有内在尊严并能够成长为自尊、自律、自主、自强的"君子"，任何人都不应该被动接受他人的统治，而应该主动参与和自己命运密切相关的社会管理和政治活动。国家不得在制度上剥夺人民参政议政的权利，否则就践踏了人民的内在尊严，侵犯了人民道德自主和政治自治的基本权利。事实上，在现代社会条件下，儒家伦理不但不会维护政治专制，也不会纵容消极懒惰、自暴自弃、漠视自身政治尊严的"小人"，反而要求每个人都承担起和人的尊严相对称的政治参与责任，进而完成从臣民到公民、从专制到宪政的根本转变。

现代公民和专制臣民的根本区别在于政治人格。专制臣民缺乏政治人格，因而只能被动接受政府统治，甘愿在政治上做他人的奴隶；现代公民则出于对自己的内在价值和尊严的深切意识，坚持自己的人格独立，只接受自己参与形成的普遍法律的统治，因而主动参与国家政治过程，并影响国家机构及法律政策的形成。在从独裁专制向宪政民主的转变过程中，每个人首先必须从政治上被动消极的臣民转变为积极主动的公民。一个现代社会的公民不仅具备健全的道德人格，尊重自己和他人的内在价值，而且重视自己参与公共事务的权利与义务。真正意义的公民不会被动接受他人的统治，因而必然会积极履行自己的选举权，通过选举自己的代表来管理公共事务，制定约束自己和他人行为的法律，并监督执法者忠实执行法律。在此过程中，选民需要通过自由交流瞭解自己生活的社会所面临的问题、其他公民的观点和见解、各候选人的立场状况等基本资讯，因而必然会坚持完全的言论、新闻、集会和结社自由，并要求政府充分保障其知情权。

综上，在经过"创造性转化"之后，儒家伦理完全可以被改造为现代公民道德的基础，激励并引导人民完成从臣民到公民的人格转变。要过上有尊严的生活，人民自己首先必须建立健全的道德和政治人格，做一个自主、自重、自强的现代公民，而这并不要求任何人"抛头颅、洒热血"，为了追求某个"崇高"的革命目标牺牲自己并伤害他人的生命。恰好相反，它只要求每个人尊重自己和他人的生命和尊严，在一点一滴的平常生活中实现自己作为人的价值，履行对自己、对家庭、对社会的道德责任，关注和参与自己身边的公共事务，用实践和行动维护自己受宪法保障的公民基本权利。每一个公民都有责任认真对待自己的言论与行为，珍惜并维护言论和新闻自由的环境，并积极参与公共事务和週期性选举。即便不能站出来独立参选，至少也要在选举那天走出来投一票；尽管现行体制使选举失去意义，自己也要履行作为公民的责任。没有公民的主动参与，选举永远不可能有意义；只有多数公民开始认真对待自己的选票，中国的宪政民主才有希望。

四、宪政国家之建构

辛亥革命本来是要通过推翻专制、建立共和来提升中国的国格和人格，但是暴力革命不仅没有建立现代民主共和的政治人格，而且最终摧毁了传统道德人格。时至今日，政治制度的落后和野蛮依然是全体中国人的共同耻辱，也是中国不受世界尊重的根源。这样的制度每时每刻都在毒化中国人的人格，让每个人都胆战心惊地匍匐于它的淫威之下，而每个人的冷漠、短视和软弱正是维持这台专制机器的手脚架。要摆脱专制的奴役，体制内的支持固然值得争取，但要依靠从专制获得既得利益的官僚集团显然是缘木求鱼；事实上，他们早已成为中国宪政的最大障碍。虽然他们中的少数人也对自己的尊严有所意识，但是权力使人腐败，权力垄断下的巨大利益诱惑泯灭了这个集团多数人的良知，除非他们在民众觉醒后的强大压力下被迫放弃部分权力和利益。归根结底，国人必须在恢复道德尊严的基础上建立自己的政治人格，做一个合格的现代公民，并在此前提下构建宪政民主政体。

1. 社会契约之缔造

宪政转变的出发点是公民之间经过广泛协商，就承认和尊重每个人的内在尊严及其所赋予的自由与权利达成普遍共识，在此基础上就国家的重建订立基本契约，确定国家的性质、形式与许可权，并制定一部真正意义的宪法。建立宪政国家意味着公民将自己置于法律之下，每个人都有义务守法并尊重他人的基本尊严；国家则只能通过法律才能限制公民自由，任何违法行为都不具备效力和正当性。某些基本权利触及人格尊严的核心，或对于维护民主宪政体制至关重要，因而即便通过程式正当的法律也不得加以限制。

概言之，中国社会的新契约具备以下四个方面的基本特征：自由、民主、法治、联邦。作为现代宪政的基本原则，它们是任何民主国家宪法都不可缺少的，构成了现代宪政国家的基本"国体"。国家的目的在于保护人民的自由、幸福、生命、财产等一系列基本权利，国家的性质是民主共和，治国的基本方略是法治与分权制衡，国家结构则是以联邦为范式的中央与地方各施其职的合理分治。

首先，宪政国家是自由国体。全民立宪的目的在于有效维护每一个人的内在尊严，而保护尊严意味着国家有义务尊重人的基本权利与自由；没有权利保障，所有人都只是国家或个人专制的奴隶，不可能像民主社会的公民那样作为独立、自由、理性的方式生活。为此，宪法有必要保障以下基本权利与自由。

一是思想与言论（包括新闻、集会与结社）自由。民主的真谛是公民的意志决定国家意志，而不是反过来；公民意志必须在保证自由思考、表达、辩论并接受不同资讯的环境中形成，任何政府强加的意见都是非法和无效的。任何人或组织都没有权利假定自己的意见一贯正确，更没有权力为了实现自认为正确的主张而使用暴力。正是为了保证多数人意志的自由形成，国家的首要功能在于反暴力。只有当某种主张确实会产生迫在眉睫的危险，以至来不及进行有意义的讨论，政府才能以暴制暴；只要还有时间进行讨论，那么探索真理、澄清错误的最有效方式永远是更多的辩论，而不是政府压制和专断。归根结底，既然"人民的眼睛是雪亮的"，人民自有能力判断什么是正确、什么是错误的主张，因而从来没有理由压制正常的资讯公开和社会辩论。不论政府或社会多数人认为某种主张正确还是错误、有利还是有害，只要不鼓吹、教唆或怂恿通过暴力手段实现目的，就应该被允许自由发表和交流；如果某些言论可能产生现实危害，那么自有正确的言论与之抗衡，而作为最终的评判者，多数人会在知情基础上做出理智的判断，少数政府精英并不比多数平民百姓更正确。

二是宗教信仰与活动自由。宗教信仰是人类最内在的思维活动，也是政府不得触及的人格尊严的核心。宗教信仰对于凝聚一个民族的道德勇气、淨化心灵、鼓励行善和控制私欲发挥不可替代的作用，宗教自由对于民族的秩序、团结、安定和活力至关重要。在历史上，基督教首先奠定了西方社会的政教分离和分权体制："将属于凯撒的还给凯撒，属于上帝的还给上帝。"世俗国家不能垄断一切，至少不能垄断评价自己的道德标准；在信仰领域，没有国家的插足之地。国家不得扶持、帮助任何特定教派，更不能压制、打击和干预宗教活动。既然公民是有尊严的存在，政府应该信任绝大多数信教者不会信仰危害社会的教义，不得判断信仰本身正确与否。对于少数教唆、组织、宣扬犯罪活动的教派，完全可以依法制裁他们的行为与活动，而无需针对信仰本身。

三是一般自由权保障。在民主宪政国家，公民的尊严受到保障，绝大多数公民也会尊重法律，不会滥用自己的自由损害他人和社会。因此，自由是原则，限制是例外，法律不得没有必要地限制人民自由；法律限制必须是为了实现公共利益的正当目的，为此而限制的手段必须是必要的，并和此正当目的成比例。刑事拘留是对人身自由的严重限制，只有严重侵犯他人权利或公共利益的行为才能授权此类限制，且犯罪嫌疑人必须被尽快移交司法机构。刑事审判必须保证程式正当，并在原则上实行公开审判；犯罪嫌疑人获得律师辩护的权利应得到实质性保障，严格禁止刑讯逼供。

四是财产权保障。财产权是人格独立的制度保障，也是个人尊严的外在延伸。中国过去几十年历史证明，私有财产及其保障的缺失是造成严重社会贫困和动乱的制度根源。为了避免平均主义和产权虚置带来的恶果，财产权在原则上应该私有，但是其使用可以为了公共利益而受到规制。作为财产权的重要组成部分，土地所有权和使用权应尽可能赋予个人；国家应实现"耕者有其田"，赋予土地使用者以实质性的所有权。如果政府为了实现重要的公共利益而需要土地，首先必须尽量和土地所有者和使用者协商谈判并达成协议；只有在协商失败后不得已的情况下，才能征收土地等财产，并按公平市价给予公正补偿。

五是平等权保障。机会平等是人格尊严的必然要求，也是公平竞争和社会活力的必要保障。法律必须对所有处境类似的人群给予类似待遇，不得基于性别、族群、年龄、财富、教育程度、健康状态等不相关因素区别对待不同人群。由于尊严意识和公民道德有赖良好的教育制度，教育机会平等尤其重要；作为民族的希望，青少年只有在教育平等的环境下才能成长为民主社会的合格公民。在孔子"有教无类"的伟大理念影响下，中国教育原来在世界上处于领先地位，相对公平的考试制度也促进了中国社会的阶层流动。今天，教育却成了众人诟病、问题最大的领域，教育歧视无所不在。要消除教育歧视、赋予全体公民平等教育和成长环境，国家有义务通过财政拨款保障基础教育水准的地域平等，并废除一切教育歧视，实现完全的教育机会平等。

其次，宪政国家是民主国体，因而要求自由、普遍、平等、直接的选举。民主不只是选举，但是离不开选举。民主的实质是让人民通过选举组建政府、统治自己，任何货真价实的民主国家都必须让广大选民自由选举其领导人和民意代表；政府不得干预选举，否则就必然蜕化为政府统治和压迫人民的专制。作为形成并表达选民意志的机构，政党应按照法律规定的条件自由产生，在法律规定的范围内组织和运行，不受政府或任何党派的干预或压制。为了代表最大多数人的意志和利益，选举权必须尽可能普遍；除非基于心智发育或精神状态等和有效行使表决权直接相关的因素，不得剥夺或限制选举权，尤其不得基于种族、性别、财产、教育程度等不相关因素限制选举权。候选人必须根据法律规定的具体条件自由产生，政府不得规定人为筛选的自由裁量权；必须保障候选人和选民之间的自由交流，不得规定不必要的竞选限制。任何人或组织不得恐吓、胁迫、贿赂或以其他方式非法影响选民投票，法律应禁止一切舞弊行为。鉴于间接选举容易产生贿选，选民在原则上应投票直接选举产生议员和行政负责人。所有选票应得到如实清点和记录，并保证同等分量（"一人一票"）。

民主国体要求文官治国。民主意味着国家由最终对选民负责的文官统治，而不是可能用武力将自己或特定党派的意志强加于人民之上的军人统治。军队必须由国家统帅，向全体国民效忠，而不得隶属于任何个人、组织或党派。战争与和平由议会决定并宣佈。

再次，宪政国家是法治国体，而法治原则要求适当的政府分权。政府统治的合法性来自民选议会通过正当程序制定的普适法律，任何没有法律授权的政府行为一律越权无效。要保证法治，政府权力不能集中于任何一个机构，否则既无法防止这个机构制定或实施恶法，也无法保证这个机构会遵守并实施良法；立法权、行政权、司法权必须由相互独立的不同机构掌握，并最终仅对选民负责。

法治国体要求实行司法独立。独立而公正的法官是社会良知的化身，也是实现社会正义的最后一道保障，法官的腐败意味着社会的全面腐败。为了保证公正审判，司法机构必须被赋予独立地位；法官独立判案，凭自己的良知对法律负责，不受任何个人、社会或政治势力干预，除非经由正当程序被认定犯罪或严重行为不当。为了保证司法独立，法官在任职期间的待遇不得受到实质性减损。

最后，宪政国家是联邦国体，因而强调地方多元自治。地方自治是民主与法治的必然要求。由于地方政府更贴近地方选民、更瞭解地方情况和需要，凡是地方有能力妥善解决的事务应尽可能保留给地方管理。尤其对于地方差异显着的大国，中央统一规定的地方制度必然造成不利于因地制宜的"一刀切"，抑制有益的地方改革尝试和竞争。在符合民主、法治和权利保障等宪法原则的前提下，地方有权通过立法管理本辖区的事务，并有权设计适合当地需要的具体政治与法律制度。中央不得干涉属于地方立法权限内的事务，中央和地方的许可权争议由司法性质的机构解决。中央或上级政府有义务通过司法机制保障地方选举的合法性，但是不得干预地方选举，地方议会和政府负责人由当地选民自由选举产生。

2. 国家统一与族群和睦的宪政基础

中国一直对"丧权辱国"的百年历史耿耿于怀，将国家主权、殖民地回归、台湾统一作为至高无上的目标与衡量政权合法性的首要标准。这本来就是专制主义心态，因为只有专制君主才对扩充他直接拥有的版图、人口、资源有兴趣；民主国家则一般尊重地方人民意愿，国家的统分合离并非一成不变的既定目标，而是取决于特定主权形式为全体人民带来的具体福祉。专制国家的臣民本是政治奴隶，无论是本族还是外族统治都改变不了其受奴役的实质；"国家"之于他不过是一个大而无当的虚荣符号，只是专制主义的洗脑使之不自觉地成为国家主义者，甘愿为专制者奴役自己而鞍前马后。但吊诡的是，虽然所有野心勃勃的专制者都不遗余力扩张版图，专制却无法维系真正的统一。1949 年虽然基本结束了战争、统一了绝大部分版图并最终收回香港、澳门，但是并未从根本上解除国家分裂的隐患。通过高压政治带来的表面统一本身就已埋下分裂的种子，高压稍一松动就会遭到全面反抗并结出分裂之果。在经济和军事实力迅速飙升的表像怂恿下，在长期扭曲的历史教育和舆论灌输误导下，国民的民族主义意识迅速膨胀，新疆、西藏、台湾、南海……都可能成为分裂和战争的导火索。和中国宪政一样，中国和平统一大业远未完成。

事实上，不实行宪政，中国永远无法实现真正的统一和长治久安；中国的统一便永远只能是建立在专制和暴政基础上的苟且偷安，进而为更大的分裂和流血制造隐患。究其根本，和中国内地的社会危机一样，中国周边的所谓分离主义"危机"正是专制体制必然带来的执政不善和滥用公权造成的；横行霸道的地方官员不懂得尊重当地人民的信仰自由和经济利益等正当权利，极尽欺压掠夺之能事，必然闹得怨声载道、离心离德。然而，在舆论受压制的环境下，地方"土皇帝"会把所有责任都推卸给"藏独""东突""台独"，无限夸大"分裂主义势力"的危险并从中得到更多的中央"维稳"投资，致使中国的族群关系与边疆"维稳"政策已完全为地方官员、安全部门、军队等既得利益所绑架。在目前的执政体制下，谁也承担不起"国家分裂""民族罪人"的骂名，谁都指望用武力压制由制度造成的分裂隐患，在自己任内维持表面和平，但是这样的"和平"只能酝酿更大的动乱，这样的"统一"只能加剧分裂。经济和军事强大至多只能换来一时的畏惧和沉默，但是既然不能收服人心，日后必然换来更猛烈的爆发。

只有宪政才能为中国实现真正意义的统一，也只有宪政才能赢得世界对中国发自内心的尊重。

要成为世界各国普遍承认的文明大国而不是战争威胁，中国必须以文明的方式担当大国应有的一份责任，而一个专制政府不可能承担这一使命，因为专制在本质上是野蛮的；即便它在外国友人面前彬彬有礼，也不能掩盖对本国公民的蛮横无理，更何况在日常待人接物中难免流露出专制固有的轻浮和浅薄。因此，要让中国成为受人尊敬的大国，中国人首先要承担现代公民的责任；只要国人一日不完成道德与政治人格的重建，世界就不会看得起中国，中国的"主权"地位就只能是让世人恐惧的野蛮象征，中国的"统一"也只能是暴力维持的暂时结果，难免重蹈秦二世而亡的覆辙。

要实现中国的国内统一，人民首先必须理性面对新疆和西藏等地的分离主义族群势力。任何人都不是天生的"恐怖分子"或"自杀式袭击者"。如果一个国家出现分裂主义暴动，只能说明这个国家赖以形成的契约基础并不存在，有的族群并不接受民族融合、共同生存的基本前提，因而要从根本上解决统一问题，汉族需要心平气和地与藏族、维吾尔族等少数族群重新谈判并制定新契约，直到各方达成共识。真正的统一首先是人民在感情上的认同。强行统一永远只能制造更深的裂痕和更多的暴力，压制"敏感"问题的自由交流只能掩盖真相、加深误解、加剧隔阂、制造仇恨、恶化感情并贻误寻求和平统一方案的机会，让分离主义之火越烧越烈，让中国内陆长期成为各种恐怖袭击的试验基地。在长期的舆论扭曲影响下，如今不同族群的人民之间的误解已经发展到积重难返的地步，发生在新疆和西藏的暴力事件足以表明中国族群关系已经濒临危险边缘。走向宪政统一的第一步是放开言论与新闻自由，尤其要让汉族通过对话瞭解造成分裂的真实根源并对症下药。

要说服少数族群维护统一，政府必须停止对他们的歧视、打压和剥夺，通过宪政机制切实保护宗教信仰自由，实行真正的地方民主自治，同时充分尊重当地人民对地方资源的所有权和使用权；如果有必要，可以在少数族群聚居地建立专门保护区。汉族要恢复中华文明的雍容大度，不做不义之事、不图不义之财，否则必然激化种族矛盾和怨恨；既然视少数族群为自己的同胞，就要尊重之、爱护之、善待之。另一方面，少数族群也要理解，暴力和单方面脱离永远不是出路。如果中国内陆不能实现民主宪政，那么即便一时实现独立，一个强大的专制政权也将永远是安放在身边的一颗定时炸弹；只有在民主宪政下实现真正的自治，才是这些地区安宁、稳定、富足的最终保障。在相互尊重、平等对待、自由交流的基础上，中国的和平统一是完全可以实现的，而各族人民都认同的宪政统一必定比高压专制下实行的武力统一更加稳定和持久。

台湾问题是中国革命留下的历史遗产。两大革命党各自出于唯我独尊、不容异己的立场，相互残杀、长期内战，不仅给自己和对方造成极大伤害，而且给全体国民带来了巨大创伤。1987 年，国民党在台湾解除党禁、实行民主，为大陆政府树立了良好榜样。今后如何面对两岸分治状态既是一种挑战，也是一个契机。两岸未来由两岸人民在相互尊重的基础上，通过民主程式共同决定。在两岸主权归属不能达成共识的情况下，两岸政府至少有义务结束敌对状态，放弃武力主张，避免将单方面决定强加在对方身上。就和大陆单方面推进统一不仅无济于事，反而激化"台独"情绪一样，岛内片面推动"独立"非但是徒劳之举，反而造成大陆内部鹰派得势。如果任何一方将自己的意愿强加在对方身上，不仅将直接威胁台海安全，而且必将收到适得其反的效果。

目前两岸统一的最大障碍在于价值取向上的巨大落差，一个民主宪政的台湾不可能接受专制独裁的大陆；这种文化差距不仅体现于两岸政治和商业精英之间的交往，而且越来越多地体现于人民之间的交流。如果大陆不改变现有的体制，那么认同大陆的台湾人只会越来越少，两岸离分裂将会越来越近。其实要实现大陆梦寐以求的两岸统一，主动权掌握在大陆人民自己手中。只有大陆实行民主宪政，用制度进步赢得台湾民心，才有希望实现两岸统一。

3. 中国宪政之障碍与国民的历史责任

自辛亥革命百年来，中国宪政之所以屡屡受挫，最根本的原因在于人民一直是被动的看客。2003 年"孙志刚事件"以来，尤其是随着网路资讯的迅速普及，长期停滞的中国宪政获得了新的动力。民间维权普遍仿效"孙志刚模式"，通过媒体报导的悲剧性事件激发民众义愤，最终触动中央政府进行有限的制度改革。2007 年的厦门"集体散步"开启了更加积极主动的维权模式，市民和政府的直接对话成功改变了影响市民生活的重大决策。这些有限的维权成功为中国宪政带来了活力和希望，但是存在维权成本高、结果不确定以及缺乏可複制性等致命局限。在一个宪法承诺的正常维权管道根本走不通的情况下，民间维权难上加难，民间宪政依然严重动力不足。在公权滥用不受制约、百姓基本生存无从保障的情况下，官民关系势同水火，中国社会越来越接近崩溃边缘。

要推动中国的社会和制度进步，根本动力在于民间。人民必须要看到宪政之于自己及后代的长远福祉，不能再斤斤于自己眼前的一点切身利益，等到自己的土地被强征、自己的房子被强拆、冤假错案落到自己头上时再来上访、伸冤、求救，平时则满足于"围观"个别倒楣贪官的笑话，在一片幸灾乐祸的集体狂欢中发洩受专制长期压抑的鬱闷和愤恨。简单洩恨对于宪政制度建设非但无济于事，反而加剧了官员对失去江山的恐惧，使之更加顽固地抵制宪政改革。只有当人民认识到产生贪官污吏的制度根源，并主动承担起制度改造与实施的公民责任，宪政改革才可能进入官民合作的良性迴圈。

中国宪政蹒跚难行，根本障碍在于专制集权所维持的既得利益集团。本来中国宪政完全可以始于大刀阔斧的党内民主改革，有魄力的最高领导人可以借此创造与巩固自己的民意支持和统治合法性，但是他们惧怕宪政分权损害自己的眼前利益，其中的利害关系昭然若揭，无须赘述。出国考察宪政的清末官员载泽曾说："宪政有利于国，有利于民，而最不利于官"，一语道破既得利益自"百日维新"以来阻碍宪政改革的玄机。然而，此言谬矣！宪政何止有利于民，又岂不有利于官？即便抛开执政者个人的内在尊严，即便从执政者——尤其是最高领导人——自己的切身利益考虑，宪政只能给他们带来一世清名，又能让他们失去什么？当年孟子问齐宣王为何不施仁政："为肥甘不足于口与？轻暖不足于体与？抑为采色不足视于目与？声音不足听于耳与？便嬖不足使令于前与？"今天同样可以问执政者为何不施行宪政：难道还有哪个执政者金银财宝没有捞够吗？荣华富贵没有享尽吗？更多的权力、金钱、美色、排场、虚荣又能为你增添什么？如果还是执迷不悟，一味揽权、拼命敛财，直至自己或家人身败名裂，沦为权力斗争的牺牲品，至少因自己的愚顽、贪婪、懦弱为后人鄙视和唾弃，那就不只是利益动机在作祟，而是个人见识过于短浅。

即便没有"来世报应"，执政者最终也得面对历史的审判。"千秋功罪，自有后人评说。"毕竟，历史是后人写的；谎言只能维持一时，终究是要被揭穿的。中国历史教科书可以几十年掩盖真相，却不可能永远愚弄人民；历史最终会还原本来面目，还历史人物一个公道。谁是尧舜，谁是桀纣，终将分得清清楚楚。如果哪个最高领导人能带领中国实现民主宪政的梦想，打破中华民族数千年专制的魔咒，其丰功伟绩岂是尧舜堪比！反之，如果一味抵制宪政改良，那就必然逃脱不过桀纣的罪名。如果放着千古明君不做，偏要做民族罪人；流芳百世的美名不要，偏要让自己遗臭万年，那真不知其用心何在？！

随着人民尊严意识的觉醒，中国的宪政时刻终将到来。任何统治者都不可能阻挡民主宪政的历史潮流，也不可能永远篡改历史；他们所能做的，是用自己的行动决定自己的历史定位。在每个人用自己的人生扮演的历史大剧中，每个人都有自由选择自己的角色，并对自己的选择负责。

那些对中国宪政进步做出贡献的人，人民一定不会忘记他们，历史的丰碑不会遗漏他们的名字；那些努力推动过宪政进步的人，即便有生之年看不到胜利的果实也会求仁得仁、无愧一生；那些怨天尤人、浑浑噩噩、碌碌无为者，则犹如空中浮尘，必将为世人藐视和遗忘；那些扼杀进步、对抗人民、抵制宪政、拒绝改革者，无论生前自封为什么神圣地位，一定会被永远钉在中国历史的耻辱柱上！

当正义之光驱散专制的阴霾，以其固有的光芒普照在这片不幸多难的土地上；当智慧之雨重新滋润这片久旱的干土，洗涤和净化每一颗被专制玷污的心灵，这个古老的民族在经历千年沉睡、百年噩梦之后终将醒来，告别恐惧、懦弱和癫狂，拒绝奴役、洗脑和逃避，勇敢面对自我，做自己命运的主人。

我们把这篇宣言献给每一个中国人，尤其是有血性的中国青年。如果你不愿让自己的天赋权利被专制者剥夺、自己的正当利益被专制者瓜分、自己的内在尊严被专制体制践踏，如果你不愿意战战兢兢地生活在一个不受批评、不受监督、不受控制的政府高压管制之下，如果你不愿意提心吊胆地居住在随时可能被拆迁的房子里、呼吸被盲目"发展"严重污染的空气，或用微薄的薪水为制度造成的高房价、低社保、"三公消费"买单……总之，如果你不愿像动物那样被动接受任人宰割和走向毁灭的宿命，不愿再看到专制每天给自己和这个国家带来的伤害和耻辱，那么就不要再甘心充当它的垫脚石。

如果你认同这篇宣言的宗旨，不妨把它作为你自己的公民宪政宣言，践行之、传播之、发扬光大之，直至它所昭示的行为准则成为这个国家普遍接受的原则。从这一刻起，让我们把自己的每一个同胞都作为有尊严的人对待，而不仅仅作为自己的利用工具。官员不能再滥用特权、侵害民权、侵吞国库，将供养自己的人民作为剥削渔利的对象；人民不要再畏缩懦弱、自私冷漠，甚至以邻为壑、相互"投毒"。这些行为不仅侵犯了别人的尊严，而且也伤害了自己作为人的尊严。作为一个负责任的公民，我们不能允许自己的正当权利遭到侵犯，更不能侵犯他人的基本权利。生活在一个高度相互依存的现代社会，每个人对其他人都应有一份起码的尊重和关怀。

每一位尊敬的中国公民，你当然要问中国能为你做什么，但更要问你能为中国做什么；不仅仅因为你有一颗奉献自己的善心，更因为那是实现你作为公民的个人价值的惟一方式。请不要再把政治改革的希望寄托在中国大陆的"蒋经国"或"戈尔巴乔夫"身上，宪政改革及其要求的人格改造就从我们每一个人自己开始！

　　每一个中国人站起来，为了个人的尊严、后代的幸福、民族的前途，承担自己作为人的责任，捍卫自己作为人的权利，用自己的良知和勇气开创公平正义的国家秩序，用自己的觉醒和行动迎接中华宪政文明的曙光。韩国、台湾、前苏联、东欧、南非、智利、印尼、泰国、尼泊尔、突尼斯、缅甸……人民能够做到的，中国人民也一定能够做到！

叁、契约构造的失败——从辛亥到五四

如果我们今天依旧无视社会契约和政治自然法，政治精英和普通民众仍然沉湎于权力崇拜、胜者通吃的丛林逻辑，我们注定走不出大一统历史的恶性循环。

一、引言

世上幸运的国家都有同样的幸运，不幸的国家则各有各的不幸。不过，幸还是不幸，既非命中注定，亦非"天命"厚此薄彼。其幸有道，其不幸也必有因。考察世界古今，一个国家但凡人民幸福、天下太平、社会繁荣，都是因为这个国家相当多数的人自觉接受了社会契约，因而不仅彼此和睦相处，而且能集体行动有效制约国家权力的滥用。反之，如果一个国家的绝大多数国民对社会契约完全浑然不知，或拒绝接受社会契约的基本要素，而要维持繁荣稳定，则注定缘木求鱼。

"世界潮流，浩浩荡荡；顺之则昌，逆之则亡。"专制体制之所以为越来越多的国家所唾弃，本质上是因为它是人民自由形成社会契约的障碍。没有社会契约作为终极的正当性基础，国家宪法或者沦为恶法，或者承诺似天花乱坠，效力却好比沙上楼阁，纯粹是装扮体制的漂亮花瓶。这样的体制或能维持一时的太平，但这只是朝不保夕的苟安，迟早会被大动乱所打破。中国王朝的周期性更迭通常伴随着大规模暴力和死亡,[1] 正是中央集权专制体制下社会契约阙如的必然结果,而不幸的是,长期自上而下的纵向统治剥夺了人民横向自治并形成社会契约的能力,以至于当构造契约政治的时机频频叩击近代中国的大门时,这些机会都在无意识中流失了,最后不仅没有摆脱威权政治,而且在革命理念的引导下走向极权政治。

1911 年辛亥革命,中国终结千年帝制,建立了亚洲第一个共和国。然而,革命本身是社会契约的死敌。契约政治的前提是利益和立场对立的各方能够通过谈判达成协议,因而必然是建立在和平改良的基础上;一旦爆发暴力革命,对立各方即陷入你死我活的境地,断然不可能形成各方都能接受的基本契约。在这个意义上,辛亥革命虽有"中国的光荣革命"之称,却注定不是英国的"光荣革命"。事实上,"光荣革命"算不上一场"革命";詹姆斯二世实际上是自动退位、逃亡国外,英国只是换了一位君主,君主制还在。相比之下,辛亥革命虽然流血不多,却不仅推翻了帝制,因而是一场货真价实的革命,而且革命者是要"将革命进行到底"的。当然,和后来的国共内战相比,辛亥革命算是一场几乎不流血的革命,因而契约政治仍有机会。然而,由于中国历来缺乏社会契约的传统和意识,社会改良总是依赖"上层路线",最高层不改即只有诉诸革命扫除既得利益,而革命的逻辑又总是胜者通吃、一党独大,以至不仅清末改革功败垂成,而且辛亥革命之后新旧体制力量之间的合作也很快破裂。到 1919 年,知识分子和民众都早已厌倦了被各路军阀轮番绑架的共和政治;加上战后欧洲民主的低迷和苏维埃的崛起,中国主流意识形态很快转向极权主义,从此和契约政治分道扬镳。

第叁部分首先简要总结社会契约的基本结构和构造机理,并通过对比中英政治传统,指出契约政治在传统中国的缺位及其带来的后果。然后重点探讨清末民初的契约政治,并分析其失败的原因。最后,本文通过统计民初报刊中标题包含"民约""共和""民主""革命""共产主义""三民主义"等概念的文章数量,说明五四前后中国

---

[1] 参见秦晖:《走出帝制》,群言出版社 2015 年版,第 47-55 页。

主流意识形态的转向。由于中国朝野对契约政治的完全无知与漠视，致使后五四中国很快倒向难以自拔的极权政治。

二、社会契约的结构与机理

1. 社会契约的基本结构

自霍布斯以降，传统的社会契约论将社会契约作为国家正当化的一个规范虚构。取决于不同版本，社会契约或者是人民之间达成的主权建构契约（霍布斯），或者是人民和主权之间的契约或统治委托关系（洛克），或二者兼有之（卢梭）。既然全体人民之间从来不曾达成一部社会契约，经典理论认为社会契约只是用以论证国家正当性的思维实验，实际上并不存在。然而，鉴于"思维实验"——尤其是建立在方法论整体主义基础上的空想实验——带来的理论谬误和实际危害，[2] 笔者主张的社会契约严格建立在方法论个体主义和经验主义基础上；社会契约不只是理论虚构，而必须是实际存在的具体鲜活的个人之间所能达成的基本约定。固然，不论如何基本的契约原则，都不可能达到获得所有社会成员同意的理想状态——事实上，这也是所有社会都面临的困扰。在任何社会，都只能由一部分人彼此同意达成建构国家的基本契约——这种同意可以是明确表达的戒律，也可以是心照不宣的默契，而这部分人的多寡直接决定了国家的命运。所谓"幸运"的国家无非是指同意社会契约的国民构成相当多数，以至可以将社会契约的基本要素有效转化为实际操作中的宪法制度，而剩下的人只是享受优良制度好处的搭便车者；反之，如果同意社会契约的国民寥寥无几，那么这个国家即注定不会那么幸运。因此，虽然经验主义的社会契约不可能达到人人同意的事实状态，它并非不存在或无关紧要，其在多大程度上存在将产生直接的政治后果。

---

[2] 张千帆："整体主义的陷阱——制宪权与公意理论检讨"，《中外法学》2018 年第 2 期，第 347-363 页。

另一方面，社会契约是所有顾及长远利益的理性人都能够（尽管事实上未必）达成的基本约定；但凡考察了历史经验教训并经过理性思辨之后，不同身份和处境的人都没有理由反对这些基本约定。由此产生的社会契约授权制宪机构制定一部体现契约要素的宪法，国家依据宪法行使权力。质言之，人人都能同意的社会契约包含三大制度要素：（1）基本权利和自由，尤其是思想与信仰自由、言论与新闻自由、平等（反歧视）；（2）建立在普遍参与基础上的某种多数主义决策机制；（3）免于政治等因素干预的行政与司法体制。[3] 总结为一个关键词，社会契约的核心是"有限度的多数主义"（bounded majoritarianism），也就是尊重基本自由和法治的多数主义民主体制；即便达到近乎 100% 的多数决定，也不得侵犯个人的基本权利与自由，或违背行政中立与司法独立等法治原则。

对于社会契约来说，尤其重要的基本权利与自由有三条：思想与信仰自由、言论自由与平等权（反歧视）。当然，这并不是说契约权利只有这三条，人身自由、财产权、隐私权等权利也很重要，但是对于社会契约的初衷——和平构建国家——而言，信仰自由（包含世俗国家与政教分离）、言论自由与反歧视是权利体系中的皇冠。没有一个国家能违背其任何一条，而免于压迫、内乱乃至战争。美国 1788 年制宪被普遍认为是宪政成功的楷模，尽管当时的民主只是局限于"白富男"的小规模民主；然而，建国不到八十年，蓄奴制还是让这个国家陷入了一场死亡 50 万人、险些分崩离析的惨烈内战。那些政教不分的神权国家则更是宗教压迫深重、相互倾轧、纷争四起、一片乱象，根本不值一提。假如没有言论自由，则且不说民主选举因缺乏政治信息交换而无从进行，国民之间根本无法自由交流，遑论达成任何契约。

三条契约权利加上民主选举和法治，构成了五点"政治自然法"（political natural law）。所谓政治自然法，是保证政权稳定运行、社会长治久安的"铁律"，缺一不可。政治自然法是维持社会权力总

---

[3] 张千帆："作为元宪法的社会契约"，《比较法研究》2018 年第 4 期，第 157-175 页。

体均衡、防止个人权力和私欲在国家层次上大规模泛滥的必要条件。成熟的自由民主国家之所以能维持长期的和谐安康，都是因为在制度上保障了政治自然法的良好运行。相反，几乎所有专制国家都是因为无法可持续更新统治集团而走向周期性毁灭，同时伴随大规模政治与社会动荡；即便有民主而无法治，日常治理过程充斥着权力、人情或金钱的干预，国家自然也是一团糟……总之，如果多数国民不能对上述政治自然法形成社会契约，在契约法则受到侵犯时不能挺身抵制，甚至为了短期利益而主动违背这些法则，那么还要享受太平，无异于缘木求鱼。

2. 社会契约的构造机理

由此可见，自由民主和威权专制体制构成了两个超稳态。在自由民主国家，政治自然法则得到有效落实，人民的基本权利获得保护与尊重；多数人对自己的权利和国家权力的边界分享普遍共识，国家或个人侵犯权利的成本高，而人民维权的成本低。如果广大民众要求精英之间的"权力游戏"必须遵守底线规则，那么不论是通过舆论谴责、选举淘汰还是罢免机制，任何违反基本规则的精英行为都将受到社会惩罚，宪法制度自然能够得到有效维护。这样的国家即便对"政治自然法"或"社会契约"等概念浑然不觉，犹如一个健康人不知医学上的"健康"为何物，社会契约实际上已然成为日常生活的一部分。例如1970年代，美国发生"水门事件"，总统手下窃听了反对党的竞选大会。当尼克松总统拒绝向法院交出涉及犯罪证据的录音磁带时，美国民众频繁举行大规模游行抗议，大量电报每天雪片般飞入国会，要求立即弹劾总统。由于国会议员本身是由选民直接选举产生的，不论议员本人是否同情总统，他出于自身利益的考虑也不敢和名誉扫地的总统同流合污。三条政治自然法则——言论自由、民主选举加司法独立——在此三管齐下，促使众议院很快发起弹劾，最高法院则判决总统必须交出录音磁带，而整个事件以尼克松引咎辞职迅速画上句号。

反之，在专制国家，以上条件均不成立。人民感觉不到自己的权利，对于国家权力的边界也不存在广泛共识；少数觉醒的维权者时刻面临"枪打出头鸟"的危险，统治者侵犯人民的权利则不需要付出什么代价，以至变得习以为常……一个专制秩序是不可能和社会契约并存的，因为订立社会契约的前提条件是人民至少享有充分的言论自由和决定国家制度的基本权利。假如人民连选举自己代表的权利都没有，怎么可能有权决定代表如何产生等国家基本制度？当然，这样的统治是不可能一直维持下去的。当威权统治模式形成了一个封闭体系，没有外来模式的比较和挑战，或许尚能周而复始地循环更替；但是一旦两种体制发生碰撞，即高下立判，但凡不是自甘堕落的民族都会渴望从剥夺多数人自由的威权专制过渡到尊重每个人天性的自由民主体制。

本质上，从传统威权的相对稳态向现代民主稳态的转型就是缔结社会契约并确立政治自然法的过程。然而，历史事实证明，威权稳态是难以超脱的。由于专制国家的契约底子薄，转型过程注定一波三折、充满变数。照搬照抄自由民主国家的宪法容易，而确立自由民主制度难，许多国家在此过程中都栽了跟头。包括中国在内，这些国家的转型之所以失败，归根结底在于未能建立社会契约。由于社会的普遍愚昧，建立契约不可能依靠普通百姓，而只有依赖政治与社会精英，几乎所有转型都是从精英互动开始。转型成功意味着代表不同利益和立场的精英之间达成分权协议，转型失败即意味着精英协议破灭或压根未能达成。另一方面，精英协议只是暂时的分权平衡。如果这种平衡状态不能教育转化大众并促使多数人接受社会契约，社会契约所涵盖的政治自然法不能深入普通人心，那么即便精英成功促成转型也注定是昙花一现。[4] 事实上，正是因为多数民众未能接受社

---

[4] 爱尔兰和英国之间的复杂关系即为一例。历史上，英格兰征服爱尔兰之后，政教关系不断发生冲突。1800 年的《英格兰—爱尔兰统一法》是英国通过贿赂和经济发展承诺劝降少部分爱尔兰议员的结果，并没有得到爱尔兰人心悦诚服的拥护。1949 年，南爱尔兰还是独立出去，但北爱尔兰又陷入政教争端。即便 1998 年的《贝尔法斯特协定》也仍然是英国、爱尔兰和北爱政治精英的合作产物，普通民众的思维尚待转化。参见 Joseph Ruane and Jennifer Todd, The Politics of Transition? Explaining Political Crises in the Implementation of the Belfast Good Friday Agreement, 49 *Political Studies* 923–940 (2001).

会契约，精英行为才得不到有效约束，已经达成的精英协议也会有始无终。在权力博弈中，利益和立场对立的政治精英们为了争夺权力而进行角逐；有的精英愿意遵循业已达成的宪法规则，有的精英则不择手段，通过迫害、暗杀甚至政变等破坏规则的行为来达到自己的目的。如果这类行为无需付出惨重的社会代价，那么它们必将大行其道并将宪法规则破坏殆尽。

不幸的是，专制国家的人民没有自由，因而也难以养成自由立约的习惯。每当专制松懈，他们有机会通过讨论自愿形成立国契约的时候，他们往往会错过这个机会；他们之间或刚刚开始形成横向联系，即很容易被来自纵向的诱惑分化瓦解。专制秩序的特征是国家和人民之间的垂直关系，而这种关系在旧制度开始瓦解的时候仍然显示出强大的力量。不仅平民之间难以形成自治同盟，而且精英之间也没有足够的互信，不能相互妥协并生成自主契约的习惯。因此，精英集团之间的斗争往往会永无休止地斗下去，直到其中一方胜者通吃，而不会自动妥协并产生一部各方都愿意履行的契约。

3. 传统中国的契约缺位

不幸的是，长期在中央皇权统治下的中国恰恰缺乏横向合作的传统，政治关系的垂直化特征十分明显。数千年来，古代中国是一个礼法统治下的专制秩序。这并不否认古代中国具有相当程度的乡绅地方自治，也不否认平民子弟有通过科举获取功名的机会，但是这些极有限的民主因素并不能改变古代政体的基本性质。普通平民并没有任何机会参与政治，通过科举进入仕途的机会也是凤毛麟角、微乎其微。这从清末的一个估算数据即可看出：当时全国 4 亿人口，乡绅约 100 多万，占比不到 0.3%，识字率肯定低于 1%。[5] 换言之，99%以上的人口不会有任何政治参与的机会。固然，不到 1%的社会精英享有一定的参政机会，但是在 99%的社会大众都至多只是"围观"群众，其中甚至不乏等着坐享"人血馒头"的人，精英的支持力量只能来自

5　参见荆知仁：《中国立宪史》，台北：联经出版社 1984 年版，第 134-135 页。

"上面"——最终是皇帝。大众的存在不仅不能良性地影响精英之间的权力斗争和妥协，而且很容易定格在顺民和暴民两个极端，不是做专制的垫脚石，就是为暴力革命提供燃料。唯独缺位的是自治自立并能相互订立攻守同盟的公民。

因此，中国古代有礼治、有宪章，[6] 也有私人契约，却并不知社会契约为何物。固然，私人契约是社会契约的基础；不可想象，一个国民之间不知如何订立私人契约、守护私人利益并尊重他人利益的国家，会有多数国民同意、订立并守护和自己切身利益没有直接关系的社会契约。然而，私人契约并不能和社会契约同日而语，前者只是通往后者的必要而非充分条件。这是因为私人契约的标的仅限于直接的个人利益，而不涉及国家制度，国家只是超然中立的裁判者。社会契约则是指个人之间就国家权力所必须遵循的基本原则达成合意，并承诺共同遵守、拒绝背信弃义。譬如社会契约中的言论自由不仅意味着你的言论自由不受我的侵犯，而交换条件是你也尊重我的言论自由，而且也意味着我们都要克制诉诸国家压迫对方观点的诱惑，并在一般情况下都能够信任你我之间的横向承诺是有效的。如此，宪法中的言论自由才可能得到落地生根；否则，无论是你还是我和国家联合，国家打压言论自由总能找到社会支持者——打压左派则右派鼓掌，打压右派则左派击节，因而无需付出实质性社会代价，宪法的言论自由条款也就成为一句空话。在中国，这个意义上的社会契约从来不曾存在。

不仅普通百姓对社会契约一无所知，即便中国的朝廷精英也没有英国贵族那种联合抗命的精神。历史上的重大变革从来要经过最高统治者的御批，贵族或大臣们从来不能横向联合自行促成改革，直到末代王朝也不例外，清末戊戌变法即为一例。当时的政治和社会精英主要分为 3-4 个集团：体制内有保守的满清贵族和开明的汉族官员及少数满族官员，体制外有康有为代表的改良派以及尚未成长起来的革命派。如果体制内的保守派能像英国"光荣革命"时的托利党

---

6 张千帆："在自然法与一般法之间：关于'礼'的宪法学分析"，载《法大评论》，方流芳主编，中国政法大学出版社 2001 年版，第 336-368 页。

那样，和体制内的开明派合作并合力推动最高统治者改良，那么中国宪政早已功德圆满。可惜，满清中国显然没有那种幸运；颟顸的满清贵族不仅不会接受任何削弱其既得利益的改革，而且牢牢掌握了政权的制高点，完全垄断了政体改良的权力。在这种情况下，按照亨廷顿的理论，成功的改良应该由体制内的开明官员和体制外的温和派联合主导，挤压体制内的保守派和体制外的激进派并将其边缘化。[7] 在这个意义上，对于康有为、梁启超、谭嗣同们而言，更好的选择是留在体制外启发民智并形成宪政改革的社会压力——或用温加斯特的话表述，就是解决国民层次上的"协调困境"，把国家制度和政策改良交给体制内的开明派。

然而，康有为等却不甘寂寞，通过各种努力和机会成功打入清廷内部，但这也为变法失败埋下伏笔。本质上，改良派还是离不开一个皇上，而他们也幸运地遇见了开明的光绪皇帝，不过也正是他们的独来独往、操之过急葬送了这位开明皇帝和维新力量。戊戌变法加速了体制改革的进程，但也直接加剧了"帝党"与"后党"之间的冲突。激进的变法措施不仅触动了满清保守派的利益，而且也引来体制内开明派的争风吃醋。本来，体制内的开明派应该和社会上的改良派联手解决他们之间的分歧，张之洞、袁世凯等体制内官员也确实一度支持过维新派，但最终还是分道扬镳，体制内外的开明改良派并未形成足以实质性推动改革的合力。改良派的单兵突进激发了保守派的强力反弹，而在维新运动遭到镇压之后，体制内外的改良派均未能形成有效的反制力量。

另一方面，朝廷之外，改良派和革命派之间也因为后者坚持要推翻帝制而未能形成合力。康有为等出走日本后，孙中山也去了伦敦。曾有日本友人希望二人联手，无奈君宪民主渐行渐远以至势不两立。立宪派认为，国体不如政体重要，在原有基础上改良比根本改造更容易；革命派则坚持，"清廷绝无改良之望"，只能进行根本改造。当然，根本在于清廷能否立宪，如能立宪则问题自动解决。但清廷一边预备

---

[7] 参见亨廷顿：《第三波——20世纪后期民主化浪潮》，刘军宁译，上海三联书店，1998年版。

立宪，一边腐败愈演愈烈，革命报纸风靡全国，改良派也爱莫能助，其中不少逐渐加入了革命洪流。[8] 毛泽东说得不错："革命不是请客吃饭"，暴力革命意味着有人是要掉脑袋的！刀光剑影之下，连对手的生命都得不到尊重，不共戴天的仇敌之间如何能谈出任何契约？枪炮作响，则契约消散；能够从战场上回到谈判桌，只有契约传统深厚的英国才能做到，中国就不能奢望了。这是为什么辛亥革命虽有"中国的光荣革命"之称，但是仅从辛亥到五四这十年不到光景，便见证了民初中国政治实践的衰败。

三、契约构造的失败

1. 革命逼出的改良及其失败

戊戌变法失败后，慈禧太后代表的强硬保守派从统治舞台的幕后走向前台，预示着宪政改革注定徒然无功。改革压力在内忧外患之下并没有完全消失，但"仿行宪政"显得半心半意。虽然慈禧和光绪去世前半个月，一日之内接连颁布《钦定宪法大纲》《议院法要领》《选举法要领》《九年预备立宪逐年筹备事宜清单》四道上谕，年底又颁布《城镇乡自治章程》，但是建立在威权模式上的 1908 年《钦定宪法大纲》差强人意，之后更是成立了严重排挤汉人的"亲贵内阁"。所有这一切都意味着，改良在戊戌变法失败那一刻即已走到尽头；没有革命，便不可能进步。这也是为什么革命派实力在 1898 年之后激增的根本原因，而革命派的壮大意味着社会契约尚未缔结即已破灭。

1908 年，慈禧和光绪去世之后，革命暴动的势头很快蔓延全国。1911 年武昌起义，一个月内宣布独立的南方各省已逾半数。朝廷力量受到致命削弱之后，谈判才会开始。事态危急之下，清廷不得不重新任用早先被罢免的袁世凯，并召集资政院举行临时会议。资政院多数主张取消亲贵内阁，宗室皇亲不得过问政治，制定宪法须要求人民

---

[8] 参见戈公振：《中国报学史》，上海古籍出版社 2003 年版。

协赞，并立即解除党禁。清廷迫于压力，无奈接受了这些主张。紧接着，滦州统制张绍曾联合一些军人提出十二条宪法草案，并以进军北京相要挟。清廷原本难以认同，但当天正好山西宣布独立，北京顿时陷于腹背受敌的境地，因而被迫屈服下诏，取消亲贵内阁，实行责任内阁制度，授权袁世凯为总理大臣以组织内阁，开放党禁，赦免包括康有为、梁启超和汪精卫在内的因变法或革命而被禁的政治犯。同时，资政院基于十二条草案，草拟了《十九信条》，并获得清廷公布。

《十九信条》虽然没有规定人民的权利，但实质性地限制了皇帝的权力，体现了清末改良立宪派的"虚君共和"思想，从根本上改变了中国延绵数千年的实权君主专制体制。虽然它仍然规定"大清帝国皇统万世不易"（第一条），"皇帝神圣不可侵犯"（第二条），但"皇帝之权，以宪法规定者为限。"（第三条）且"宪法由资政院议决，由皇帝颁布之。"（第五条）"宪法改正提案权属于国会"（第六条），"总理大臣由国会公举，皇帝任命。其他国务大臣由总理大臣推荐，皇帝任命。皇族不得为总理大臣及其他国务大臣，并各省行政长官。"（第八条）"官制官规以法律定之。"（第十三条）陆海军由皇帝统率，"但对内使用时，应依国会议决之特别条件，此外不得调遣。"（第十条）"国际条约非经国会议决，不得缔结"；宣战媾和如在国会闭会期间，可由国会追认。（第十二条）国会议决本年度预算以及皇室经费。（第十四与十五条）"皇室大典不得与宪法相抵触。"（第十六条）如果说《钦定宪法大纲》模仿的是日本明治维新后的实权君主制，那么《十九信条》则已经接近英国的虚君立宪制。事实上，武昌起义确实和"光荣革命"有异曲同工之处，《十九信条》就好比1689年奠定英国虚君立宪制的《权利法案》。如尚秉和指出："《十九信条》深得英宪之精神，以代议机关为全国政治之枢纽。苟其施行，则民治之功可期，独惜其出之太晚耳。"[9]

《十九信条》颁布后，总理大臣袁世凯组织了新内阁。新内阁一扫旧内阁的皇族色彩，绝大多数成员由汉人担任，满清的势力已经削

---

[9] 转引自高全喜：《立宪时刻——论《清帝逊位诏书》》，广西师范大学出版社2011年版，第65页。

弱到微不足道的地步。一切都显得那么美好，但一切都来得太晚了，革命的脚步已经停不下来。尽管清廷仍然掌握着绝对的军事优势，但满清已人心尽失、大势已去。袁世凯的军队重新占领了汉口，直逼革命政府的临时所在地武昌，但袁氏并没有穷追猛打，而是主动与革命军和谈并达成妥协。12 月中旬，在英使调停下，袁世凯派唐绍仪代表清政府与革命党代表伍廷芳于上海举行"北南和议"，条件是保持清室皇权之名，自己行使行政权之实，但遭到南方革命党人的断然拒绝。革命党坚持建立共和，条件是如果袁能促成清帝退位，即可做开国大总统。

南北议和期间，孙中山回国。南方各省代表会集武昌，组建中华民国的南京临时政府，并制定了《中华民国临时政府大纲》。经过争论，各省代表采纳了孙中山的主张。大纲效法美国宪法，采用三权分立体制，设立临时大总统和参议院。临时大总统既是国家元首，又是政府首脑和军队统帅，由各省代表推选产生。[10] 1912 年元旦，南京临时政府宣布中华民国成立，孙中山就任临时大总统。至 1 月底，全国大多数省份的代表已列席南京参议院，因而临时参议院宣告正式成立，并着手制定《临时约法》。《临时约法》借鉴了欧美宪政制度，建立了一院制立法机构和某种意义上的双元首脑制度，采纳了质询与弹劾制度以及国务总理的副署制度，尝试兼采总统制和内阁责任制之所长，使两者相互制衡。另一方面，《临时约法》的内阁制又是极不完备的，并未规定议会的不信任表决和内阁解散议会的权力。总理基本上是总统的助手，其惟一制衡总统的实权在于对法律和命令之副署，而关于副署制度的规定又因成文仓促而显示歧义，后来被袁氏利用以摆脱议会控制。[11]

1912 年 2 月 12 日，为了换取皇族的安全保障和体面待遇，清帝

---

[10] 参见荆知仁：《中国立宪史》，第 161 页。

[11] 1912 年 6 月，袁世凯和革命党就王芝祥担任直隶总督的问题上发生争执。袁发布命令改任王为南方军队宣慰使，而总理唐绍仪拒绝副署委任状。袁氏不经唐绍仪副署就发布委任状，公开破坏《临时约法》所规定的程序，唐因而离职出走。参见金冲及、胡绳武：《辛亥革命史稿（第四卷·革命的成功与失败）》，上海人民出版社 1991 年版，第 314 页。

下谕退位，授予"袁世凯全权组织临时共和政府，与民军协商一办法；以期人民之安堵，海内之泰平；即令满汉蒙回藏五族，保全领土，成一大中华民国。"[12] 次日，袁世凯发布组织临时共和政府公告，宣布成立统一共和。14 日，孙中山表示将辞去临时大总统职务，同时提出解职三条件：定都南京、袁世凯来南京宣誓就职并遵守南京参议院开始制定的《临时约法》。15 日，南京临时参议院全票选举袁为临时大总统，袁表示接受。经过几个回合的政治斗争和妥协，最后结果是定都北京，袁在北京宣誓就职。3 月 10 日，袁世凯正式就任临时大总统。次日，尚未正式解职的孙中山公布了南京参议院议决的《临时约法》。3 月 16 日，袁完成组阁并得到南京参议院的批准。短短一个月多一点时间，延绵数千年的中国皇权统治即兵不血刃地画上了句号，并把权力顺利交接给了共和政体，但权力交接的方式和速度仍不免让人为共和政体的命运担忧。

2. 清末契约政治及其局限

郭绍敏、高全喜等学者认为，清帝退位是一次中国版的"光荣革命"，《清帝逊位诏书》是从旧的君主制向民主共和制的"契约性转让"。[13] 这一定位拔高了末代皇帝的觉悟、能力和远见。当时的清廷早已失去实质性的领导人物，只剩下溥仪和隆裕太后这对孤儿寡母，为袁世凯玩弄于鼓掌之上，谈判实际上是在袁氏和革命军之间进行，而袁选择了出卖"少东家"的江山换取自己的总统宝座。事实上，比清帝退位更像"光荣革命"的是武昌起义之后颁布的《十九信条》，因为后者成功建立了类似英国的虚君立宪体制。可惜，因为革命党的拒不妥协，虚君立宪的和平转型之路被堵上了。但不可否认，《清帝逊位诏书》确实提供了第二次机会，让中国可能以不流血的方式走上

---

[12] 转引自王世杰、钱端升：《比较宪法》，中国政法大学出版社 1997 年版，第 352 页。

[13] 参见高全喜：《立宪时刻》，第 84、87 页；郭绍敏："大变局：帝制、共和与近代中国国家转型——《清帝退位诏书》的宪政意涵"，《中外法学》2011 年第 5 期。

共和之路。清帝和平退位、袁世凯与革命党达成协议、南北共和顺利统一、孙袁两位"临时大总统"的礼让交接，都是彰显契约妥协精神的了不起的政治成就。

尽管清廷、袁世凯和革命党貌似顺利解决了"协调难题"，民国精英妥协的局限性却十分明显。首先，革命党在帝制—共和问题上体现了彻底的不妥协立场，直接导致清廷出局，给清末精英妥协政治打了很大的折扣。当然，清廷的覆亡完全是其咎由自取，是其顽固拒绝宪政改良的必然报应。戊戌变法以来，满清政府色厉内荏、自信不足，非但不能昭然改过，还变本加厉地压制广大不满，自己堵死了和平改良之路。革命爆发以后，即使像张謇这样的温和改良派也目睹清军的肆虐而放弃君主立宪，不但拒绝出任袁世凯内阁的农工商大臣一职，反而公开支持共和。

至此，清廷已人心失尽，覆亡本是其自然归属。然而，变法不是意气用事。革命诉求之所以正当，是因为清廷顽固拒绝改革；如今不论出于什么原因，清廷愿意交出手中的实权并接受立宪政体，革命诉求即失去了很大一部分正当性。事实上，逼出《十九信条》，革命即已大功告成。如梁启超指出，无论革命还是保皇都只是手段，立宪才是终极目的。既然帝制改良后可以实现宪政，那么理性的策略不是推翻帝制，而是如改良派主张的，在维持国体的基础上改造政体。假如当时的革命党能有英国贵族在 1215 年《大宪章》和 1689 年"光荣革命"中表现出来的那种境界，在胜券在握的情况下适可而止、见好就收，保留皇权但迫使其退居二线，同时和袁世凯、康有为等体制内外的改良派代表达成妥协并实行议会政治，那么体现于《十九信条》的中国社会契约就成功了一大半，往后的中国宪政之路会比实际发生的顺利得多。

事实上，清帝的存在或可为革命党争取当时仍然为数不少的保皇派好感，为清末转型契约营造最大多数的共识，甚或日后可充当革命党和袁世凯之间政治斗争的调停人，而不至于让二者在毫无节制的权力碰撞中两败俱伤。一旦推翻《十九信条》逼出《逊位诏书》，社会契约即已失去政治基础，宪政转型也注定陷入死结。可惜，革命党缺乏妥协的胸襟与气度，致使中国错失缔结社会契约的良机。先是清廷颟顸愚顽、死守政权、拒绝改良，后有革命党为一党专政而拒绝妥协、不择手段、寸权必争，加上袁世凯拥权自重、集权无度以至称帝自毁，中国清末转型虽有《十九信条》和《清帝逊位诏书》的良好起点，但良机很快就在硬碰硬的政治权力斗争中丧失了。这也难怪，因为中国人普遍相信权力，至少在政治上天生不喜欢谈判，妥协被视为软弱无能，胜者通吃、"一山不容二虎"这类赤裸裸的政治丛林规则反被认为是天经地义的自然法则；没有权力（实际上就是军事力量）作为支撑，政治权威不复存在，政权自然垮台。在权力崇拜文化主导下，契约构造的失败几乎是命中注定的。

其次，袁世凯与革命党之间的妥协基本上是围绕特定党派和人物之间的具体权力分配，而权力斗争一般是一个零和游戏，很难实现互利共赢。孙中山将临时大总统让位于袁世凯，条件是定都南京、袁来南京宣誓就职并遵守《临时约法》。这一来一往的交易中，3/4 内容都是关于具体权力分配，只有约法是各方须共守的制度，而约法本身也掺杂了明显的权力斗争因素。孙中山本来是美式总统制的信奉者，南京临时参议院颁布的《临时政府组织大纲》就是建立在三权分立基础上的，某种意义上是针对孙中山的因人立法。然而，袁世凯接任大总统已成定局之后，为了通过革命党控制的国会和内阁来制约其权力，即在一个月内匆忙制定《临时约法》，并在袁氏就任后次日颁布。《临时约法》改临时大纲的总统制为总统—内阁混合制，目的是使袁世凯有位无权，因而又是另一种形式的"对人立法"。[14]

当然，政争出制度，这本来是一个好现象，美国立宪时期的重大宪法制度都是在政治斗争和妥协中产生的。问题是斗争之后达成了真正的妥协，所产生的制度才有意义。虽然袁世凯表面上也同意遵守《临时约法》，但是实际上他显然不愿意看到自己就任总统后被一位国民党总理架空。这也是为什么袁氏对宋教仁任总理那么在意，并被怀疑为刺宋案的幕后主使。你可以指责袁权欲熏心、出尔反尔，但是

---

14 荆知仁：《中国立宪史》，第 227 页。

也可以说革命党"违约"在先；袁世凯一直觊觎总统宝座，临时政府大纲的实权总统制在某种意义上可被认为是其"正当预期"，但革命党却未征求其同意而改为《临时约法》的总统—内阁混合制，显著削弱了"临时大总统"的"含金量"。因此，约法体制实际上是一方强加而非双方同意的结果。按照当时北洋政府和国民党势同水火的政治格局，用一部责任内阁制约法架空袁世凯并不是一个现实选择；它不会发挥定纷止争的作用，反而只会加剧袁世凯的抵制及其和国民党的政治摩擦。

当时的现实选择仍然是一部总统制宪法，由袁世凯的北洋政府控制行政、国民党控制议会。即便如此，仍然很难保证三权分立模式能够运行下去，总统—议会之间的政治冲突在所难免。即便是美式三权分立，立法、行政、司法也远非自成一体的独立王国，国会对总统仍有相当大的制约作用，所有阁员的任命都需要经过参议院批准。如果国民党控制的参议院就是不批准袁世凯提出的内阁人选，大总统能如之奈何？政治妥协所产生的制度之所以能为各方所接受，是因为各方获得制度性权力的能力大致对等，因而制度运行的未来效果具有相当的不确定性。在某种意义上，协议各方都处于现实的"无知之幕"之中，不能准确预见制度运行所产生的具体政治后果。譬如美国的民主、共和两党之所以都能支持宪法体制，是因为两党都有可能赢得总统与国会两院选举。相比之下，民国初年，国民党的政治动员能力明显超过北洋政府和主要是维新派转化过来的进步党，因而必然控制着国会的绝对多数。北洋政府既然缺乏有效的政治动员机器赢得选举，最终只能依靠武力占据政权，而革命党则只有通过武力再度夺取政权。

这也说明中国从帝制到共和的转型不可能彻底，社会契约并没有机会生根。满清统治依靠的是权力，最终是武力；满清的继承者——袁世凯代表的北洋政府——仍然只能依靠武力，而这种政治土壤所生成的革命党也不惜一切依靠武力夺取政权。帝制的继承者和颠覆者之间没有分权共存的余地，只有兵刃相见、一决高下，以至所有人都是"枪杆子里面出政权"的信徒。几轮政治斗争下来，一切政治问题都诉诸武力解决，社会契约所要求的基本规则意识荡然无存。

3. 重回武力政治

1913 年 3 月 20 日，议会制的主要推手宋教仁遇刺，国民党和袁世凯之间的合作彻底破裂。遇害前，宋教仁领导国民党在国会选举中获胜，为实现其议会制理念提供了机会。宋教仁激烈抨击袁的政策，宣称他将领导制定一部英国式宪法，建立一党制内阁和虚位总统制，并提议由黎元洪代替袁世凯，从而直接威胁了袁世凯的统治。7 月，在司法审判和"政治解决"都告失败之后，[15] 两江、安徽、湖南、四川、广东和福建 7 省宣布脱离北京政府，开始了"赣宁讨袁"的"二次革命"。但起义很快被袁世凯镇压，孙中山和其他组织者逃亡日本避难。袁世凯逮捕并枪毙了部分参与事变的国民党成员，最终解散国会并取缔国民党议员的资格。失去了国民党的制度化约束，袁世凯得以横行无忌，马不停蹄地在不断集权之路上狂奔，以至最终走上称帝的绝路，也让开始没有几年的共和政治蒙受重大挫折。

从跌宕的共和到短暂的帝制复辟，民初政治失败已经使共和体制的信誉严重受挫。袁氏掌权时，中国尚有表面上的和平；袁氏衰落以后，中国即进入了军阀混战的时代。尽管近年来史学界有为军阀政治"翻案"的趋势，但这并不能改变军阀政治终究是武力政治的本质。不论是大军阀还是小军阀，也不论谁控制北京，武人干政、强人统治成为家常便饭。后来在民国史上先后一度拥权自重的段祺瑞、冯国璋、曹锟、吴佩孚、张勋之流，无不是袁氏旧部。现魁首既失，各路北洋诸侯均仗恃自己的武力，跃跃欲试，梦想一统天下，坐一坐总统的交椅。其因人枉法，千姿百态，不一而足，无须赘述。而强权不论到那里，都不可避免地和民主发生冲突。袁世凯做总统，总统便和国会与内阁发生冲突；现在军阀控制了内阁，内阁和国会的冲突便成为这一时期的主要政治矛盾，而解决矛盾的方式无一不是超越规则底线的武力手段。

---

[15] 参见金冲及、胡绳武，《辛亥革命史稿（第四卷·革命的成功与失败）》，第 529 页。章太炎提倡的"政治解决"是指充分揭露袁氏的种种昭彰劣迹，造成迫使袁氏下台的政治形势，并力劝黎元洪竞选总统，但终未成功。

例如 1917 年 4 月，段祺瑞内阁召集各省督军赴京举行军事会议，商讨军务及对德宣战问题，各省督军一致主张对德宣战，并向众议院提出了宣战案。国会中占多数的国民党认为段的目的是取悦于日本，并已接受了日本的秘密贷款，因而反对宣战决议。段惟恐达不到目的，效法袁世凯，策动所谓"公民请愿团"数千人，由陆军部人员指挥，包围议院、殴辱议员，威胁必须当天通过宣战案，否则不许离开议院。众议院愤而搁置宣战案。督军于是以宪法草案关于不信任权以及参议院对解散国会的批准权等规定不合国情为由，联名非议宪法，并提请总统解散国会。黎元洪站在国会一边，以外长副署下达命令，将段免职，结果也受到各省督军的攻击。段不得不亲自否认免职令有效，称《临时约法》总统免职令须经总理副署方能生效。各路督军便纷纷附和，继而先后宣布脱离中央。黎为自保急召张勋入京，以抗衡段派势力。张勋率兵北上，并以解散国会为条件。虽然《临时约法》和其它法律俱无解散议会之规定，黎仍被迫违法下令，是为继袁世凯之后第二次解散国会。张勋又邀请康有为等人入京计划复辟，于是清帝下谕宣称"临朝听政，收回大权，与民更始"。由于段祺瑞及多数督军反对复辟，很快摧毁了张的军队，结束了这场短暂的复辟闹剧。

宋教仁遇刺、袁氏称帝、张勋复辟……只是民国政治乱象的数起标志性事件，但是它们对宪政民主的国民信心给予致命打击。尤其对于追求共和民主的知识分子来说，理念和现实之间的落差实在太大了。1911 年之后短短几年的政治实践表明，中国政治精英根本不尊重民主游戏规则，为了达到目的动辄不择手段。如荆知仁教授指出：

> 任何社会，都有保守与急进两种势力。此在民主政治比较进步的国家，由于社会已经具备相当的法治基础，保守与急进双方又有共同的基本观念，所以他们的相争可以止于法而不止于斗。而在缺乏民治基础的国家，则二者的相争便往往持之以斗，而无视于法。[16]

---

16 荆知仁：《中国立宪史》，第 268 页。

民国就是"缺乏民治基础的国家"，无论是精英还是平民都没有形成遵守政治游戏规则的习惯。假如当时的中国社会形成了遵守权力游戏规则的基本约定，假如国民党在受到袁世凯的排挤打击后能够依靠整个社会的约束力量，那么即使是军事强人的袁世凯也不敢如此胆大妄为，他个人也不至于陷入人人喊打的"独夫民贼"境地，政治游戏就进入了一种良性循环。然而，由于中国刚刚推翻帝制，离建立在自由民主基础上的契约社会相差太远。尽管全国在反满问题上基本一致，但对国家未来的基本原则并没有形成共识，共和民主的宪政理念亦远未深入人心，更未付诸实践。如果平民没有规则意识或不能至少坚持精英必须遵守游戏规则，那么精英们便不会遵守民主政治的游戏规则。既然没有让执政者感到畏惧的外部制约，权力游戏为什么要遵守任何规则？如果践踏规则的统治者不需要付出沉重的政治代价，那么对权力的自信和贪婪将使之超越任何规则的约束。从涉嫌暗杀反对派、胁迫议员投票到废除约法、摧残国会，袁世凯的一系列非常手段并没有引起大规模的社会抗议，直接纵容他在违法滥权之路上越走越远。在本质上，中国清末民初的政治斗争并没有改变宫廷内斗的本质，因而斗争结果最终取决于双方实力——往往是简单的军事实力——对比。辛亥革命没有改变这一现实，帝制的终结并未终结权力通吃的帝制文化传统。共和并没有给中国带来普遍认同的权力游戏规则，政治斗争依然只服从由赤裸裸的暴力决定胜负的"丛林规则"。

民国要改变的正是中国传统的权力崇拜土壤。权力崇拜文化不但使掌权者过于自信、无所顾忌，而且使追求权力的人无所不用其极，不达到目的决不罢休。满清对以康、梁等维新派之迫害，袁世凯对国民党之打击排挤，及其后来国共两党之间的斩尽杀绝，无一不是这种权力崇拜文化的体现。可惜，民国政治实践还没来得及触动权力崇拜的文化土壤，就被传统土壤所改变，由此产生的政治乱象也很快导致社会对民主的普遍失望。当人们看到民主实践的一团乱象，便很容易得出西式民主不适合中国的结论。加上西欧国家当时深陷世界大战的泥潭而不可自拔，"资本主义"和民主似乎都显示出日趋没落、万劫不复的迹象。睿智如梁启超游历一遍欧洲之后，都欣欣然认同

"西洋文明已经破产"的说法。[17]

1917 年"十月革命一声炮响",又恰逢其时地为贫困落后的中国提供了强大崛起的快捷药方。既然邻国有一个充满希望的崭新方案呈现在我们面前,为何还要亦步亦趋走老牌帝国经历了几百年的老路?更何况这些老牌帝国不仅貌似日趋腐朽,而且十分卑鄙不公。一战进入尾声时,陈独秀等公知们还欢呼德国战败是"公理战胜强权"的体现,但随着《凡尔赛和约》带来的深深失望,其对西方列强的态度也发生了 180 度转变。[18] 迟至 1918 年,陈独秀还在批判"义和团"体现了传统文化的愚昧,但是 1921-24 年重提"义和团",其定位已变成可歌可泣的"反帝斗争"。[19] 五四之后,新知识群体对西方及其民主制度的希望彻底幻灭,促使其寻求改造中国的新制度和新力量,中国从此从契约政治转向极权政治。

四、五四前后的中国舆论变化

如果说辛亥革命是历史赋予中国构造政治契约的最后一次机会,那么在这次机会错失之后,中国走上激进主义的不归路只是一个时间问题。政治精英之间的合作崩溃了,平民百姓又如何?早先已经提到,政治精英之所以肆无忌惮地超越游戏规则,正是因为"民意"根本不存在;绝大多数平民并不关心政治,也不认为自己有能力制约和纠正精英行为。

至于关心政治的知识分子和青年学生,则早已厌倦了变味的共和政治并开始寻求根本性的解决方式。貌似温文尔雅的新文化运动既没有也不能扭转激进主义的大趋势,其反传统的主旨甚至可以说为五四运动的发生和发展准备了思想基础。保守主义者坚持,正是新

---

[17] 梁启超:《欧游心影录》,商务印书馆 2014 年版。

[18] 参见金观涛、刘青峰:《观念史研究——中国现代重要政治术语的形成》,法律出版社 2009 年版,第 410-412 页。

[19] 同上,第 413-414 页。

文化运动对儒家道统的批判造成"国是之丧失"，[20] 随后各种"牛鬼蛇神"会纷纷出笼，但是简单回到过去的正统显然不可能也无济于事。在面临"三千年未有之大变局"之际，中国朝野精英的责任是在稍纵即逝的历史机遇期塑造新的民族共识，但是这一次"共识"不是由国家力量强加的，而是由不同利益集团的精英们经过谈判自由形成的。不幸的是，契约政治对于这个民族来说如此陌生，多少次合作机会都在不可化解的对抗中烟消云散。随着人们对军阀政治的日益厌倦，日积月累的不满情绪迟早会总爆发，等待的只是一根导火索。

1919 年 5 月初，《凡尔赛和约》的电讯传到大西洋彼岸，点燃了赵家楼的那把火，摧毁了中国知识分子对西式自由民主的最后一点好感。知识分子从来是民族情绪的风向标，而他们发表的言论既折射了特定阶段的民族心态，也对社会读者尤其是青年学生的世界观产生重要影响。如果说一个言论自由的社会有利于培养理性宽容的民族精神，让人民见多识广并及时获取自我管理所需要的信息，进而通过渐进改良不断消除社会痼疾，那么专制国家会扼杀人民获取信息的机会，堵塞渐进改良的渠道，让民族情绪陷于偏狭乃至绝望。清末报刊舆论显示，清廷对政治改良主张的无情封杀直接导致革命情绪暴涨。辛亥革命并未终结"革命"话语。相反，人们对共和政治实践的失望反而加剧了对革命的憧憬。五四运动之后，中国主流意识形态更趋激进，极权主义革命话语跃然纸上。新的正统（"国是"）即将产生，不过这一次仍然不是人民自由形成的社会契约，而是更强大的国家暴力机器对政治、社会、经济、思想和言论的全面管控。

1. 清末民初中国舆论的特点

在决定命运的二十世纪头一二十年，中国舆论体现出如下几个特征。首先，中国当时的读报人数很少。即便以革命发生时达到高峰的报纸销量计算，仍不足人口的 1%。据报道，武昌起义仅半年，全国报纸由十年前的 100 多种陡增至 500 多种，总销量"达 4200 万

---

20 杜亚泉："迷乱之现代人心"，《东方杂志》1918 年第 15 卷第 4 号。

份"。[21] 值得注意的是，这个数字应该是年销量而不是日销量，因为当时即便最畅销的报纸也不过每日印刷 1 万份左右，[22] 绝大部分报纸日销量不足千份，因而 500 多种报刊的日销量至多数百万份。以当时大约 4 亿人口计算，每日报纸的销售量应该不足人口的 1%。这并不奇怪，因为 1906 年出台九年预备立宪计划的时候，估算当时中国社会的识字率不足 1%，此后十余年不可能有如此飞速的提高。换言之，无论革命派、改良派还是体制内的保守派你来我往，以报刊为战场打得不可开交，他们加起来都只是中国社会的极少数精英，绝大多数人对于决定国家方向的舆论动态处于完全无知和无所谓的状态。

其次，就事论事、以追求真相为宗旨的独立新闻传统并没有发展起来。无论是改良派的《时务报》《清议报》《新民丛报》，还是革命派的《民报》《江苏》《浙江潮》，当时有影响的报刊基本上都是人员和财务上隶属于一党一派的"党报"。这些报刊的主要存在理由是宣扬特定的政治立场和主张，而非为普罗大众提供社会资讯，在政治需要的情势下造谣中伤也就在所难免了。譬如容闳 1874 年创办的《汇报》曾被英商主办的《申报》指责为"泰半失实"，出版一年半即停办。多数报刊的存在理由是表达特定党派的立场观点而非客观事实，其莫衷一是、相互攻讦，令一般读者无所适从，难以发挥培养平和理性的公民习惯之重任。如果多数国民都是先入为主、观点先行、罔顾事实，那么激进的国民情绪在所难免，而社会契约之缔结更无从谈起。

再次，清末报业受到严重的国家暴力干预，而清政府的愚顽颟顸最有效地促进了革命势力的发展，同时也助长了国家舆论的激进化。1894 年，兴中会在檀香山成立。一开始五年，各地应者寥寥。1899 年，康有为在海外成立保皇会的时候，却应者如云，所得捐款超过 160 万。1904 年，维新派创办《时报》，一次即拿出十万元办报。但

---

[21] 参见戈公振：《中国报学史》，第五章第 4 页。
[22] 改良派的《时务报》发行最多时达每日 1.7 万份，已创当时国内报纸发行最高纪录。

是到后来，改良—革命力量此消彼长，筹款也越来越困难，以至梁启超 1911 年台湾之行原来打算筹款 10 万办报，竟一无所获。[23] 扼杀保皇派的最大功臣不是革命派，而恰恰是顽固拒绝改革的清政府。康梁代表的改良派要求立宪并限制君权，实际上是为了维持大清江山的"万世一系"，如此温和的言论却仍然遭到清政府的一再封杀。1907年 7 月，梁启超潜回上海创办《政论》，宗旨是"实行国会制度，建设责任政府"，在国会、财政、币制、地方自治等方面建言献策。这些言论完全是建设性的，对于满清的长期执政显然有利无害。但 1908年 8 月，清廷以"纠结党羽，化名研究时务，阴图煽乱，扰害治安"为名查禁政闻社，《政论》因此停刊。1910 年 2 月，梁启超在上海创刊《国风报》，赞颂预备立宪，文字极为温和，只是是面对毫无诚意的清廷一再推迟行宪期限，才说了"不及三年，国必大乱，以至于亡"的狠话。[24] 1898-1911 年间，至少 53 家报刊被查禁，超过当时总量的 1/3，被捕入狱 25 人、被杀 2 人。[25]

由于清廷顽固拒绝立宪，改良派立场不断受到革命派的批判和嘲弄，在辩论中每每处于下风。既然满清一再拒绝改革，革命就成了唯一正确的手段。如《江苏》第四期的"露西亚虚无党"一文指出："专制政体者，侵害国民之公益，剥削国民权利之利斧也。故人生当文明之世，公理既明，权利之观念既强，未有不求去专制政体者也。"《民报》等革命派报刊对改良派极尽嘲讽谩骂之能事，把批判立宪派当作首要任务，对清廷的所有立宪改良措施都抱着嗤之以鼻的态度。第 19 期阙名的"预备立宪之满洲"认定清廷"假借立宪之空名，以涂饰天下之耳目"。《民心》第五期的"对于政府之民心"一文坚持"从事革命，而不为立宪所动摇"。[26]

大清的愚顽不化导致舆论风向的普遍激进化，即便革命派自身的言论也不例外。其实一开始，革命派和改良派并没有发展到势不两

---

23 参见方汉奇：《中国近代报刊史》，山西教育出版社 1981 年版，第 580 页。
24 沧江："论政府阻挠国会之非"，《国风报》，1910 年第 17 期。
25 方汉奇：《中国近代报刊史》，第 594-596 页。
26 同上，第 591-592 页。

立的地步。1900 年 1 月，革命党创立机关报《中国日报》，对康梁乃至大清君臣尤其是李鸿章等还有所期待，因而多有褒奖。但不久之后，即出现了激进排满言论。革命小册子中最有影响的是邹容的《革命军》，第一章开头就要杀尽 500 万"披毛戴角"的满族人。这本 18 岁青年写的小册子先后发行 20 多版、110 多万册，在当时产生了巨大影响。1903 年出版陈天华的《猛回头》，也同样带有强烈的种族复仇主义。反清排满情绪愈演愈烈，革命队伍不断壮大。一个体现是同盟会成立后，留日学生持续增加，最多达每年 2 万人，而据孙中山说，其中十之八九都支持革命。暴力革命已经形成一种时尚，报刊舆论代表了人心所向。报纸只要刊登黄花岗起义等消息，"则销路大增，售至绝市"；"倘有诋毁革命言论，即无人购阅。"[27]

到了辛亥革命前夕，人们对清廷改良早已产生了绝望心态，普遍认为革命是中国的唯一出路。1911 年 7 月，《大江报》刊登的两篇颇有影响的短评反映了当时的普遍心态。其中一篇认为，"不承认""不纳税"等促使清廷改良的手段都是迂腐行不通的，只有革命才能救中国。[28] 第二篇著名学者黄侃的时评则断言和平改革绝无可能，只有"大乱"才是"救中国之妙药"：

> 中国情势，事事皆现死机，处处皆成死境。膏肓之疾，已不可为。然犹上下醉梦，不知死期之将至。长日如年，昏沉虚度。软瘫一朵，人人病夫。此时非有极大之震动，极烈之改革，唤醒四万万人之沉梦，亡国奴之官衔，行见人人欢然自戴而不自知耳。和平改革既为事理所必无，次之则无规则之大乱，予人民以深创钜痛，使至于绝地，而顿易其亡国之观念，是亦无可奈何之希望。故大乱者，实今日救中国之妙药也。[29]

进入民国，中国的新闻自由状态并没有得到实质性改善。相反，

[27] 梁镜球："广州三月二十九日革命经过"，载《广东辛亥革命史料》第 2-3 页。
[28] 何海鸣："亡中国者和平也"，《大江报》1911 年 7 月 11 日。
[29] 黄侃："大乱者救中国之妙药也"，《大江报》1911 年 7 月 26 日。

在军阀统治下，新闻压制反而变本加厉，比清廷有过之无不及。民国刚建立，《东三省民报》等东北报刊即被捣毁，主笔、经理被殴打。内务总长赵秉钧、步兵统领乌珍亲率步兵200多人包围《中央新闻》报社，抓捕11人。上海《民权报》反对外债、讨伐熊希龄，被公共租界严厉指控，主编戴季陶以"鼓吹暗杀""妨害秩序"等罪名被捕并受到罚款。黎元洪以"捏造谣言、摇惑人心"等罪名查封了武汉的《大江报》《民心报》《自由报》等革命报纸。立宪派湖南都督谭延闿纵容地方官员，封禁了揭露弊政和军官扰民的《岳阳日报》等报纸。广东代理都督陈炯明封杀了《公言报》，并杀害了两名报人。《震旦民报》由鄂军都督府军务部长张振武4月创办，发表了《床下英雄传》等不少讥讽黎元洪的文章。8月，张被黎元洪唆使袁世凯诱杀于北京。同盟会员韩衍在安庆创办《安徽船》和《青年军报》，公开反对孙中山让位袁世凯，刚发表言论即遭暗杀。[30]

1913年3月，宋教仁遭暗杀，国民党系报纸大量报道袁世凯是幕后主使。8月，江西讨袁失败。11月，袁世凯又解散国民党，大量反袁报刊被查封，租界报纸遭禁售。到1913年底，国内继续出版的报刊仅剩139种，锐减300多种。不仅反袁色彩强烈的报纸遭封禁，即使反袁色彩不强烈的上海《时事新报》、武汉《大汉报》、成都《国民新报》也因为偶尔冒犯袁党而被扣上"无端造谣""煽惑军心"等罪名，而被封闭或禁止邮递。有的报人甚至遭到枪杀，绝大多数都是以"煽惑军心"惑"暗助党人，希图推翻政府"等莫须有的罪名。《民立报》编辑仅因写了一副宋教仁的挽联，就被指控反袁，不经审讯，立即绑赴刑场枪决。袁世凯统治的1912-16年期间，全国至少有71家报纸被封、49家遭传讯，9家被军警捣毁；新闻记者至少24人被杀，60人被捕入狱。[31]

1916年3月，袁称帝垮台后，被查封的报刊纷纷复刊。7月，北京市政府内务部命令21种报刊解禁。年底，全国报纸数量恢复到289种，但是好景不长。1918年10月，皖系军阀颁布内容苛细的《报纸

30 方汉奇：《中国近代报刊史》，第694-696页。
31 同上，第719-720页。

法》，封报捕人事件仍不断发生。1917 年 6 月，广州《南越报》反对开赌，编辑兼发行人李汇泉不经审讯即遭枪决；次年 6 月，广州《民主报》记者陈耿夫攻击当局把持财政、破坏护法，被桂系军阀逮捕，以"挑拨军心"罪名枪决。1916-18 年，至少 29 家报纸被封，17 名新闻记者遭刑法处分。[32]

不独媒体受到国家的压制，代表不同政见的报刊之间也经常相互进行人身攻击，甚至演变为"殴人毁报的全武行"。[33] 北京同盟会七家报纸工作人员数十人曾捣毁《国民公报》，并殴伤其主笔。长沙共和党的《湖南公报》被国民党的《长沙日报》捣毁，双方一度都曾有武斗准备，以至"各记者出入时，均带手枪一支"。[34] 国民党各报派记者去北京采访，也都发放武器自卫。革命党人原本倡导言论和新闻自由，但政治地位变化之后即一改初心，照样利用公权和暴力压制不同观点。在剑拔弩张的舆论环境下，新闻自由这条政治自然法则屡遭践踏；党派斗争没有底线，断无可能心平气和地践行契约政治。

2. 清末民初的舆论转向

1911-19 年，民初政治实践的挫折解释了民族情绪的激进转向。从这一时期的全国报刊舆论，可以对此窥豹一斑。笔者受金观涛与刘青峰教授的启发，利用上海图书馆开发的"全国报刊索引"的"近代期刊"数据库检索关键词频率。[35] 量化指标虽然有点粗疏，却能比较直观地显示相关概念的社会影响。以"立宪"一词为例，这个词在二

---

[32] 同上，第 726-727 页。

[33] 同上，第 702-704 页。

[34] 《申报》1913 年 5 月 25 日。

[35] 参见金观涛、刘青峰：《观念史研究——中国现代重要政治术语的形成》，法律出版社 2009 年版。不同的是，本文用了上海图书馆的"晚清期刊篇名数据库（1833-1911）"和"民国时期期刊篇名数据库（1911-1949）"；换言之，本文统计的是标题中包含关键词的文章篇数，而非关键词在文章中出现的词频。当然，有些相关文章的标题未必出现关键词，因而不能包含在统计内，但是词频统计会对篇幅长或关键词出现频繁的文章赋予过大的权重。虽然一篇长文往往力度更大，但毕竟文章的影响未必和其篇幅成正比。总的来说，相关文章的篇数要比词频更能准确地反映有关概念的影响。

十世纪头十年出现频率最高。在 1900-09 年间，头五年清廷立宪疲软，"立宪"在报刊上也是不温不火。但是 1905 年，清廷派五大臣出洋考察，次年宣布"仿行宪政"，这个词一下子窜上高峰，反映了社会对立宪的关注度陡然增高。此后，讨论"立宪"的文章数量即一路下行，表明这个概念已跌出中国社会关注的视野。

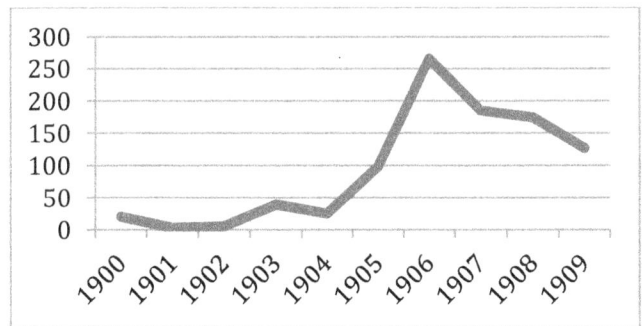

图1：篇名包含"立宪"的文章数量

与"立宪"相关的另一个概念是"共和"，其与"民主"的对比尤其耐人寻味。如金观涛与刘青峰指出，1919 年之后，"共和"概念衰微，"民主"变得越来越频繁，其意义则从人民统治转向"民主专政"，核心价值也成了政治和经济平等。[36] 不过这一转变并未立即发

---

36 金观涛、刘青峰：《观念史研究——中国现代重要政治术语的形成》，法律出版社 2009 年版，第 282-283 页。1920 年之前，《新青年》对民主是正面评价，之后出现了负面评价。建党之后，《新青年》成为中共机关刊物，"民主"多用于批判资产阶级民主和社会民主党。同上，第 286 页。

生。如图 2 所示，"共和"概念在 1912-13 年达到巅峰后，使用频率陡降，但仍然超过"民主"，五四并未改变这一趋势。二者相对地位的转换发生在 1930 年代，"民主"使用频率开始迅速蹿升，进入 1940 年代后远超过"共和"，标志着民粹主义完全控制了中国舆论。在上海图书馆的数据库中，"民主"篇名数排名前三的都是左翼报刊：《国讯》（346 篇）、《时代杂志》（303 篇）、《新闻类编》（218 篇）。[37]

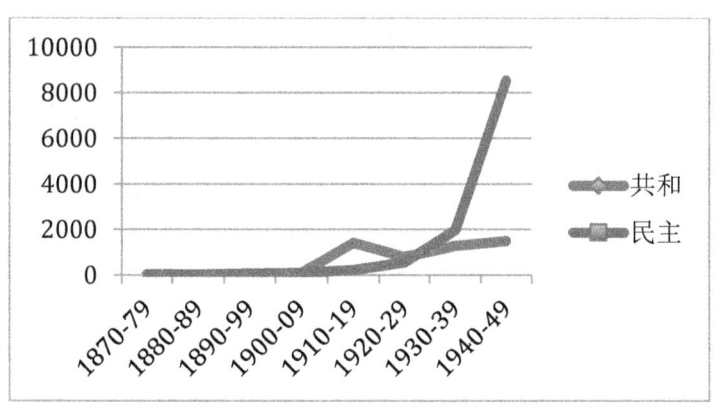

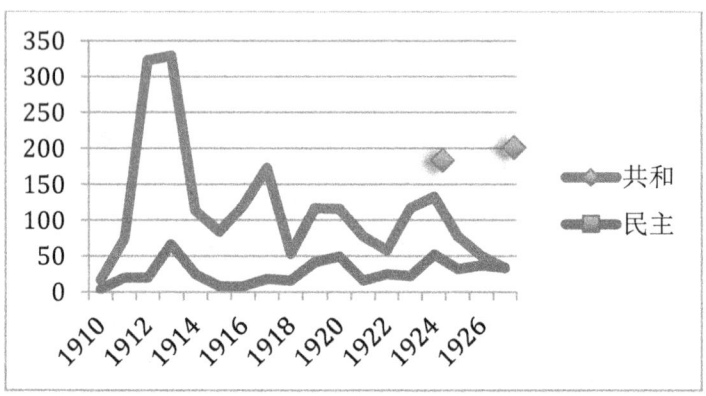

图 2："共和"与"民主"篇名数统计，"民主"中扣除了"三民主义"的篇名数

和"民主""共和"这些"热词"相比，"民约"或"社会契约"

[37] 《新闻类编》是苏联大使馆在重庆出版的日报。

简直是微不足道。在上海图书馆的数据库里，1900 年前后在报刊上首次出现这个概念，此后半个世纪篇名含有"民约"或"社会契约"的文章竟然不过区区 31 篇！自 1913-14 年和 1929 年达到两个小高峰之后，[38] 这个概念再也一蹶不振，以至彻底销声匿迹了。而在当时涉及的"民约"讨论中，主流还是方法论错误、实际危害巨大的卢梭版社会契约，[39] 对洛克乃至霍布斯的社会契约论知之更少。好不容易有了一篇关于洛克的文章，还是探讨他的"主权论"。[40] 事实上，这些文章讨论的主题并非社会契约本身，而是建立在契约基础上的政体设计问题。首先大力引介卢梭理论的梁启超是一个典型的例子。[41] 他虽然在自己主笔的《清议报》上连载了"卢梭学案"的上下篇，却并不理解卢梭理论的主旨；[42] 否则他也不会以卢梭的社会契约为立论基础，和汪精卫辩论君主—共和政体形式了，这种辩论注定以失败收场。[43] 及至他意识到卢梭理论的激进倾向及其对中国立宪事业的

---

[38] 由于数量极少——1913、14、29 年各只有 4 篇，篇名数的涨落带有很大的偶然性。如果 1913-14 年的小高峰可能与民国初建有关，1929 年的贡献则全部是来自胡恭先一人连载于同一本刊物的 4 篇文章：胡恭先："民约说及其批评"，《社会科学论丛》1929 年第 1 卷 第 3 期，11-27 页；"民约说及其批评———民约说内容之分析"，《社会科学论丛》1929 年第 1 卷 第 4 期，64-78 页；"民约说及其批评——民约说价值之批评"，《社会科学论丛》1929 年第 1 卷 第 5 期，54-61 页；"民约说论理的谬误"，《社会科学论丛》1929 年第 1 卷 第 6 期，67-78 页。

[39] 参见张千帆："整体主义的陷阱"，第 350-360 页。

[40] "洛克之主权论"，《新民丛报》1903 年第 42-43 期，第 28-31 页。

[41] 梁启超："民约论巨子卢梭之学说"，《新民丛报》1900 年，汇编 2 第 3 期，39-71 页。

[42] 梁启超当时对卢梭理论的把握显然不如严复后来发表的评论。在那个年代，严复对《社会契约论》和《社会不平等起源》的理解是相当精准的："卢梭所以深恶不齐者，以其为一切苦痛之母也"；"其说大似吾国之老庄。"严复："民约平议"，《东方杂志》1914 年第 10 卷第 9 期，第 34、29 页。而他对卢梭理论的批判也切中要害，并预见了"多数人暴政"的危险："往往一众之专横，其危险压制，更甚于独夫，而亦未必遂为专者之利。"同上，第 32 页。

[43] 参见孙宏云：《1905－1907 年汪精卫梁启超关于种族革命的论战与伯伦知理<国家学>之关系》，载《学术研究》2002 年第六期；任瞰："汪精卫驳梁启超论卢梭"，《经济观察报》2018 年 7 月 8 日。

危险，已经是多年之后了。[44] 有近代立宪启蒙"第一人"之称的梁启超尤如此，整个民族对社会契约论的认识水平可见一斑。如此看来，建立在契约意识上的政治实践从来不存在，也就不难理解了。

图3："民约"+"社会契约"的篇名数

民国成立后，新文化运动对于社会契约的思想奠基毫无建树，五四运动更是对自由主义思想启蒙划上句号。即便胡适这样的自由主义领军人物，似乎也从来没有兴趣涉及社会契约这个话题。1917年"十月革命一声炮响"，震得中国知识分子人心激荡；这一年，"革命"词条迎来了一个小高潮。1919年之后，激进的学潮和迅猛传播的左翼思潮更是把残留的一点契约思想冲得烟消云散；相比之下，论

---

44 梁启超："吾今后所以报国者"，《饮冰室合集·文集之三十》，中华书局1936年，第54页。参见颜德如、韩丽群："被逐渐放逐的卢梭——以梁启超的认知为中心"，《北京科技大学学报（社会科学版）》2011年第2期。匿名评审之一推荐的两篇文章——1902年的"论学术势力左右世界"和1903年的"政治学大家伯伦知理之学说"——并不改变梁对社会契约无知的总体评价。后面这篇文章确实表明他意识到卢梭的民约论对中国不可行，但他似乎只是从卢梭主义倒向了黑格尔主义。他在"历史上'中国民族'之观察"（《新民丛报》1905年第17号）一文中首次明确提出"中华民族"和多民族国家的概念，确实是一大思想贡献，但如果族群之间的关系不是建立在社会契约基础上，那么就很难避免中央大一统集权和族群压迫的危险。

述"革命"的文章却一发不可收拾，数量上一路高歌猛进，远远超过了辛亥革命时期达到的阶段性高峰。事实上，除了十九世纪最后十年之外，整个二十世纪，"革命"的风头一直力压"改革"。[45] 这个结果和金观涛、刘青峰的研究结论大致吻合。[46]

　　从一开始，革命月刊就十分关注俄国革命运动，并对暴力革命表现出浓厚的兴趣，如《江苏》第六期"外国时评"指出，革命必须采用暴力；俄国革命之所以成功，是因为俄国人民"善于暴动！善于杀官吏！杀君主！！杀外族！！！"[47] 除了宣扬暴力革命之外，革命党的报刊对共产主义等激进左翼思想也很有兴趣。事实上，最早引进社会主义和无政府思潮的不是共产党，而是孙中山领导的革命党。早在1903年，革命党期刊《江苏》就在其社论中赞美"共产均贫富之说"。[48]《浙江潮》批判了资本主义社会的不平等、资本家对工人的剥削，预言"吾视十九世纪之末、二十世纪之初纯乎社会主义之世界矣"；[49]"社会主义者，将以增人间之福祉而消除其厄难也"，[50] 并要废除私有制和财产继承权。1905年爆发第一次俄国革命，《民报》介绍了十二月党人、社会民主党和无政府主义等流派。《民报》还通过廖仲恺、宋教仁等作者，更系统地编译了《共产党宣言》等社会主义思想。另一份革命报纸《天义报》以无政府主义为基本导向，先后翻译连载了宣言的序言和正文。[51]

---

[45] 当然，"改良"有时被用来表达"改革"，但数量有限，且经常被用来表达物种而非体制"改良"，因而没有纳入本文的统计。

[46] 1900年前，改革的频率明显多于革命。1903、06年，革命出现两个小高峰。前者是因为邹容《革命军》问世，激进知识分子崛起。后者是因为革命派创办《民报》，章太炎任主编，陈天华在创刊号论证革命的正当性。参见金观涛、刘青峰：《观念史研究——中国现代重要政治术语的形成》，法律出版社2009年版，第382-385页。

[47] 方汉奇：《中国近代报刊史》，第222页。

[48] 社论："国民新灵魂"，《江苏》1903年第5期。

[49] 大陆之民："最近之世纪大势变迁史"，《浙江潮》1903年第6期。

[50] 大我："新社会之理论"，《浙江潮》1903年第8期。

[51]《天义报》1908年1月15日第15期、3月15日第16-19期合集。当然，革命党报刊虽然憎恶资本主义存在的各种问题，并憧憬社会主义，但一般并不认为必须经过无产阶级革命。

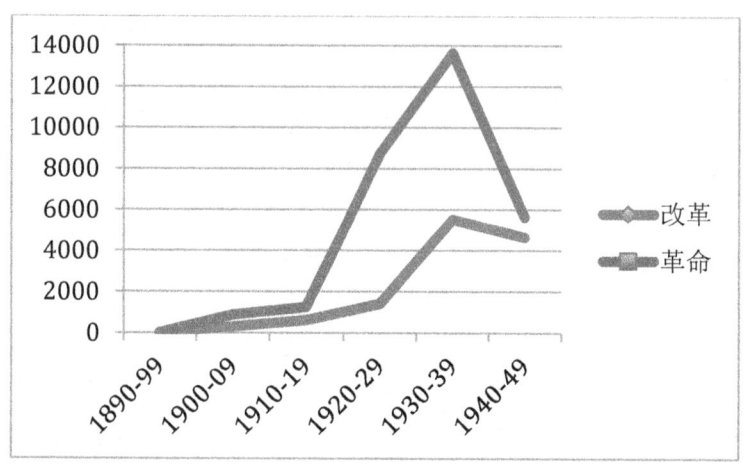

图 4："改革"与"革命"篇名数。"革命"的篇名数中
扣除了各类政府公告中屡次出现的"国民革命军"的篇名数

　　作为一次具体事件，1919 年的五四运动其实并非当时中国左翼力量故意为之，而是被已经边缘化的"研究系"为了重返政治舞台所采取的投机宣传所策动。[52] 然而，五四确实是近现代中国的分水岭，从根本上刷新了中国的政治面貌。

　　1919 是许多关键概念和事件的起点，"马克思""列宁""苏维埃""共产党""社会主义""共产主义"等词语都从此出发并井喷式增长。"社会主义"曾在 1912 年出现一个小高峰，得益于孙中山对这个概念的介绍。"共产主义"则在 1914 年出现了小高潮，但那时这个概念和"无政府"联系在一起。1919 年之后，这些概念都得到了当代的"正统"理解。

---

[52] 当年 4 月底，梁启超在巴黎得知山东问题交涉失败，立即电告林长民，研究系应声而动。5 月 2 日，林长民在研究系喉舌《晨报》发表"外交警报警告国民"，耸人听闻地呼喊"胶州亡矣，山东亡矣，国不国矣，愿我四万万众誓死图之"，成功激发了学生的救亡意识，隔日即发生"火烧赵家楼"事件。参见马建标："暧昧的合作——五四运动时期北京大学与'研究系'"，《复旦学报》2018 年第 5 期。

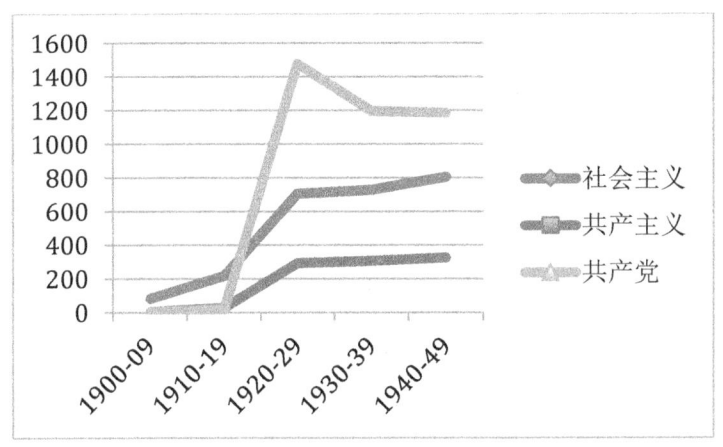

图 5："社会主义""共产主义"和"共产党"篇名数

　　事实上，此后不仅共产党应运而生，而且陷入困境的国民党也再次焕发生机。[53] "列宁"和"苏维埃"都在 1923-24 年达到了一个小高峰，对应着孙中山开始的国民党改组。而 1927 年之后至 1949 年，"三民主义"迎来了经久不衰的高潮，标志着国民党北伐成功后党治时代的开始和为此目的服务的"国父"造神运动的兴起。[54] 1924 年，孙中山采纳苏联顾问的建议，在广州完成了国民党改组。1925 年，广州政府改组为国民政府，通过了《国民政府组织法》，采取委员会制，在中国开始了最早的"党治"。组织法第一条规定："国民政府受中国国民党之指挥及监督，掌理全国政务。"组织法一开始即采用"一权主义"，不但没有规定国民政府的权限，而且在形式上是一个集立法、执法和司法于一身的综合体。虽然以后的修改使之具有"五权宪法"的雏形，但政府实际上由党产生，并随时受党的指挥与监督。政府体现党的意志，并实施党的权力。往往是先有党的决议或命令，然后再照搬到政府的公文法令中。北伐胜利之后，尽管政府组织法屡经

---

[53] 胡适说，1924 年的国民党改组"便是充分吸收新文化运动的青年"。参见马建标："暧昧的合作——五四运动时期北京大学与'研究系'"，《复旦学报》2018 年第 5 期。

[54] 郭绍敏："大变局：帝制、共和与近代中国国家转型——《清帝退位诏书》的宪政意涵"，《中外法学》2011 年第 5 期。

修正，但"党治"原则在这一时期的立宪过程中始终保持不变。国民党右翼领袖胡汉民主张，在整个训政期间，"不但是党外无党，并且是党外无政，政外无党"，实行严格的一党专制；"一切权力皆由党集中，由党发施。政府由党负其保姆之责，故由党领导，由党拥护……唯有党能代表全国人民负建国之大任，亦唯有党能领导全国人民向三民主义实现之目标而前进。"[55] 历史事实证明，对外实行一党专制的结果必然是在党内形成蒋介石集党、政、军大权于一身的个人专制，党治为人治准备了必要的政治条件。

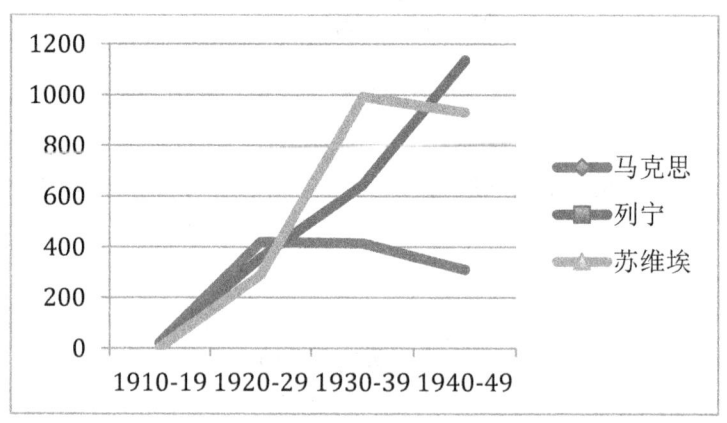

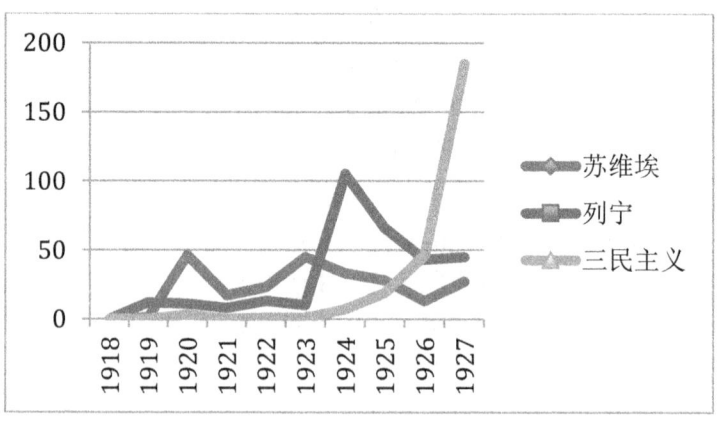

图6："马克思""列宁""苏维埃""三民主义"篇名数统计

---

[55] 转引自张国福：《民国立宪史》，北京：华文出版社1991年版，第263页。

从辛亥到五四时期"立宪""共和""民约""改革""革命""民主""社会主义""共产主义""三民主义"等概念的兴衰可以看出，由于知识分子和普罗大众对契约政治的无知、对共和立宪带来的政治乱象的厌倦、对西方自由民主的怀疑、对苏维埃革命和共产社会的向往，列宁式极权主义受到普遍青睐。1919 年之后，极权革命理论占据了中国的主流意识形态；国共两个革命党都是推行极权主义的政党，某种意义上已经决定了中国的前途命运，只等一次军事胜利正式登上统治地位。1924 年国民党改组、1927 年北伐成功，一党专政体制终于登堂入室，"三民主义"的一党信条成为统治中国的新正统，彻底清除了本来残破不全的民初契约政治的一切残余。及至 1945-46 年国共合作再度破裂、内战爆发而其后极权变本加厉，冥冥之中早有定数。

五、结语

往事不堪回首。百年之后，今日何如？一方面，1978 年至今，中国经历了长达四十年的又一次改革良机。虽然短短十年之后，政治改革即遭遇重大挫折而止步不前，犹如戊戌变法重演，但也和戊戌之后的中国情形有几分类似，经济改革并未停滞。短短几年之后，市场化改革为中国社会注入了巨大活力，私人契约蔚然成风，中国经济逐渐从政府命令为主导的计划经济转变成私人契约为主导的市场经济。另一方面，契约经济并未转化成契约政治。和百年前一样，今日中国仍然不知社会契约为何物。只要回顾一下五条政治自然法——思想与信仰自由、言论自由、反歧视（尤其是族群歧视）、周期性民主选举、行政中立和司法独立，制度上究竟落实了哪一条？其中只有政治最不敏感的司法改革 1999 年之后被提上议事日程，但进行二十年之后似乎也陷入了死胡同，连"司法独立"都成了"敏感词"。至于其它几条，只能说后四十年不如前三十年压制得那么厉害，而周期性选举则除了 1980 年代初曾活跃过一次之外，"几十年如一日"原地踏步、毫无起色，各地各级都是清一色走秀。既然实质性改革进行不下去，今日中国又回到了清末时期的改良—革命之争。

当然，四十年改革开放，人民的基本自由获得了事实上的巨大改善。[56] 尤其是近二十年来，随着网络技术的迅速发展，人民发表言论和接受信息的能力获得了极大增强，公民社会迅猛成长。如果说这四十年和百年前有什么不同，那就是普通百姓的知情权、知识水平和参与意识都发生了飞跃，而这是从极权政治重归契约政治的前提。对于国家转型，人们一般都限于关注政治和社会精英的作为，而容易忽视普通民众的觉醒对于契约建构的作用。精英固然重要，但是中外历史对比表明，如果人民不能普遍觉醒，精英的所作所为就失去了约束边界，破坏契约规则的精英行为也就得不到有效制裁。事实上，1989 年之后，改革派精英悉数被清除出体制之外，积极的改革力量只能来自自我启蒙和觉醒的民间。如果民间要求改革的共识足够广泛、力量足够强大，或能形成横向联盟并产生社会契约。

然而，不得不承认的是，极权解冻之后的中国公民社会仍然是相当孱弱的。[57] 民间力量不仅面临来自政府的打压，而且自身也不够团结，在自上而下的分化瓦解之下，横向联系很容易分崩离析。和清末相比，当今中国面临着更深重的契约政治困境——当改革精英消亡或至少不能露面，单靠民间力量能否缔结社会契约？就目前来看，这样的希望十分渺茫；民间不仅左右各派之间几乎水火不容，即便在自由主义阵营内部，温和派和激进派也少有共同语言。在官方拒绝改革并严厉封杀言论的环境下，温和改良派和当年的康梁一样四处碰壁，屡遭激进革命派挪揄，百年前的旧事似乎正在重演。中国能否走出守旧—革命的循环，仍然是一个未知数。有一点可以肯定的是，如果我们今天依旧无视社会契约和政治自然法，政治精英和普通民众仍然沉湎于权力崇拜、胜者通吃的丛林逻辑，我们注定走不出大一统历史的恶性循环。

---

56 参见本书第肆部分。
57 同上。

肆、极权主义的建构与解构

极权主义消灭一切诚实,消灭一切天赋,消灭一切自发力量,而以一群白痴、骗子、唯唯诺诺的小人取而代之,因为卑鄙无能是政治忠诚的最可靠保障。

一、引言

二十世纪是一个两级分化的极端世纪。在一些国家,自由民主得到扩大和巩固;在另一些国家,专制主义登峰造极。第一次世界大战拖垮了沙俄帝国,并于1917年建立了第一个极权国家——苏联。1929年经济大萧条之后,法西斯几乎同时在欧洲大陆和日本崛起,再次把世界带入大战的深渊。二战结束后,苏联控制或影响下的中东欧、古巴、中国、朝鲜等国组成的"社会主义阵营"先后建立了极权体制,为这些国家的人民带来了深重灾难。1966年在中国爆发的"文革"就是极权体制肆虐的后果之一,至今正好是半个世纪。对于今日仍在求索如何走出这种体制的中国而言,尤有必要探讨极权主义的建构、结构与解构机理。

极权主义是人类历史上一场最深刻的政治革命,其原始目的是以国家机器来改造人性。在此之前,任何政府——不论是民主还是专制——都只是专注于管制人民的行为,极权主义则还要管束人民的思想和信仰。一般的威权统治只是治"行",极权政治则要治"心"。迄今为止,人类社会最本质的分权是上帝与凯撒之间的分权,掌握信仰的权力和管控行为的权力之间有一堵宪政意义上的"分离之墙"。极权政治则要扫除一切权力分界,将一切都牢牢掌控在国家手里。当然，这个所谓的"国家"最终仅归结于最高领袖兼"教主"一个人。

虽然神权政治也同样有政教合一的特征，但是极权主义的危害远甚于神权政治。在伊斯兰等传统下的神权国家，宗教的寿命毕竟比政治长得多，政治权力未必能全面接管一个等级森严的教会体系。加上教会本身就是一种组织形式，宗教国家的教徒们从来不是孤立无援，而总是可以期待同伴们的保护，神权国家很难真正建立一个教主的个人统治。然而，极端形式的极权政治却要凭空创造一种世俗宗教，并通过国家掌控的宣传机器将其植入每个人的内在思维之中。

事实上，极权主义正是一种世俗化的"政治宗教"，[1] 以建立在世俗"真理"基础上的权力崇拜替代日益衰微的宗教崇拜。如塔尔蒙指出，文艺复兴和启蒙运动之后，欧洲传统秩序逐渐瓦解，宗教失去了知识和感情支撑，基于身份的封建社会也为抽象个人所替代，社会功利成为衡量制度和价值的主要标准，而世俗国家则成为社会道德的唯一守护者。[2] 宗教世界观转化为世俗国家的理性主义世界观之后，神教权力也就蜕变为集真理与力量于一身的国家权力。

第肆部分梳理了极权主义的概念、特征与建构条件，并以前苏联和东欧等国为例，探讨了极权体制的蜕变过程与转型的可能路径。2016 年正好是"文革"发生半个世纪，而"文革"正是极权体制结下的苦果。要防止"文革"悲剧重演，只有深入反思极权体制的本质并积极探索走出极权之路。这或许是对"文革"的最好纪念。

二、极权主义的形态特征

1. 极权主义的定义

极权主义(totalitarianism)也被翻译为"全权主义"，本意是

---

[1] 参见 A. James Gregor, *Totalitarianism and Political Religion: An Intellectual History*, Stanford University Press (2012).

[2] J.L. Talmon, *The Origins of Totalitarian Democracy*, New York: Praeger (1960), pp. 1-3.

指一个全能政府对全体个人进行全面管制的政体形式。学者康奎斯特对此做了精准的定义："在极权主义政体，国家不承认任何限制，并尽其所能力求控制公共和私人生活的每一个方面。"[3] 一般来说，极权国家确实会把权力用到极致，全能政府把政治、经济、文化等方方面面都"管起来"，但是极权的本质不在于它实际上管了多少事，而在于其想管什么就管什么的所向披靡的能力。国家权力无极限，国家要管什么就管什么，要怎么管就怎么管，国民个体的一切自主、自治、自卫权利则均被剥夺殆尽。在国家权力面前，社会和个人没有任何抵抗能力。在其鼎盛时期，极权体制不仅管住每一个国民的身体和行动，而且也有效管束了每一个国民的思维和灵魂。

如果用电路做一个形象的比喻，极权主义是一种国家权力"零阻抗"状态。社会阻抗等于零，权力电流无穷大。这当然是一种极不正常的政治状态。电流短路，会把电路烧坏；极权肆虐、横行无阻，必然会给社会带来巨大灾难，"文革"等一系列为祸惨烈的政治运动就是极权体制的必然结果。事实上，极权体制不仅仅造成权力"短路"，而且利用巨大的国家"发电机"对每一个社会个体进行充电、洗脑；这些个体出于自我保护的本能，本来是抵制极权戕害自己的"阻抗"，现在却被改造成积极拥护极权、主动接受奴役的"蓄电池"。即便当极权国家的"发电机"趋于枯竭，每一个"蓄电池"仍有可能延续极权寿命。极权国家的本质就是用短路的公权力实现国民大脑的集体短路，而国家权力和国民思维的双重短路互为因果；只要有一个国民保持清醒的独立思考，就是对极权统治的莫大威胁，国家就不可能实现完全的权力"零阻抗"乃至"负阻抗"。

极权主义虽然是一种极端的现代现象，却有着悠久的历史渊源。事实上，从定义上看，绝大多数传统威权国家或多或少都带着极权主义基因，因为限制国家权力的宪政思维是十分晚近才发展起来的。古代国家如果君主虚静无为，那么国家权力会自我限定在一个相对适度的范围内，但是没有什么能够阻止一个暴君上台并无限度地扩张

---

[3] Conquest, Robert. *Reflections on a Ravaged Century*. W.W. Norton & Co. (1999), p. 74.

国家权力。英国约翰王之所以被迫签署了《大宪章》，是因为机缘巧合使得国王和贵族之间存在事实上的力量均衡，但是这种均衡状态在多数国家是不存在的。尤其在孟德斯鸠等人批判的"绝对主义"（absolutist）国家，最高统治者的权力即被认为是至高无上、没有边界、不可限制的。如果再加上赋予全能国家正当性的意识形态，以及一个全方位控制和行使国家权力的强有力政党，那么绝对主义国家也就是极权国家。只不过古代社会既没有发明出大众政党机制，也没有政党发展的政治纲领及其宣传工具，官僚机构效率相当有限，国家权力也受到各种道德伦理和惯例习俗制约，因而无法发挥到登峰造极的地步。

现代大众政党的兴起为极权主义创造了政治条件。虽然大众政党是 1830 年代美国首创，但是那里没有极权主义土壤，因而极权主义的发轫有待欧洲大陆法西斯意识形态的形成，并借助大萧条的恶劣经济与社会气候而发展壮大。早在 1923 年，墨索里尼就宣称，极权主义是将人类一切物质和精神政治化的政体："一切国有，国家之外一无所有，一切服从国家。"[4] 施密特在 1927 年《政治的概念》一书中，系统阐述了"全能国家"概念。[5] 当然，早在 1917 年，苏维埃政权就已经开始这么做了，只不过马列主义被当时的西方理论界当作旁门左道，并没有引起广泛的兴趣。等到法西斯力量随着战败而覆灭、东西方进入冷战之后，极权主义这个概念也被用于苏联式共产政权。虽然一个极左，一个被公认为"极右"，二者实际上分享共同的本质特征。

在《极权专政与独裁政体》一书中，美国学者弗瑞奇和布热津斯基对极权主义总结了六个基本特征：全面的主导意识形态，通常由独裁者领导的单一大众政党，使用秘密警察和国家暴力等机制的恐吓体制，对武器和军队的垄断，对通讯手段的垄断，以及通过国家计划

---

[4] "Everything within the state, nothing outside the state, nothing against the state", 参见 Stanley G. Payne, *Fascism: Comparison and Definition*, University of Wisconsin Press (1980), p. 73.

[5] Carl Schmitt, *The Concept of the Political* , University of Chicago Press (1996), p. 22.

对经济实行中央指导和控制。[6] 换言之，全能国家意义上的极权主义只是一个用来指称一系列制度与文化要素的表象符号。一个国家之所以走向全能主义，首先因为国民主动或被迫接受了一套承诺实现伟大目标的意识形态，以及一个自命唯一正确、以实现伟大承诺为己任的政党。其余特征都是这两个基本特征的题中之意或自然结果，或其在特定社会状态下的维持手段。

2. 极权与威权

极权主义是威权（authoritarian）统治的登峰造极，并和一般意义的威权专制存在相当本质的区别。一般意义上的威权统治限于政治专制，并不全面扩及社会其它领域。这主要表现于独裁者或执政党操控选举，并压制政治言论与新闻自由。当然，政治独裁往往会产生"溢出效应"，其后果未必严格局限于政治领域。譬如完全可以想象，一个专制政府会和国有乃至私营企业产生各种任人唯亲和裙带关系。但是因为一般意义上的威权统治没有极权主义的意识形态，政府并不试图全面管制经济和社会，因而社会仍然保留了一定的自由度。在智利等南美国家，自由市场正是皮诺切特之类独裁者积极推行的经济哲学。

弗瑞奇认为，一般威权体制不具备极权体制的三个显著特征：一是极权主义意识形态，二是秘密警察所支持的政党，三是极权国家对工业化大众社会的垄断控制。当然，威权政府也可能偶尔利用秘密警察，针对反对派的一般警察暴力更是不在话下，但是由于当局并不存在一套控制国民的意识形态，至少自己的统治合法性并不建立在政治意识形态之上，因而也不存在一般意义的"思想犯罪"，政府不会大规模雇用秘密警察作为维持统治的工具，而只把打击对象锁定于对自身统治构成直接威胁的反对派领袖。事实上，部分因为执政党或政府并不垄断"真理""正确"或"伟大"话语，威权国家通常允许

---

[6] Carl Friedrich and Z. K. Brzezinski, *Totalitarian Dictatorship and Autocracy* (2nd Ed.), Praeger (1967).

反对派乃至反对党的事实存在。

如果把"威权"作为非民主政体的一般范畴，那么可以把一般意义的威权国家称之为"威权1.0版"，而把登峰造极的纯粹极权状态称为"威权3.0版"。版本越高，独裁程度愈烈。不妨再次沿用电路比喻，如果说民主政体下国家本身无"电压"，国家"电压"来自多数选民的个体"电压"，而选民对于来自国家的侵犯表现出很高的"阻抗"，那么威权国家本身即具有相当高的"电压"，而把剥夺了政治权利的国民降格为一个个弱"电阻"。1.0版威权国家的一般特征是一党专制，党内实行领袖独裁，但是上下级关系可能受制于精英规则或派系力量对比的调整，并有可能默认党外力量的事实存在，只是限制它们的政治功能；人民没有实质意义的选举权，表达自由受到限制，但是人身权、财产权与经济活动自由可能受到一定程度的保障。

极权国家则不仅本身具备超强"电压"，而且几乎剥夺了人民的所有基本权利，使之出于近乎"零阻抗"状态，甚至通过洗脑教育将国民训练成自己的"蓄电池"、后备军。作为威权3.0版，极权特征包括严格的一党专政、党内外实行高度的领袖崇拜、强大宣传机器对全民进行高效洗脑、无所不在的秘密警察有效甄别并消灭政治反对力量；人民则不仅没有政治权利和表达自由，而且人身自由、财产权、经济活动自由都受到生产资料和土地公有制等国有化措施的严格限制，对国家产生了高度的财产、人身和心理依附。

作为威权统治的特殊型态，极权体制是威权的强化与升华。威权1.0为威权3.0准备了必要的政治和社会心理条件，譬如大量"不明真相"的群众、薄弱的民间自治力量、对魅力型政治领袖的普遍钟情，因而是威权体制"进化"到3.0版的社会起点。

反过来，在民主化过程中，威权从3.0向1.0版的蜕变也是不可跨越的必经之路。极权国家达到巅峰状态后，会逐步向一般威权体制退却，由此产生处于威权1.0和3.0版之间的"后极权"体制，其主要特征有领袖崇拜的弱化、正统意识形态受到质疑与挑战、宣传洗脑基本失效、公有制在相当程度上解体、私有财产受到一定程度的尊重与保护、人民获得了私人空间的表达自由、公民社会迅速成长并开始介入公共治理问题。

虽然威权专制为极权主义准备了政治土壤，并非所有威权国家都会走向极权主义；走向极权的威权国家通常都已先天具备极权主义的政治文化基因，那就是绝对君主制（absolutist monarchy），而这在迅速现代化的民族国家尤其容易产生。譬如在 18 世纪初期的俄罗斯，彼得大帝在短时间内建立了现代军队、工业、税收和教育制度。由于这些现代化成就只有通过魅力型领袖树立绝对权威才有可能，强势君主的个人决断对民族历史进程发挥决定性作用，现代化成为俄罗斯绝对主义的渊源。[7] 从历史渊源上说，绝对主义是从建构西方中央集权国家开始，包括民族自决、税收等经济与社会融合、固定的法律与政治机构网络、中央化的行政程序、常设军队和理性化官僚作为维护政权的必不可少工具等特征，但最重要的事通过意识形态确立单一主权原则。[8] 当然，彼得大帝所建构的是绝对主义的现代改良版，也就是开明专制，其主要特征是中央集权加依法治国，通过自上而下的改革实现社会现代化。开明专制有时也被称为"警察国家"，因为它通常意味着政府对社会关系和公共生活的全方位法律与行政干预。对于国家现代化而言，开明专制是一种历史进步，但在政体实质上只是绝对主义的翻版。

18 世纪前四分之一个世纪，彼得大帝已基本完成绝对君主的制度构建，但是俄罗斯文化毕竟在一定程度上留存着控制王权的贵族传统，在这一点上和《大宪章》时代的英国似曾相识。继任人卡特琳娜一世和未成年人彼得二世并不具备魅力型领袖的特质，因而不足以充分行使绝对君主制赋予的权力。然而，俄罗斯的社会权力结构还是和英国有本质不同，贵族并未形成一个足以逼迫君主让步的政治共同体。一旦遇到强势君主，俄罗斯贵族并不能凝聚起一股约束王权的强大力量。1730 年，安娜伊万诺瓦女皇执政，一群贵族主张女皇必须尊重他们的领导作用，但是最后失败。2 月 25 日，800 贵族来

---

[7] 参见 Andrey N. Medushevsky, Russian Constitutionalism: Historical and Contemporary Development, Routledge (2006), pp. 61-139.
[8] Ibid., pp. 61-63.

到克里姆林宫，向安娜宣读了请愿书，请求女皇建立由每户贵族出一两名代表的代议机构。但是遍布皇宫的卫士和官员齐声高喊，要求立即接受君主独裁。另一名代表接着宣读了他的请愿，要求立即回归独裁，而安娜则当众撕毁了绅士们的请愿书。虽然缩短服役期限等贵族要求逐步得到了满足，但是这一切均没有阻挡女皇的集权步伐。安娜利用绅士对最高枢密院的反对废除了这个机构，建立了藐视一切限制的绝对统治。[9]

对于一个民族来说，绝对主义的影响是根深蒂固的。即便俄罗斯1917年的"二月革命"推翻了沙皇统治，建立了临时政府和国民大会，确立普选权并准备制定宪法，宪法方案仍然体现了绝对君权的影响。宪法采用了强总统制，总统和沙皇类似，享有解散议会等绝对权力，而在法律责任上则享有豁免权。国民大会准备12月开始运行，但是从临时政府到国民大会的权力转移机制还没建立起来，就发生了众所周知的"十月革命"，[10] 由此进入一场空前的极权主义运动。

3. 极权与民主

如果采取更广义的解释，绝对主义就是否认主权可以受到除了自身以外任何权力的限制，那么它既可以是君主制，也可以是民主制。极权主义虽然生长于威权体制的绝对主义土壤，但往往是以"民主"形式出现的。纳粹是以民主选举的程序上台的，社会主义国家则更是把"人民当家作主"的调子唱得比谁都高。早在1960年出版的《极权主义民主的起源》中，塔尔蒙甚至把"极权民主"当作民主的一个类别，认为民主有自由和极权两种形式。[11] 极权主义民主始自卢梭的"公意"理论混淆事实与价值、理性与信仰。世俗国家成为至善和真理的化身，并带上先验性和绝对性。践行公意论的雅各宾恐怖就是可以被视为极权政体的雏形，到后来的经济共产主义加一党专政

---

[9] Ibid., pp. 72-73.
[10] Ibid., pp. 126-128.
[11] J.L. Talmon, *The Origins of Totalitarian Democracy*, Praeger (1960), pp. 1-3.

臻于成熟。[12]

事实上，极权主义几乎必须通过群众运动的泛民主形式才能成功。虽然有的威权政体也具有一定的民意支持，但是一般意义的威权政府从来没有从思想上统治国民的野心，也往往好不掩饰赤裸裸的少数人专制。相比之下，极权主义的理想在于用一套自封正确、不容置疑的真理来转化和武装每一个人的大脑，因而虽然极权政权毫无例外都是通过少数人暴力革命上台，但是其对群众运动的热情是始终如一的。在极权体制巩固并完成全民洗脑之后，极权政体确实会获得多少人乃至绝大多数人的支持。不论是一开始出于真诚的信仰还是后来出于势利和恐惧，群众支持的表象是维持极权国家机器运转的不可忽视的力量。

虽然极权主义经常采取民主形式，这并不能给予民主恐惧症任何正当理由，因为没有民主，最好的选择也只是威权专制，而威权体制本身就是滋生极权政体的温床。自由主义除了民主，别无选择，因而自由主义不能放弃或排斥民主，而是要实现自由和民主政体共存。区别极权民主和自由民主的试金石是周期性选举和政治言论自由。有了言论自由和周期性选择，极权"民主"即不可能发生。虽然名副其实的民主体制偶尔也可能发生"多数人暴政"，但民主的"暴政"一般只是民主恐惧病患者的想象而非现实，而且偶尔发生的"多数人暴政"完全可以通过司法审查等机制加以纠正。民主国家也可能实行中央集权，中央立法权除了宪法禁区之外不受限制，但是民主集权和极权意义上的"全能"存在本质区别。英国宪法学家戴西曾说过，英国下议院可以制定任何立法，除了将男人变成女人、女人变成男人。[13] 如果英国议会真的行使了无所不在的管制权，那么它也就成了一个"全权"国家。好在英国是一个自由民主国家，议员通过周期性选举对选民承担政治责任，而多数英国选民是理智的，一般不会利用多数人的力量剥夺少数人的基本权利。然而，在一个极权国家，多数人

---

[12] Ibid., pp. 5-6.
[13] A.V. Dicey, *Introduction to the Study of the Law of the Constitution* (8th Ed.), London: Macmillan (1915), p. 39.

和少数人都没有自由。

社会学家摩尔指出，民主包含三个方面：制约统治者的任意，建立公正与理性的统治，让多数人参与制定规则，[14] 而产生民主的社会条件则是权力均衡。十六、十七世纪，西方国家也产生了强大的中央政府，作用是制约贵族势力。在现代早期，君权和贵族出现了大致均衡的状态，贵族享有事实上的独立地位，而这是现代民主的先决条件。城市居民作为一个独立阶级对于议会民主来说也是不可或缺的。没有资产阶级的出现，就不会有现代民主。没有资产阶级革命或革命失败，贵族自由化运动很容易走向法西斯，农民或平民革命则会走向共产主义。[15]

4. 极权主义的左与右

虽然共产主义和法西斯主义都必须打着民主的旗号上台，因为"群众"必须登上政治舞台，二者在意识形态和组织方式上仍然显示出不同特征。和共产主义相比，法西斯文化其实是一种大众保守主义，其宗旨是等级、纪律和服从。它在资本主义侵入农业经济的时候生成，在工业化越发达的地方越是深入，因而在中俄两国都不成气候，在德、日则源远流长。德、日农民和地主都是资本主义的牺牲品，因而都是资本主义的激烈反对者。早在 1894 年，德国农业联盟即已体现出相当明显的纳粹色彩。1932 年 7 月 31 日的选举中，农村对纳粹的支持率为 37.4%，有的地方甚至高达 80-100%。[16]

极权主义又分左右。和左派不同，右派理论基本上是个体主义、原子主义和理性主义的，以历史、种族或有机体为基点，而不具备左派的普世集体主义。作为一种特殊实用主义，右翼极权主义否定人类价值的普世性。第二点不同是左派认为人性基本上是善的，也可以被完美化；右派则认为人性是腐败和软弱的，因而必须使用强力维持秩

---

[14] Barrington Moore, Jr., *Social Origins of Dictatorship and Democracy: Lard and Peasant in the Making of the Modern World*, Beacon Press (1966). 414
[15] Ibid., pp. 417-418.
[16] Ibid., pp. 447-9

序，并训练穷人和不受规训的人。[17] 由于承认等级制度的合法性，法西斯并非极权主义的顶峰。同时因为认定人性恶，右翼极权主义一般不会像左翼那样专注于思想改造和洗脑运动。譬如一战之后，极权主义开始从意大利蔓延到整个中东欧，但是墨索里尼只是热衷于个人独裁和一党专制，而并未尝试建立完全的极权主义政权。

和右翼相比，左翼极权主义显得更为彻底和"正宗"。左翼理论设定了相对乐观的人性，并承诺实现一个大同社会的极乐愿景。十八世纪的启蒙思想家拒绝认为自由和美德之间存在不可调和的冲突，甚至认为自由就是美德。政治救世主（弥赛亚）把自己变成自由与美德的化身，并压制所有异议者。卢梭的"公意"内在化之后，把理性转化为激情，带上了先验性和绝对性，成为雅各宾恐怖的理论基础，最终发展到经济共产主义加一党专政。[18]

因此，至少在经济维度上，左翼极权主义比右翼极权主义走得更远，在以后的转型过程中后遗症也显得更为深重。在经济方面，法西斯远未实现"完美"的极权主义，国家作用限于系统性宏观干预，至多是在中观层面上对雇主和劳工组织进行诱导和收买（合作主义），但并不在微观上全盘剥夺财产权和限制经济活动自由。共产主义则对经济体制进行全面的国家主义改造，充公私有财产并实行工业国有化和农业集体化，把建立在私有制基础上的市场经济转变为建立在公有制基础上的中央计划经济。国民丧失了财产权和经济活动自由，也就丧失了人格独立的基础。公有制严重加剧了国民对国家的经济和心理依附，为国家控制公民反抗、延续极权统治提供了巨大便利。

极权体制衰落之后，德国、日本等法西斯国家主要面临政治转型难题，前苏联和东欧等社会主义国家则面临政治与经济双重转型，极大增加了改革难度。

---

[17] Talmon, *The Origins of Totalitarian Democracy*, p. 7.
[18] Ibid., pp. 5-6.

三、极权主义的建构条件

作为一种权力"零阻抗"的极端状态，极权主义的建构需要满足一系列政治与社会条件。首先，极权体制无一例外是靠暴力阴谋夺权而非自由民主选举建构的。即便在 1917 年的俄罗斯和 1932 年的德国，民众对极权"病毒"毫无预防心理和能力，盲目支持极权政体的社会力量异常强大，也未能达到民主政体所要求的超过半数支持，因而布尔什维克与纳粹最终还是依靠政变上台。得手之后，极权政党一边在国内实行严格的一党专政，在党内则通过政治斗争建立独裁领袖的个人崇拜。其次，极权体制通过宣传机器对国民进行系统洗脑，确立了"一个主义，一个政党，一个领袖"的意识形态统治。最后，通过全方位剥夺国民的思想、言论、人身、经济等自由，极权体制实现了个体对于国家的完全依附，造就了一个去道德化的国民群体，并为恐怖统治乃至诱导群氓协同犯罪奠定社会心理基础。

1. 意识形态

意识形态控制是极权主义区别于一般威权统治的根本标志，也是极权统治远比一般威权统治更为巩固的原因。一般意义的威权统治缺乏群众基础，掌握政权的少数统治者只能依赖赤裸裸的警察暴力。相比之下，如果极权国家能够成功实现全民洗脑，让绝大多数国民都真诚地信奉一种"真理"，并认可执政党及其领袖作为真理的化身，那么这样的社会必然是高度团结稳定的。统治者完全可以"无为而治"，根本用不着动用国家暴力，自发的群众暴力就足以消灭任何政治异议。

意识形态控制是极权国家的必备要素，不仅因为极权或"全能"的定义意味着国家有能力统治人民的思想和信仰，而且因为要实现全能统治，必须消灭一切反对的声音。然而，这是反人性的。人的天性不是一致同意，而是彼此不同意；不是大公无私，而是自利自私。出于各人的利益、身份、偏爱、成见，分歧是天然和无所不在的。如果留给个人判断，每个人的意见都是独特的，没有两个人会在所有问题上采取全同的立场，而且某些分歧如此根深蒂固，即便无休止的辩论也不能弥合。但是极权统治恰恰要宣布一种正确的真理、一个伟大的目标、一个合法的政党和它的领袖，并要求全民无条件接受。这也说明极权统治不可能以自由民主、理性说服的方式产生，而只有通过暴力革命才能建立起来，或者像希特勒那样先骗取多数选民的信任，上台后再系统镇压反对派、摧毁自由民主。

和一般威权统治相比，极权统治者极其重视意识形态合法性，因为后者是其获得群众支持的基础。极权主义意识形态之所以得以大行其道乃至取得统治地位，是和其所发生和成长的社会土壤分不开的。事实上，意识形态好比流行病毒，在哪个社会都存在，但是否发作则取决于特定民族的免疫力。即便在自由民主根基十分牢固的美国，也不乏思维极端、举止怪异的人；自由民主体制允许乃至纵容他们的存在，但他们永远是自由社会的异数，永远不可能成为主流，因为多数国民具备理智心态和成熟的判断力。然而，专制国家几乎毫无例外是贫困和愚昧的国家。由于人民缺乏政治权利，没有机会锻炼和培养自我管理的经验，因而政治思维极其简单幼稚，缺乏在实践中鉴别真伪的机会能力，特别容易轻信欺世盗名的乌托邦承诺并认定其为颠扑不破的"真理"。用今天的话来说，就是"脑残"特别多，还特别愿意被洗脑。波普尔在1945年出版的《开放社会及其敌人》中指出，和自由民主的"开放社会"截然相反，极权国家是一个思想和信息高度单一化的封闭社会，其思想基础就是认定历史朝向永恒不变的伟大目标前进，并且人能够掌握历史前进的规律。[19]

虽然并非所有威权政体都有极权主义文化基因，所有的极权政体都有本国的文化传统作为其思想资源。在乌托邦式的道德与政治专制主义传统中，很容易找到极权主义意识形态的基因。道德专制主义一般都设定了某个宏伟的社会目标，并自认为是惟一正确的思想教条，其余一切都是奸邪淫僻，理所当然应被国家所禁止。国家的使命不只是禁止有害言行，而且要带领整个民族"明明德""止于至

---

[19] Karl R. Popper, *Open Society and Its Enemies*, Princeton University Press (2013), pp. 83-114, 283-320.

善"。由此可见，传统儒家政体已经包含了极权主义的道德基因。在伟大的国家面前，个人不可避免是渺小的。自私小人自然不配享受什么"权利"，代表正义管制小人的公权也不会受到实质性约束。无论在政治、经济还是思想上，传统中国社会对个人的管制都是相当严格的，只不过儒家伦理对于士大夫的行为确实产生一定约束，而由于官僚系统管控能力有限、交通与交流不便、农业社会不能支撑庞大的公共财政等原因，国家机器不可能变成一个真正的巨无霸，但极权主义的文化潜能一直存放在那里。

事实上，即便旧政体被推翻了，旧正统被否定了，道德和政治专制主义不仅没有改变，而且很可能变本加厉。儒家伦理毕竟是一套贵族伦理，具有相当高度的道德自主性。皇帝的权力再大，理论上也不能脱离儒家经典教义的约束。建立在儒家伦理之上的官僚体系也形成了一个相应的既得利益集团，足以自我维护并抵抗皇权的无限扩张。这是为什么历史上儒家统治从来没有产生极权国家，而要摒弃儒家伦理的法家统治则十分接近极权政体。一旦新政体摧毁了传统伦理，消灭了贵族阶层，并以高度发达的政党机器取代相对低效的传统官僚体制，那么极权主义的潜能就被充分发动起来了。这个时候，政治权力已不只是一种实体权力，不只是掌握了全部的国家机器，而且还垄断了赋予政体合法性的思想和道德资源。从此之后，政权合法性成了一种自我赋予；行使权力的和赋予权力道德正当性的变成同一群人，只是内部分工有所不同而已。在乌托邦理想的伟大光环笼罩下，任何公权滥用都能找到正当理由，任何批评和异议都将被国家机器和群众运动所湮灭。社会进入了所谓"权力零阻抗"状态，"最高指示"将通过无所不在的政党触须直达基层草根；对于来自最高领袖的命令，整个国家上上下下不允许存在丝毫的抵抗或阻碍力量。

这是为什么极权主义在政教合一或无神论传统的国家更容易成功——政教合一，是因为精神和物质两种权威已经被同一种力量所掌握；无神论，是因为这样的社会没有抵御国家控制意识形态的独立力量。如果民间社会存在独立的宗教或信仰组织，那么它们将构成极权统治难以克服的障碍。无论是国民党还是共产党，中国的极权主义党治只是在儒家伦理秩序受到严重削弱之后才有可能。如果说国民党统治在某种程度上容忍乃至依赖了地方乡绅自治，那么这意味着一党专制遭遇了局限。同样，德国纳粹与意大利法西斯都与教会保持了一种合作关系，而这种关系的存在本身就说明纳粹法西斯的极权统治仍然不是严格完整的。只是在宗教领域之外，法西斯意识形态才居于统治地位。相比之下，建立在无神论基础上的共产主义则可以"横扫一切牛鬼蛇神"，彻底打通世俗和信仰两个世界并消灭任何一个世界的阻碍力量。

无论是在无神论还是和宗教妥协的法西斯国家，极权主义意识形态一般有三个组成部分，简言之就是"一个主义，一个政党，一个领袖"。一是乌托邦理想。极权主义利用民族虚荣心，设定了民族复兴或人类大同的乌托邦理想。走上极权之路的民族一般都有一段屈辱的历史，进而和民族的自我定位（例如种族、血统、传统文化、古老文明的优越感）形成强烈反差。无论是中国自鸦片战争以来的被动挨打，还是德国在一战之后的割地赔款，都极大挫伤了民族尊严感，并极大激发了民族复仇心理。当极权意识形态以国家发展、民族振兴、社会平等为口号，并宣扬建立一个全能利维坦来实现这些目标的时候，很多人便轻易入了圈套。

二是作为先锋模范的永久执政党。极权国家的现状离其所宣称的理想目标差距很远，因而坚持必须在一个"先锋队"的带领下实现伟大理想。极权主义在理论上把"人民"捧上天，但那个"人民"只是一个现实中不存在的法理概念；一回到现实，极权国家一概把实实在在的平民百姓当作愚昧无知、麻烦危险、需要不断被洗脑的群氓。因此，虽然"五四运动"颠覆了儒家传统文化，但是其所引进的马列主义新教条却在精英主义倾向上有过之无不及。如果传统社会是少数"君子"领导多少"小人"，那么共产主义的伟大理想只有靠"无产阶级先锋队"领导乃至消灭其它阶级才能实现。

三是领袖个人崇拜。既然这个政党是掌握先进意识形态的先锋队，它必须由洞察真理的思想家和政治家来领导。极权主义既不可能允许党外民主，也不可能实行党内民主，因为真理只有一个版本，掌握真理的人也只能有一个。极权主义强调思想和意见的高度统一，而人和人之间必然会发生分歧；在发生分歧的情况下，意见必须稳定地统一于一个人的立场。这样，极权主义政党必须由一个全知全能、至高无上、不得质疑的最高领袖（柏拉图式的"哲王"）来领导。事实上，党的合法性最终寄托在这个人身上；一旦他的权威受到党内其他领导人的质疑，即意味着党内立场发生分歧，"真理"神话即因内部分化而不攻自破，那么执政党和执政地位也就可以受到党外挑战。领袖崇拜在极权国家是十分自然的，不仅因为极权主义的内在逻辑使然，而且因为那里的群众看似喜欢探讨高深莫测的终极"真理"，实际上只是跟着"伟大领袖"咿呀学语，骨子里具有强烈的救世主崇拜情结。

不消说，极权主义意识形态虚构的"三一"神话在现实世界中是找不到的，因而必须依托谎言才能维持。但阿伦特指出，极权主义的独特之处在于其有能力将谎言变成现实。极权领袖一贯正确，永远不能承认错误，当然不是因为他们是超人，而是他们精准把握了历史或自然规律，并不断把预言变成现实，譬如用国家暴力消灭垂死的阶级。极权主义之所以充满谎言，是因为他们相信事实取决于编造事实者的力量。在编造故事时，神秘性是第一原则。例如在布尔什维克宣传中，一个接一个出现神秘的世界阴谋，托洛茨基、"300个家族"、英美情报局……最后，群众不相信自己实在经验中明显可见的事物，不相信自己的眼睛和耳朵，而只相信自己的想象。尤其当群众在无家可归的存在中受制于逃避现实的愿望所左右，他们尤其不能容忍事实的偶然性和不可理解。极权主义为其提供了一个前后一致的谎言，通过纯粹的想象使失去现实根基的群众感到自在，满足了人类思维的需要："极权主义宣传只有在常识失效的地方，才能大量侮辱常识。"[20]

2、社会心理

要维持国家对个人的全方位管束，极权主义必须满足一定的社

---

[20] 汉娜·鄂兰：《极权主义的起源》，林骧华译，三联书店2008年版，第10章。

会心理条件，那就是所有人对全能国家的绝对服从，并建立绝对权力在制度上保证这种绝对服从。这是因为人的天性不是同意和服从，而是不同意和不服从。由于人的利益、需求、信仰、观点不同，人天生是不愿意服从的动物，除非慑于外部力量的威胁。为了让个人的恐惧达到最大，极权体制一定要将每一个人剥离成一个孤零零的没有任何抵挡的个体，而且对于每一个人来说，所有其他人都被某种神秘的外部力量所掌控，只要自己稍不听话就会被其调动起来攻击自己。这样，每一个孤立无援的可怜虫都在庞大的国家机器面前服服帖帖、战战兢兢。

当然，极权主义的最高境界并非恐怖治国，而是洗脑治国。这是极权统治不同于普通专制的特征。一般专制依靠强力威慑，人民口服心不服；极权国家则控制着宣传和教育机器，真正的极权统治必须让人民心服口服。如果可以用一种思想来武装全体人民的大脑，让每一个人都心悦诚服地接受一个党的领导，无条件忠于最高领袖，那当然是最理想的状态。即便存在异议者，但如果他们只是极少数，可以简单从肉体上消灭之，让剩下的绝大多数羔羊乖乖接受狼群的领导。这种状态在历史上也存在过，譬如 1930 年代德国选民如痴如醉地欢迎纳粹上台，或"文革"初期毛泽东在天安门城楼上接见激动得泪流满面的红卫兵。阿伦特指出，一旦民众沾染上极权主义毒素，他们将患上难以治愈的领袖崇拜妄想症。斯大林、希特勒或毛泽东之所以成功，归根结底在于群众支持。

阿伦特认为，极权运动将目标锁定在组织"群众"，最终要把所有人都变成政治中立、无动于衷、从不参加政党的"群众"。事实上，一旦参与政党政治，即立刻成为极权主义的威胁，因为政治利益首先要分清"你的""我的"，参与政治意味着你已经有了自我意识，脱离了极权主义群众的行列，思维开始走上正常轨道，而这正是极权主义绝不能容许的。1930 年后，德国纳粹和欧洲共产运动兴起。他们招募的群众都是明显冷漠、愚顽和麻木不仁的"混混"，所有政党都认为他们不值得争取关注而放弃了他们。这些政治舞台上的新人采取全新的政治宣传方法，丝毫不在乎政治对手的论点，直接以死亡而非说服为结局。希姆莱招募的党卫军对关系自己切身利益的日常问题根本不感兴趣,只对"几百年来最重要的意识形态问题"感兴趣。[21] 一旦劳动人民都来关心"终极真理",结局真的可以很可怕。

归根结底,极权主义意识形态之所以能够成功,在于其能满足极其幼稚单一的社会心理结构。这个世界原本很复杂,并没有一个截然分明的是非善恶观,但是对于一个历来没有独立思维习惯的民族而言,评价和处理纷繁复杂的社会事务是一件很累很烦人的事情。意识形态的功用在于简化是非判断,节省人们对日常事务的评价成本。极权主义意识形态设计了极为简单而煽情的截然二分范畴,诸如"人民"和"敌人""先进"与"落后""善良"与"邪恶""领导阶级"和"地富反坏右",既能满足劳苦大众的嫉妒心和虚荣心,也很贴近他们的日常语言习惯和判断能力,让他们全心全意配合整肃异己、制造恐惧的政治运动。既然"地富反坏右"都是"坏人",那么理所应当将其打倒并"踏上一只脚",让其"永世不得翻身",而根本用不着给这些"坏人"任何司法正当程序和辩护机会。在另一个极端,极权主义意识形态需要不断"造神",制造正面的道德楷模供人民顶礼膜拜。极权话语的评价体制是高度单维化的,只有"好人"与"坏人";"坏人"是十恶不赦、死有余辜的恶魔,"好人"则是十全十美的道德天使。

这个天使自然就是极权领袖本人,他就是集全部美德于一身的"高大全"。于是,毛泽东既是革命家、政治家、战略家,也是哲学家、文学家、书法家。在这个国家,不可能有任何人的诗写得比他的更漂亮,也不可能有任何书法家的字写得比他的更俊逸,更不可能有哪个经院哲学家的思想能超越他的《矛盾论》和《实践论》。他的话句句是真理,"一句顶一万句。"阿伦特说,在一个完全的极权国家,所有人都变成一个人。他就是每一个方面都堪称完美的完人,是每一个人学习和崇拜的榜样。至于其他榜样,譬如雷锋,也可以有,但他的存在价值并不在于自己,而在于如何"活学活用毛泽东思想";他是学习楷模的楷模,他被作为榜样制造出来就是为了更好地"造神",

---

[21] 本段内容参考鄂兰:《极权主义的起源》,第10章。

而这个国家真正的楷模只有也只能有一个。

事实上，"造神"并非左派的专利。部分出于抗衡左派"造神"的宣传需要，部分出于长期单向思维的极权主义熏陶，极权国家的右派也同样有"造神"的习惯。他们在政治立场上激烈反左，但是在思维和行为方式上却往往共享了极权主义遗产，只不过原来是严格的"一神教"，现在变成左右各自为阵的"多神教"而已。但不论哪种立场造出的极权偶像，都会打通一切区隔的障碍，包括专业的区隔，因而和专业主义（professionalism）格格不入。[22] 因为一旦偶像被造出来之后，他的专业是不重要的——极权国家的偶像根本没有专业，而任何人无论在某个专业领域如何出类拔萃，在他面前都黯然失色。幼稚的极权国民不会在乎任何专业分工，而喜欢把所有的光环都献给他们制造的偶像，既不会考虑制造偶像的理由，也不会认真关注专业人士的成就，因为极权国民的幼稚心态就是偶像崇拜。他们不需要也没有耐心接受道理，他们只需要一个人：我就是喜欢他，不要问我理由！

在极权主义意识形态受到普遍拥护的鼎盛时期，极权领袖可以发动一拨又一拨的"思想改造"运动，维持意识形态统治，但是这种疯狂状态不可能一直延续下去。一旦这样的魅力型领袖归西，或社会因为政治迫害和经济灾难出现了厌倦情绪，政治运动就不再奏效。毕竟，人不是白痴，反思和质疑会很快浮现出来。反对的声音会遭到惩罚和压制，但每一次强迫沉默都会造成正统权威的流失，实际上有助于异端的扩散。到这个时候，洗脑已经难以为继，逐步蜕变为恐怖治国了。

进入到这个阶段，极权国家会进一步利用专政机器对社会实行微观控制。阿伦特注意到，极权国家的一个普遍特征是警察治国，秘密警察的地位甚至超过了军队，在极权国家，警察的优势不仅体现在便于镇压国内群众，而且还在于为意识形态统治提供方便。纳粹党卫

---

22 著名记者卢跃刚提出，"专业主义是专制主义的天敌"，
http://lanmeih.com/index.php/Home/Reporter/detail/id/2149；并参见其"从新闻专业主义回顾'冰点事件'"，http://chuansong.me/n/1767274.

军其实不是一支军队，而是一支警察力量，其最终目标是使军队和警察融合，并置于党卫军的管辖之下。[23] 1929 年，斯大林夺权实际上是利用秘密警察发动的一次政变。夺权之后，即毫不犹豫整肃警察部门干部，消灭其首脑。在眼花缭乱的权力更迭和表面无效率的背后，是作为国家权力核心的秘密警察的超级效率。苏联 1930 年、德国 1935 年之后，极权组织清除了公开和秘密的有组织对抗，完全消灭了真正的敌人，但是第一阶段结束之后，就紧接着开始捕捉"客观敌人"，借口要实现某个乌托邦的伟大目标，开始实行真正的极权主义恐怖。"客观敌人"并不是思想反动或历史有污点，而只是立场倾向有问题。极权主义常常采用挑拨煽动的策略"引蛇出洞"，达到消灭潜在竞争对手的目的。

在斯大林的极权恐怖之下，可疑分子包括全体居民。只要有思想能力，就会成为可疑分子，尽管他们不是任何意义上的政权敌人。事实上，特务监控制度在俄罗斯由来已久。早在沙皇时代就发明了档案制度，每个嫌疑人都有一张记录卡，中间是红笔圈出的名字，周围是他的政治朋友和他以及彼此之间的联系。如果说威权统治只威胁政治反对者，那么极权统治则会威胁没有政治观点的无害公民。到 1930 年代，反对组织早已消失，也不存在外部威胁。但是为了消灭一切家庭和社会纽带，整肃不可避免地以团体清洗的方式展开，和被告有普通关系的所有人都将遭受同样命运。于是，最可靠的朋友立即转变为最凶恶的敌人。为了保全性命，他们自愿告密，争先恐后用莫须有的罪名指控被告。在特务无所不在的国度，每个人都可以成为警察或特务。每个人都感到自己时常处于秘密监视之下，没有哪一个职业是保险的；不管你多么著名，沉沦都是家常便饭，一夜之间就可能发生。极权恐怖统治所要达到的效果正是打破一切常规，让人们抛弃一切常识和道德信念，接受"一切皆有可能""一切都是可以的"虚无主义。

恐怖治国是专制统治的常态，极权主义的贡献是在这个方向上

---

[23] 本段内容参考鄂兰：《极权主义的起源》，第 11 章。

走到极限。如果不能让人民支持真心接受宣传机器所灌输的正统，那么它要让每个人在"看破红尘"之后变成彻底的理性利己主义者——没有道德担当、没有相互信任、没有基本安全感，自然更没有政治和法律上的权利。他们会让刑法覆盖一切人类活动，而且自己操纵法律的解释，让每个人都随时可能成为罪犯，乖乖匍匐在立法权、司法权、执法权一把抓在手里的国家机器脚下。在升迁的利诱和贬谪乃至更严厉惩罚的威逼下，绝大多数人都对道德是非麻木不仁。既然接受正统信仰对自己有利无害，不妨口头上接受之。不用多久，多数人即被体制所同化。他们对正统教义没有什么自己的理解，但是会和其他人一样把它内化为标准表述。这套标准表述没有道德意义，但是它有效阻碍了许多人追求有意义的道德信仰。

阿伦特指出，极权体制不仅使国民丧失道德信仰，而且鼓励他们参与有组织犯罪。极权主义虽然理论上向往世界大同，实际上却奉行斗争哲学，国民中至少一部分人会被妖魔化而付出巨大牺牲。为了让民族走上相互迫害、疯狂自残之路，极权主义在高大上的意识形态背后，鼓动群氓暴力犯罪。事实上，灌输"革命理想"的目的正是使犯罪合法化，使罪犯摆脱犯罪的罪恶感。在极权主义设定的宏伟目标面前，任何个人的伤天害理都可以得到原谅，甚至成为组织要求的"规定动作"。

1968 年，"文革"在如火如荼进行之中，当北师大附中的红卫兵们当众打死校长卞仲芸，他们一定认为自己的暴力行为是"革命"的要求和体现。阿伦特注意到，极权主义统治者通常以吹嘘自己以往的罪行并小心勾勒未来的犯罪计划开始。纳粹相信，他们那个时代"作恶有一种天生的诱惑力量"。[24] 罪恶似乎对于暴民有一种天然的吸引力，即便自己成为牺牲品也心甘情愿甚至自觉自愿帮助政权迫害自己。极权主义意识形态教唆每个人为了"伟大理想"放弃自我，在这个基础上可以为所欲为，包括有组织犯罪。

---

24 本段内容参考鄂兰：《极权主义的起源》，第 10 章。

3. 内外集权

要实现并维持如此恐怖的极权统治，实际上是极为困难的。即便对于具有极权主义基因的绝对权力国家，也要借助天时地利才能建成现代意义的极权国家。正如麦迪逊指出，自由产生差异，而人的差异是如此之大、自尊心和嫉妒心如此之强，以至既不可能形成"统一思想"，也不可能无条件接受某一个集团的领导和管制。换言之，只要没有经过高压扭曲，社会对于极权统治即存在巨大的自然阻抗。因此，极权国家不可能通过真正的自由民主程序建立起来。即便专制统治代代相传，也不可能扼杀人的全部自由。正统教义再压抑，也无法原原本本地付诸实施。传统的官僚等级制和地方乡绅制过于低效和松散，不具备庞大高效的组织机器，不足以在大众层次上实施铁腕统治。要推行极权主义，必须有一个强有力的"先锋队"，一开始几乎注定是一个不起眼的小党。这个小党要成功，必须借助国内或国际重大变故，通过暴力革命或选举欺诈夺取政权。成功之后，则必然走向极端的一党专政和个人独裁。

首先，在这个极权"先锋队"建立之初，就是围绕一个核心人物——不是一个核心团队，因为任何团队都会发生内部分歧，而分歧削弱整个先锋队的战斗力，至少损害其意识形态高度统一的外观。1898成立的苏维埃本来是一个相对松散的群体，大部分党员是相对宽容的孟什维克，但是其中的布尔什维克抱得很紧，并以列宁一人为核心。列宁1924年去世后，斯大林借用列宁接班人的身份，使自己的地位合法化，但只是在经过长达二三十年的清洗、整肃乃至暗杀之后，才确立了至高无上的个人权威。中国的第一个革命党国民党则尊孙中山一人为"国父"，在党内形成了绝对个人权威。孙中山去世后，国民党内部派系林立，蒋介石只有依靠北伐胜利的战果和日本入侵的危机才基本稳固了他在国民党内的统治地位。中共建党之初，内部也存在本土派与国际派、苏区与白区等不同"山头"，经过长期武装斗争和内部整肃之后，最终确立了毛泽东至高无上的领袖地位。[25]
只有在个人领袖地位不受挑战的情况下，才可能建立一支有战斗力
的政治团队。

这个团队的特征是一开始规模小、思想统一、目标集中，首要目
标是武装夺取政权。武装夺权是这支"先锋队"获得成功必经之路，
因为在一个正常的社会下，它通过选票执政的机会几乎是零。即便纳
粹也并非纯粹靠选票上台，而是间歇性地使用阴谋暴动。如果不是因
为一个国家出现重大变故而赋予其各种机会，"先锋队"即使通过
暴力革命也很难成为执政党。布尔什维克之所以能够在俄罗斯得势，
是因为沙皇俄国几乎被第一次世界大战拖垮。纳粹之所以能够获得
相当多数的民心，是因为德国作为战败国不得不接受丧权辱国的巨
额赔款，1929 年"大萧条"使德国经济雪上加霜。中共之所以能够
在内战中战胜国民党，是因为八年抗战给予其休养生息的大好时机，
国民党军队则遭遇日军重创。极端的国际或国内环境使国民遭遇血
与火的残酷洗礼，极权主义这颗贫瘠的种子便在一片恶劣的土壤上
生长起来。

极权政党的内部统治模式决定了其夺取政权之后的治国模式。
如果信奉极权主义哲学的政党领袖在夺权之前不能确立在党内的绝
对权威，那么掌权之后一般也难以推行极权主义治国模式。极权统治
建立之后，其统治基础往往是极不稳固的，因而必须经过大规模清
洗，才能从肉体上消灭思想异己和剩余的抵抗力量，并对所有人产生
强大威慑。当然，也因为统治基础不稳固，极权政党一开始会小心翼
翼地划定各种形式的"统一战线"，每一次都将打击对象限定为
"一小撮"，并逐步缩小"战线"、扩大打击范围，直到党外没有一
个人敢于公开挑战极权政党的统治地位。1950 年代，中共发动实施
的"工商改造""反右"等大小政治经济运动都是依循同一个套
路。

---

[25] 高华：《红太阳是怎样升起的——延安整风运动的来龙去脉》，香港中文大学
出版社 2000 年版，第二至五章。

与此同时，执政党内也将进一步强化统一和领袖崇拜。在执政之前，党内虽然建立了最高领袖的地位，但是这种地位通常并非不可挑战。尤其是党内元老往往有军功作为资本，执政前也和最高领袖"同甘苦、共患难"，因而领导集团内部必然存在一定程度的平起平坐。在"皇帝"眼里，重臣的威胁总是远大于领导集团之外的任何人，但是外部威胁的存在极大压抑了无底线的党内斗争，暂时维持了党内和平与集体领导机制。一旦外部威胁消失，极权政党剪除了足以挑战其统治的各种社会力量，党内元老就失去了保护自己的最大屏障，有限的集体领导将蜕变为严厉的个人独裁。斯大林 1937 年的大清洗、中国 1966 年开始的"文革"在本质上一样，都是最高领袖为了巩固自己的永久地位、清除党内潜在挑战者而发起的运动，以便建立绝对的个人统治。最后，全国受控于一党，该党受控于一人。只要这个人在世，国家就没有出头之日

1936—38 年，斯大林在利用官僚阶层实行对社会的完全控制之后实施"大清洗"，扫除了整个官僚阶级和军事贵族。几乎所有的政府机构、政党、军队、工厂、经济与文化团体都换为新人掌控，将近半数党员或非党管理人员被消灭，总数达 800 多万人。党内官僚阶级被消灭后，终于和工人阶级同样等级，属于各种强迫劳动力的一部分。事实上，极权领袖会永远保持在党内领导岗位的永远年轻化，目的是消灭德高望重的潜在挑战者。每个人要获得晋升，都必须不择手段清除前任，有意识地成为政府罪行的帮凶，进而使劲为政府辩护。"大清洗"最终以清洗执行清洗的警察头目贝利亚而告结束，宣告斯大林个人极权达到巅峰。

阿伦特别指出，极权主义和一党专制并不能划等号。一党专政可能是极权主义的政治实践基础，却只是消极意义的极权主义，也就是执政党不允许任何反对派和自由言论，但是政党控制国家机器之后，党员控制的政府和军队即开始正常行使权力。执政党的权力中心转移到政府，而不再有自己的权力中心。极权主义却从一开始就采用运动治国的方式，努力维持运动和国家的根本区别，并努力防止发动运动的革命机构被国家所吸收。因此，极权主义从一党制开始，但绝不只是以一党制代替多党制，而是将阶级变成群众，用群众运动取代

政党制度。权力中心则从军队转移到警察,而警察直接听命于党的元首。苏联内战期间,秘密警察成为布尔什维克而非苏维埃的机构,政府失去权力和影响力。政府被政党架空,政党则通过群众运动和警察机制为元首所控制。

阿伦特注意到,极权国家并非严格的单一结构,而是存在党国双重权威。党国关系是实际权力和表面权力的关系,政府机器通常是无权的,用以掩盖和保护党的真正权力。极权政党利用国家作为外表,代表它在非极权主义世界中的位置。1923 年,斯大林任总书记,苏维埃成了"影子政府",听命于布尔什维克中央委员会指派的对口代表。但是苏共并不废除苏维埃,尽管那么做毫不费力,而是用它作为自己权威的外部装饰性象征。1933 年之后,纳粹控制了国家,也仍然维持党国双轨制。一些纳粹大佬进入政府之后,很快失去影响,成为警察首脑希姆莱的手下。纳粹从未废除旧外交部,几乎未触动它的成员,却又保留了党内的外交事务局,党卫军也负责部分外交事务,把外交部完全架空了。

多重设置相互竞争的职务单位对于权力的经常转移特别有用,不仅为和平终结官员的政治生命提供了收留地,而且其所造成的政府功能紊乱也为群众直接面对元首创造了条件,而权力边界的模糊性和不确定性则为元首提供了不可捉摸自由裁量。阿伦特精辟指出了极权国家的统治规律:越明显可见的政府机构,权力越小;存在越不为人所知的机构,权力越大。哪里有秘密,哪里才有实际权力。苏维埃是宪法最高权力机构,但是其权力小于布尔什维克;布尔什维克被公认为"统治阶级",权力却小于秘密警察。秘密警察完全服从领袖意志,也只有它才知道领袖下一个清除目标。至此,极权统治沦为彻头彻尾的个人统治。

因此,极权国家发生一轮又一轮的"大清洗"看似令人匪夷所思,实际上是极权统治规律的必然。极权主义意识形态虽然往往也表面反专制、宣传"大民主",但严格的一党专政、特务治国、常态化的群众运动和大规模"造神"的结果必然是极端的个人独裁。在一个坚持只有一种"真理"、一个代表真理的政党化身、一个领导一切的"最高领袖"、不允许任何不同意见的政治文化中，是不可能按照"党内民主"程序来实行"集体领导"的。一党制已经将群众变成一群看戏喝彩的木偶，注定了党内斗争是高度非均衡的权力游戏。即便在一般专制政体，这种精英内部斗争也极易出现政变、迫害、暗杀等无底线暴力竞争。

在极权国家，即便"最高领袖"已经失去了党内高层的多数支持，仍然可以发动群众运动清除异己、反败为胜。"文革"就是一个最典型的例子。在"大跃进"造成大饥荒的人道主义灾难之后，毛泽东的威信在党内降到最低点，为此不得不让出国家主席的实权，但是他仍然能发动群众"砸烂"国家机关，置刘少奇等政治对手于死地。极权政党依靠高度的领袖崇拜文化获得战斗力并夺取政权，上台后必然会按照同样的极权主义模式来统治国家。排除社会制约的极权制度和文化同样也排除了党内的权力制衡，为极权领袖的个人独裁创造了天然条件。

4. 极权体制的政治建构——以俄罗斯为例

作为极权统治首次建立并迄今历时最长的国家，俄罗斯无疑是一个值得近距离观察的极权主义样本。俄罗斯之所以走向极权主义，并不是因为什么历史发展的"必然规律"，而是传统文化、现代化进程、战争突发事件乃至特定统治者的个性特征等多种必然或偶然因素造成。一方面，或许受东正教的救世主情结影响，俄罗斯知识分子普遍接受社会主义。其中的民粹主义一开始就反对资本主义工业化，希望拯救传统小农村落经济，因为这种经济组织看来更加平等。1873-74年，民粹主义组织了"走向人民"运动，大批学生和知识分子从城市来到农村，传播启蒙思想，同时"接受贫下中农再教育"。热血沸腾的民粹知识分子根本不接地气，遭到政府和农民两面夹攻，民粹运动很快失败。[26]

---

[26] 参见 Sheila Fitzpatrick, *The Russian Revolution: 1917-1932*, Oxford University Press (1982), pp. 19-20.

在民粹主义遭遇毁灭性灾难之后，马克思主义在俄罗斯知识界异军突起。1898 年，马克思主义者非法组织了俄罗斯社会民主劳动党。早期的俄国马克思主义以理论家普列汉诺夫为中心，抛弃了先前革命运动的乌托邦理想主义、恐怖主义战略、农民取向与行动导向，转而在学理上强调资本主义工业化的必然性，资本主义是走向社会主义的必由之路。马克思主义者把争取对象转向工人，要比大众主义对农民的一头热更为成功。虽然工人力量较弱，但是确实发展了一批追随者。这时的社民党具有温文尔雅的小资情调，其中还有一批法律人后来转向了自由民主，遭到列宁的猛烈攻击。21-24

列宁式政党正式成立于 1903 年，社民党二大发生内斗，布尔什维克和孟什维克分裂。布尔什维克追随列宁，更大而多元的孟什维克则追随普列汉诺夫、马托夫和托洛茨基等人。和布尔什维克相比，孟什维克是更正统的马克思主义，并不那么急切地建立组织严密的政党并推进革命进程。孟什维克在非俄罗斯籍的工人中获得更多支持，布尔什维克则在俄罗斯工人中占优。1910-14 年的战前阶段，工人态度更加激进，孟什维克失去了部分支持，因为他们看上去更像高大上的资产阶级，而激进的布尔什维克则显得更接地气。[27]

和孟什维克不同，布尔什维克只有一个领袖。在 1902 年的"现在需要做什么"一文中，列宁强调党内集权、严格纪律和思想统一的重要性。在 1905 年革命期间，他写了"社会民主的两种策略"，他坚持无产阶级应该和反叛农民共同发挥主导作用，托洛茨基则发展了"永久革命"理论。此后，列宁用语中"专政""起义""内战"越来越频繁。然而，这样的激进组织原先并没有太多社会支持，一度还陷于孤立无望的状态，但是内忧外患使之柳暗花明、起死回生，以至最后夺得政权。[28]

一战爆发时，列宁采取激烈的反战立场，认为这是"帝国主义的战争"，最好的结果就是俄国战败并引发内战和革命。俄国宣战后。国内一度爱国热情高涨，列宁的主张显然构成"卖国"乃至叛国言

---

27 Ibid., p. 24.
28 Ibid., p. 24-26.

论，本来对他所领导的布尔什维克很不利。然而，一战结果却让列宁梦想成真，国内的爱国热情也很快衰退。1914-17 年，俄国军队死伤惨重，人员伤亡高达 500 万。战争失利，人民不是站在政府一边，而是指责政府腐败无能，表明政权合法性已到危险边缘，只能依靠可见的成就支撑着。如果说在 1904 年的日俄战争中，沙俄还算幸运，勉强体面了结，那么漫长的一战却揭示并加剧了俄罗斯的国内弱点，成为压垮沙俄的最后一根稻草。[29]

1917 年 2 月，沙皇独裁在大众抗议和精英反叛面前崩溃，民主前途似乎一片光明。"二月革命"如同六年前发生在中国的辛亥革命，帝制一推即倒，但是国家不仅未能迎来共和，反而阴差阳错陷入极权主义泥潭。革命的胜利并没有马上给布尔什维克任何执政机会。恰好相反，布尔什维克领袖们悉数出局，或流亡国外，或被流放到西伯利亚。流放到西伯利亚的斯大林和莫洛托夫首先回到彼得堡，开始重建党支部。流亡瑞士的列宁则迟迟没有回来，一回来就开始他的斗争宣传，并谋划从资产阶级到无产阶级的二次夺权。

如果说中国辛亥革命是新旧政治势力妥协的结果，那么俄国"二月革命"是不同阶级利益的妥协。革命之后形成了"双重权力"结构，临时政府由自由主义的有产者主导，苏维埃则代表广大工人和战士。然而，"双重权力"很快证明是虚幻的，因为支撑这一结构的共识基础并不存在。"双重权力"结构本来是资产阶级和无产阶级的联盟，其可持续性取决于阶级之间的合作。但是到 1917 年夏季，阶级之间已经水火不容，右派要维护法律与秩序，左派则要继续革命。大众示威越来越激进，精英革命则很快退化到保护财产和法律秩序的保守诉求。克伦斯基领导的临时政府夹在左右之间，左边是代表"无产阶级"的布尔什维克与孟什维克，右边是资本家、地主、军官的自由派。克伦斯基属于没有任何基本盘支持的中间派，处于左右为难、进退维谷的境地。7 月，彼得堡的工人、士兵与水手上街，要求苏维埃代表工人阶级夺取政权并罢免临时政府的十名"资产阶级部长"。8 月，

---

[29] Ibid., p. 33.

他自己任命的总司令科尔尼洛夫将军将军发动政变，但是由于工人和民众抵制，政变因不得人心很快失败。

随着俄罗斯政治的两极分化和左右撕裂，"双重政权"岌岌可危。右派政变不仅损害了克伦斯基和临时政府的威信，而且也对苏维埃执行委员会不利，因为政变是底层民众挫败的，没他们什么事。几乎一夜之间，布尔什维克就取代了孟什维克的领导地位。布尔什维克之所以那么得民心，主要是因为其毫不妥协的极左立场。虽然当时多数布尔什维克领袖都还在地下躲藏，他们是唯一拒绝和资产阶级二月政权妥协的最能代表工人权力的政党。当"双重权力"结构崩塌之后，只有它有资格受益，并以无产阶级革命的名义夺取政权。8 月底9 月初，布尔什维克已先后在彼得堡和莫斯科的苏维埃取得多数。10月将召开全国苏维埃第二届大会，届时布尔什维克可以实现合法的权力转移。但是列宁却认定革命时刻已经到来，从其芬兰的藏身地遥控指挥布尔什维克准备武装起义，必须在苏维埃二大之前采取行动。

临时政府好不容易熬过了发动的右派政变，却很快沦陷于布尔什维克策划的"十月革命"。布尔什维克控制着彼得堡苏维埃的军事革命委员会，原来是用来组织工人抵抗科尔尼洛夫的"反革命政变"，但后来并未解散，使得政变轻易得手。10 月 24 日，苏维埃二大开幕前夜，革命委员会占领了主要政府大楼，兵不血刃地控制了整个城市。列宁突然从藏身地浮现，毫不客气地立即恢复自己的布尔什维克领袖地位。次日大会选举，670 名当选代表中有 300 名为布尔什维克。这个选举结果证实了列宁的先见之明——尽管布尔什维克已经获得相当程度的民意支持，却并未掌握全国苏维埃的多数，因而要立即控制最高权力机构，只有通过政变。一批孟什维克猛烈抨击兵变，并退场以示抗议，但是这种布尔乔亚式的"君子"之举根本无力改变大局。原以为大会选举的中央执行委员会将取代临时政府，却没想到布尔什维克发言人 26 日突然宣布，全部由布尔什维克组成的"人民委员会"将发挥中央政府的作用。[30]

---

[30] Ibid., pp. 57-58.

11月，布尔什维克讨论组成联合政府的可能性，但是遭到列宁的坚决反对。国民大会举行选举，布尔什维克获得了25%选票，代表农民的社会主义革命党却获得了40%的选票。因此，布尔什维克只能宣称自己代表了绝对多数的工人，但是由于当时俄国的工人阶级过于弱小，因而不可能通过民主程序正当取得统治权力，只有通过暴力革命夺取政权。"二月革命"本来是自由民主和平运动的产物，但是成果却被诉诸暴力革命的布尔什维克攫取了。没有起码的政治合作与妥协，俄罗斯民主走进了死胡同。国民大会也面临难产，国家陷入内战与专政深渊。国会大会纵然开张，也一事无成，并于很快被布尔什维克驱散。1918年1月5日，国民大会开会时，彼得格勒已经被围困，只好停止活动。布尔什维克再次发动政变，陆海军武装人员占领了会场。社会主义革命党强烈反对政变，要求恢复多数统治，但是他们并没有军事实力作为后盾。布尔什维克一方面阻止合法代表到彼得格勒正常开会，一方面宣布宪政民主党（Cadets）等反对党派是违法的"国家公敌"，要从肉体上消灭政治对手。列宁发表了《工人与受剥削者权利宣言》，要求把国民大会的全部权力移交给布尔什维克的苏维埃代表。

因此，布尔什维克之所以在俄罗斯得手，完全拜其武装政变夺权所赐。在这种情势下，俄罗斯社会大众之所以听之任之甚至乐见其成，并没有站出来支持民主、反对暴动，是因为他们被和平与面包的承诺迷住了。归根结底，大众和精英的民主法治意识都太薄弱，过分关注极权主义承诺的短期利益，而等他们稍有醒悟，已为时过晚，极权专政的生米已煮成熟饭。布尔什维克的真面目暴露得很快。就在三年之后，1921年3月，王冠城（Kronstadt）的水手举行暴动。他们可是"七月事件"的英雄、"十月革命"的功臣，但是他们却站出来反对布尔什维克政委的任意统治，要求建立真正的苏维埃工农共和。暴动发生在布尔什维克十届党代会开会期间，标志着布尔什维克和工人阶级分道扬镳。在其历史上第一次，布尔什维克用枪杆子镇压革命无产阶级。虽然党媒试图把暴动栽赃于"阶级敌人"得阴谋，但是党代会流传的各种小道消息与官方报道大相径庭。布尔什维克显然是靠工人支持上台的，但是极权主义的真谛在于，一旦上台，即便没有任何社会力量的支持，它也照样实行专政。对于这样的历史教训，俄国工人和中国农民应该有最深刻的体会。

当然，此次灾难之后，列宁有所触动，苏联开始转向"新经济政策"，停止了农产品的全部征购，改为固定比例收购。工业也停止了全面国有化，而是允许私企改造，国家只是控制银行和大型企业。新经济政策是从战时共产主义的退却，但是政治思想领域的控制却变本加厉。孟什维克想把经济调整的功劳记在自己头上，因为他们一直都主张"退却"，但是列宁却要对这种幸灾乐祸的言论"判死刑"。在引入新政策的同时，逮捕了几千名孟什维克，包括全部的中央委员会成员。1922 年，若干右翼社会革命党人受到审判，有的甚至被判处死刑，虽未执行。1922-23 年，几百名宪政民主党和孟什维克头面人物被强行遣送。先前，反对党成员如果停止一切政治活动，仍可以担任大学、社科院、国家经济和计划研究机构乃至 GPU 领导职位，但是在布尔什维克统治下，苏共之外的一切党派均被取缔。至此，布尔什维克才肃清党外政敌，实行一党专政。[31]

武装夺权之后，布尔什维克也加强了党内控制。列宁说，正是因为军队退场，所以党纪必须严明百倍，违反党纪将受到无情严惩。当然，布尔什维克一直坚持"民主集中制"传统，也就是党员在政策决定之前可以自由争论，党代会或中央委员会采取决定之后则必须无条件服从。1917 年之前，布尔什维克知识分子的流亡人士严格实行民主集中制，因为和存在许多小圈子的孟什维克与社会主义革命党不同，布尔什维克以列宁一人为中心，而列宁强烈反对党内"拉帮结派"。文化人波丹诺夫一度很有吸引力，但被迫离党。然而，"二月革命"之后，党员大量涌入，极大改变了党内生态，列宁说话也不算数了。虽然列宁关于党的组织纪律的论述仍然是正统理论的一部分，当时的布尔什维克主要考虑怎么乘势发展壮大，而非党内纪律。布尔什维克扩张后，很快形成多种派系。从孟什维克"倒戈"的托洛茨基虽然刚入党不久，却已成为仅次于列宁的二号人物，领导了远非迫在眉

---

[31] Ibid., p. 87.

靓的工会问题争论。[32]

由此可见，即便在列宁时代，列宁的最高权威也远非不受争议的，因而有必要发动党内"路线斗争"来巩固自己的领袖地位。列宁在工会问题上击败了托派，并让自己的亲信莫洛托夫进入中央委员会，其中列宁派占多数。列宁派还在苏共十大发起"党内统一"的动议，禁止一切"帮派活动"。党内统一受到多数党员的支持，但是领导层却激烈反对，因而列宁在世的时候，还不可能以"拉帮结派"为由而把某人驱逐出党或党代会选举产生的中央委员会。当然，反对派并未完全逃脱惩罚，工人反对派领袖就被发配到远离莫斯科的郊外，从此和权力政治无缘。1922 年，斯大林担任苏共总书记，帮助列宁极大发展了用行政手段促进党内统一的方法。[33]

总的来说，列宁时代的苏共内部仍然存在一定的派系多元。列宁是布尔什维克的精神领袖，但苏共并没有一个正式的领袖。1924 年1 月，列宁病逝，但早在此前他的身体已每况愈下，不得不退出日常政治。他的人民委员会主席职务由莱科夫继任，但是政治权力主要集中在 7 人组成的苏共政治局，其中包括战争部长托洛茨基和总书记斯大林。政治局本来应实行集体领导，但斯大林联合另外两名常委和托洛茨基打得不可开交。列宁在病床上认为斯大林权力太大，在遗嘱中认为他太粗暴，应该被撤离总书记一职。许多布尔什维克也认为斯大林和托洛茨基不是一个级别的人，既没有魅力，也没有学问，但是作为 1920-21 年列宁党内斗争的左右手，他成功利用行政手段让托派力量消失殆尽。[34]

作为总书记，斯大林能够操纵"权力的循环流动"。总书记任命各地党组书记，如果站错对即可罢免他们。地方党组织选举党代表参加全国党代会，地方书记经常就是地方代表的头儿。全国党代会再选举中央委员会、政治局、组织部和秘书处。1925 年，斯大林和他的两位常委支持者闹掰，他们加入了托派阵营，但是斯大林击败他们易

---

[32] Ibid., pp. 90-91.
[33] Ibid., pp. 92-93.
[34] Ibid., pp. 98-99.

如反掌。虽然反对派领袖还在党员大会讲话，他们的支持者却发现自己被发配到遥远的边疆。1927 年，反对派领袖和众多支持者终于因为"拉帮结派"被清除出党，托洛茨基被流放国内。1929 年，他被剥夺苏联公民权，并遣送国外。他和斯大林个性明显不同，但并无显著的政策分歧，斯大林的第一个五年计划甚至被指责是抄袭托洛茨基，因而两人的斗争性质只能是个人权争。[35]

在打击了托洛茨基的"左派"之后，斯大林又开始"反右"。和托派权争不同的是，斯大林和右派之间的较量部分源自"路线斗争"，尤其是国家的粮食征购政策。右派代表人物有政治局委员、政府首脑莱科夫和《真理报》总编、共产国际领导人布哈林。他们要求回到列宁时期的经济新政，并指责斯大林背弃了集体领导原则。布哈林尤其感到个人受到背叛，因为他在帮助斯大林猛烈攻击托派的时候，斯大林把他比喻为党内和自己平起平坐的另一座"喜马拉雅"。尽管如此，政治局的右派们并没有形成有组织的反对力量，因为左派就是因为拉帮结派挨整的。内部斗争战术带有严重不利，右派们被迫在公开场合批判右派的软弱、摇摆、不自信，而不能争取基层支持。右派主要权力基础是乌格拉诺夫领导的莫斯科党组织和托姆斯基领导的工会中央委员会。前者 1928 年秋沦陷，并被斯大林老朋友莫洛托夫彻底清洗；后者几个月后下台，背后主使是斯大林的新亲信、政治局候补委员卡加诺维奇。1929 年，政治局右派才最后被点名并审判。托姆斯基和布哈林均被撤职，莱科夫则到 1930 年底被莫洛托夫替换。至此，斯大林的主要政治对手已被清理殆尽。[36]

1930 年代标志着苏维埃政体的重大转变，极权主义在斯大林统治下臻于完美。有人就这个时代究竟是极权主义还是"斯大林主义"不能达成一致，其实这种争论是没有意义的，斯大林的个人独裁正是极权主义登峰造极的体现。虽然斯大林被称为"独裁者"，他并未改变列宁创造的制度，而只是充分利用了这个制度的模糊性和不确定性，并将其发展到极致。在独裁方面，他确实比列宁走得更远。列宁

---

[35] Ibid., pp. 100-101.
[36] Ibid., pp. 117-118.

发明了党内统一理论，斯大林将其落到实处。斯大林的法宝是秘密警察和恐怖治国，但是这个法宝列宁也用过，只不过以前被用来针对党外的阶级敌人，而不针对党内矛盾。自 1934 年底，列宁格勒书记基洛夫被谋杀之后，斯大林感到极不安全，针对党内的整治就一发不可收拾。在 1936-38 年的"大清洗"中，许多老布尔什维克被判处死刑。每个部门都有高官作为"全民公敌"遭到逮捕。在最高层，清洗比例高达 70%。群众被鼓励相互揭发，导致上百万人死亡。直到 1956年，赫鲁晓夫的"内部讲话"批判斯大林的各种错误，还有许多人呆在劳改营里。[37]

"大清洗"相当于俄罗斯的"文革"，但是和中国"文革"不同的是，斯大林不是毛泽东，1930 年之后在党内并未遭遇毛泽东面对的刘少奇、邓小平这样强大的政治对手；或者说，他的主要政敌已经通过党内斗争（而非群众斗争）的方式清理干净，剩下的高层领导迫于他的淫威，并不敢对他造成实质性威胁，因而"大清洗"对于维护斯大林的绝对权威来说并无必要。然而，任何独裁者都没有安全感。无论他们的恐惧是出于真实还是虚幻的威胁（也许刘少奇从来没有觊觎过最高领袖的位置），他们都要通过不断斗争来轮换自己的接班人和近卫军，因为离自己越近的人威胁也越大。在极权国家，他们往往会动用最终的政治资源——狂热拥戴自己的群众——去清除政治对手。狂热过后，大众感觉受到愚弄，对最高领袖由爱生恨，魅力型领袖的祛魅化也就不可避免了，而这正是极权统治瓦解的开始。

总之，极权体制必须在"一个领袖"的绝对统治之下，因为即便是严格的一党专制，如果在党内实行某种程度的"集体领导"，不同领导人之间也必然会在某些政策与"路线"问题上产生分歧，进而使党国对社会的全方位管制变得不可能。不同社会势力必然会在不同领导人之间拉帮结派，形成政治同盟来保护自己的利益。如此，则社会已经脱离"权力零阻抗"状态。当然，排除党外竞争为党内的个人独裁提供了极大便利。无论在中国还是前苏联，我们都看到最高领袖

---

[37] Ibid., pp. 153-157.

需要利用"路线斗争"、反官僚特权、反腐败等借口不断整肃党内异己，维持自己不可挑战的最高地位。一旦"一个领袖"的绝对地位变得难以维持，极权政体即行将崩溃。

四、极权主义的退潮与回潮

既然极权主义是违背人性的歇斯底里，其巅峰状态必然只能是昙花一现。癫疯过后，极权体制即从威权的 3.0 版向 1.0 版蜕变。在这个过程中，某些极权国家可能因为输出战争而被外力击溃，譬如德国、意大利、日本等法西斯国家在第二次世界大战中战败，并在自由民主的战胜国主导下进行政治改革。另一些国家的转型则要在外力推动下，等待国内人民的觉醒。和前者相比，这些国家的转型更为缓慢，也更为痛苦，且变数更多。即便前苏联与东欧转型二十多年之后，这个阵营的宪政民主建构依然层次不齐。虽然转型成就可圈可点，并不能完全排除俄罗斯等国走回头路的可能性。

1. 极权主义的蜕变

如上所述，极权主义的胜利本质上是暴力夺权而非意识形态的胜利。和自由民主不同，极权统治的关键要素不是通过和平的说服让民众接受自己的治国理念，而在于用暴力征服对手并将统治强加于没有选择的国民头上。然而，意识形态对于极权政党夺取政权和维持统治都是极为重要的。事实上，这也是区别极权与一般专制的标准。一般的专制限于政治层面，专制者剥夺了人民的选举和各项言论自由等政治权利，但是一般并不具备完整的意识形态理论为自己的威权统治提供正当性。极权统治则是建立在一套高大上的"宇宙真理"学说基础上，极权主义意识形态所承诺的伟大目标是凝聚国家的力量，也是极权统治合法性的来源。

然而，极权统治的崩溃瓦解也正起源于意识形态神话的破产。这些宏大高远、遥不可及的目标因为不可能实现，只能成为欺世盗名的笑话、道德良知的毒药，因为极权主义意识形态必然设定一个"伟大、光荣、正确"的极权政党，而这个政党的官员却因为权力不受监督和制衡而比任何人都腐败。每一个贪官在下台前都在正襟危坐地重复这些笑话，每一次下台都是对社会良知的又一次毒害。最后，每一个人都心照不宣说一套、做一套；揭发别人时理直气壮、振振有词，自己却从来不面对良心的拷问。更严重的是，每个人都知道自己是一个不足挂齿的伪君子、纯粹自私的真小人，但是个个嘴上说的都比唱的还好听。至此，作为信仰的极权主义意识形态已彻底破产。事实上，由于极权统治建立了一个极为扎眼的既得利益集团，而且这个集权自掌权开始就飞扬跋扈、享尽特权，现实和理念之间很快会出现明显断裂，意识形态危机也就接踵而至。早在1957年，中共建制短短八年时间，毛泽东为了打击党内政敌鼓励知识分子批判"官僚腐败"，结果迅速引爆了潮水般的"恶毒攻击""大鸣大放"也就草草收场，蜕变为"引蛇出洞"和随之而来的"反右"运动。

即便不追问理想和现实之间的巨大差距，意识形态破灭也是马克思主义的必然归属。在教条主义本质上，马克思主义和儒家教义一脉相传，但马克思主义对于极权体制的独特贡献是将社会去道德化。虽然马克思本人带有强烈的政治立场，马克思主义是以"科学"面目出现的，其主体是政治经济学分析而非道德伦理——在一个经济基础决定"上层建筑"的理论框架下，马克思也不屑纠缠于肤浅无聊的道德口号。至于"为共产主义奋斗终生""毫不利己，专门利人"等高大全的宏伟理想，只是共产党自我设定的宣传纲领，而非从马克思主义政治经济理论推演出来的逻辑结论。究其本质，马克思主义是去道德化的宏观社会学说，因而对于个人的本体存在及其行为方式无从置喙，至多只能从"历史发展规律""人类终极关怀"等大而无当的概念中拾些牙惠，不仅没有理论根基，而且因为过于高远而不可能真正内化为个人行为规范。

当然，马克思主义也许可以和某个版本的人道主义协调起来。毕竟，马克思个人的出发点可能是为了资本主义工业经济所生成的弱势群体争取尊严、平等和体面待遇。但是他的经济至上立场使之假设了一个完全空洞的人性，人除了经济利益之外即一无所有，以至"无产者失去的只是锁链，他们将得到整个世界"。这是"消灭一切剥削阶级"的无底线暴力革命的伦理基础：只要我认为你欠了我的钱，就可以要你的命。一旦人对生命没有基本敬畏，人和人之间没有起码的尊重，无产者为了夺回自己的财产可以革"剥削阶级"的命，甚至"牺牲"自己也在所不惜，那么这样的政权自然也不会尊重任何人的生命和尊严，而由此建立起来的社会必然是一个以革命口号为幌子无所不为的无底线社会。

对于一个道德被权力通吃的无底线社会，最有效的统治方式就是警察恐怖。当然，极权统治靠革命起家，而革命本身就是最大的恐怖。在执政后的"继续革命"时期，恐怖统治犹如"高压电"，恐怖到了不可触碰的地步，但是这种状态和普遍高涨的革命理想共存。理想退潮之后，恐怖统治方式被常规化了，也在一定程度上得到人性化。"高压电"逐步减压为"低压电"，触碰权力底线的代价越来越小，人民对国家和领袖的恐惧程度越来越低。虽然大多数人仍然不敢挺身而出，甚至不愿面对现实并反思极权统治的正当性，他们也不会真的把革命理想作为自己的行动指南。纯粹极权必然是短命的疯狂，停歇之后即进入更为理性的"准极权"或"后极权"（post-totalitarian）状态；这种状态之所以维持得更为长久，更多是因为政权能够进行相对高效的恐怖管理，有效利用国家机器垄断的暴力来惩罚与威慑各种不安定因素。至此，极权国家已经从理想统治蜕变到恐怖统治。

对于理想退潮的极权国家，极权主义的遗产与其说是正面洗脑，不如说是培养人民说谎的习惯，极权国家的人民就是在谎言和说谎中长大的。正是因为所有人都早已不信极权主义意识形态，却又被强迫灌输这些东西并公开承认其真实性与合法性。除了培养缺乏担当的懦弱个性之外，这种公开表白和心灵震荡还会夸大极权统治的力量并加剧个人对权力的内心恐惧。它会对每个人造成一种幻觉，那就是除了自己之外，所有人似乎都是拥护体制的，以至直到极权崩塌的前夜，不论如何内忧外患、危如累卵，极权统治依然表面上固若金汤、岿然不动。一旦倒塌，由于极权统治生前不允许任何独立的社会治理组织，甚至不允许探讨不同治理模式的言论，整个社会立即陷入一片权力真空和无序，强烈呼唤另一个全能政权取而代之。

2. 为什么极权统治会一烂到底

虽然纯粹的极权注定是短命的，一旦陷入极权模式，这个不幸的国家就很难走出极权主义设定的魔咒。事实上，即便一般意义的威权专制也都是"不撞南墙不回头"，往往在天怒人怨下被暴力革命推翻，甚或走上灾难更为深重的极权之路。和平改良并非不可能，但是总归需要出个戈尔巴乔夫或蒋经国之类看似偶然的小概率"奇迹"。多数时候，专制统治者是平庸、短视而"致命自负"的。既然自己没有改良的诚意，最后只有等待革命的暴风雨把他们清洗掉。暴力革命何时发生，取决于政权和其反对力量的对比。专制越深重，专制力量越强大，民间抵抗力量越微弱，专制统治的延续就越长，社会危机越深重。只有当民不聊生、忍无可忍，政权脆弱到崩溃边缘，才有可能发生政权更迭。

和专制政体相比，民主国家的治理模式是不断渐进改良而非暴力革命。真正的民主政体不会发生暴力革命，一个发生革命的民主政体表明体制内部已经出现了大麻烦。在任何社会，人和人之间的利益冲突都会不断产生，但是只有民主国家才能不断及时化解这些矛盾，而不至于让社会矛盾积压到总爆发的火山口。民主的真谛就是通过自由言论和舆论形成理性的公共意见，再通过多数人表决程序制定切实解决社会问题的法律，并通过代表民意的立法机构和独立司法机构监督法律的实施。整个过程都是和平理性的。这是为什么托克维尔说民主有恶习，但不会容忍罪恶；只有零星的犯罪，没有大规模暴动；派系争斗激烈，却没有阴谋团伙。[38] 在一个言论自由国家，社会矛盾是透明的。只要有不平，就会有抱怨；转瞬之间，社会矛盾就转化为社会议题。即便特定的社会不公只是针对少数人乃至个别人，他也可以依赖多数人的同情而得到救济。因此，民主就是一个不断渐进

---

[38] Alexis de Tocqueville, *Democracy in America*, George Lawrence (trans.), J.P. Mayer (ed.), New York: Harper & Row (1969), pp. 15, 193.

改良的政治过程，民主社会在本质上是一个改良社会。如果矛盾积压到火山爆发的程度，以至人口中相当一部分不得不冒着自己的生命危险，通过暴力革命的方式去结束其他人的生命，这只能说明民主机体已经受到致命破坏。

在专制政体，由于权力高度失衡，统治者自私任性，因而公权滥用必然俯拾皆是，但是社会却没有约束公权的力量。极权统治者更是容易被"超英赶美""提前实现共产主义"等宏大理想冲昏头脑，在轰轰烈烈的各种"大跃进"中酿成毁灭性灾难，但是社会也更没有抵御公共灾难的能力。准确地说，极权国家没有社会，只有一个个原子化的个体和一个高高在上的领袖。在无信仰、无组织、无信任、无保护的状态下，每个人都是"囚徒困境"中的"囚徒"，面对巨大的极权机器充满着无力和无奈感。即便偶尔自己想做点什么，也因为长期沉溺于麻木不仁，而不能集结起足够的道德勇气，或因为集体沉沦如此而陷于绝望。换言之，在一个建立在经济至上世界观的国家，每个人都被调教成彻头彻尾的经济动物。这样的人群是极权统治的必要条件，因为他们必须懂得并遵循"顺体制者昌、逆体制者亡"的实用主义规训。

因此，虽然极权政体已经千疮百孔，但仍然无人敢站出来挑战体制本身的合法性。更准确地说，敢于和体制决裂的人太少，因而很容易被"定点清除"，至少很快被边缘化。多数国民或因浑浑噩噩，看不到或不敢面对极权体制的罪恶，或被体制所收买，在明知体制作恶的情况下顺应乃至协助体制作恶，直到底层人民的生存空间被压榨殆尽，忍无可忍、揭竿而起，真正成为"失去的是锁链，赢得的是整个世界"的无产革命者。然而，极权统治是威权专制的加深版和加强版，极权政府享有深厚的社会资源和群众基础；只有当庞大的极权资源被消耗殆尽，才有可能改朝换代，而到了这个时候，不只是极权体制的政治资源，社会道德和自然资源都会遭到极大的破坏。如果说一般威权专制的倒塌只是"国破山河在"，那么极权体制有可能造成"国在山河破"的困境，直到社会机体乃至自然环境都彻底腐烂才算"触底"，但是这样的社会在制度、道德、物质等全盘危机的"四面楚歌"下将失去恢复反弹的能力。[39] 到那个时候，即便极权体制骤然坍塌，深受极权荼毒的社会也已回天无力，陷于万劫不复之境。

3. 极权统治如何退场

当然，以上只是不无可能的最糟糕的一种可能性。阿伦特认为，极权专政的一大特点是完全没有成功或未遂的宫廷政变，因为极权国家并不是由一个帮派或团伙统治的。原子化个人形成的孤立状态不仅为极权统治提供了群众基础，而且也为极权领袖的个人统治提供了政治基础，因为原子化状态一直延伸到整个国家的最高层。最高领袖不允许党内存在任何"团团伙伙"，随时可以撤换最高层及最亲近的亲信。由于缺少一个统治集团，极权统治的继位尤其困难，希特勒曾无数次指定又否定自己的继承人，斯大林时代的继位也是险象丛生，毛泽东更是连杀了两位自己指定的继承人。然而，这只是第一代领导人统治下的极权巅峰状态。极权领袖死后，极权政治即向威权政治转变，使得政治改革成为可能乃至可行的选项。

如果幸运的话，极权国家并非注定死路一条。除了纳粹法西斯统治为自由民主外部力量击破的可能路径之外，从苏东剧变可以看出，极权政体不仅可以通过非暴力的方式实现国内转型，而且转型有可能不期而至，在短短几年间迅速完成。首先可以肯定，极权是不可能永远维持下去的。任何国家都肯定会走出来，问题只是时间长短、代价多少。我们已经看到，极权统治本身极难建立，建立之后也极难维持。准确地说，除了北朝鲜等个别孤立的例外，我们今天所谓的"极权国家"之多只能算"准极权"或"后极权"国家，因为它们并不严格符合极权的全部要件。即便在最压抑的年代，苏联或中国也不是没有公开抗争者，"伟大领袖"的地位从来不是稳若泰山。如果没有外力干扰，北朝鲜、柬埔寨这样的小国有可能建立长期极权统治，独裁者个人得以维持一支绝对忠诚的秘密警察队伍，有效监控官僚阶层乃至整个国家。国家越大，中央专制所能调用的资源越多，超越专

---

[39] 孙立平："中国社会正在加速走向溃败"，人民网 2011 年 2 月 16 日。

制越困难，但维持极权的难度也越大，因为无论体制内外，利益都更为多元，很难长期容忍"一个领袖"的局面。随着乌托邦试验的失败，社会厌倦和不满日益增加，党内压力也越来越大，极端的个人独裁随着开国元首的驾崩即寿终正寝。随之而来的开放会松动极权体制维持不下去的若干因素，逐步向一般威权体制过渡。

首先，意识形态遭遇重大危机，官方早已不能解释理念和现实之间的巨大落差，尤其是执政前承诺的民主和执政后的极端集权现实简直水火不容。其次，在实行公有制和计划经济的极权国家，由于经济处于崩溃边缘，开明的统治者会有限放松经济管制，在一定程度上允许私有制和市场经济。这意味着国门必须对外开放，大量的新理论、新学说、新思潮会随着新技术、资金和管理模式一起进来，正统意识形态将遭遇彻底边缘化，而沦落为极少数人的饭碗。最后，为了推动市场经济改革，执政党会主动拥抱法治，尽管实质性限制执政者的权力在这样的国家并不现实。虽然执政者绝不会轻易改革其所寄生的政治体制，也不会在意识形态上改弦更张，但是改革犹如潘多拉魔盒，开放之口一旦打开就无法重新合上。社会利益和观念越来越多元化，经济上独立自主的个体越来越多；正统意识形态形同虚设，被越来越多的人视为谎言和笑柄；党内意见也出现分歧，虽然"党外无党"，但是党内有派，任何最高领导人都要顾及派系平衡，而不能自行其是。无论在党内还是党外，纯粹极权下的个人独裁已不可能。原先的极权体制正在向一般意义的威权蜕变，尽管不可能从深重的威权 3.0 版直接蜕变到 1.0 版。

虽然极权高潮过去，极权体制的"三大法宝"还在：一党专政、宣传洗脑、恐怖治国。改革的目的是通过合理化的政策改善执政业绩，维持一党专政，在效果上从极权统治转变为威权统治。原先的领袖个人独裁会走向某种程度的集体领导。虽然任何一个时候都会有一个"老大"，但"老大"并非法力无边，平时需要和其他元老达成协议才能决定重大政策。宣传洗脑会继续进行，但是其有效性每况愈下。恐怖治国是须臾不可离的，但是统治精英们为了自己免受政治运动的冲击和个人权威的荼毒，也会把"依法治国"挂在嘴上，只是大小执政者"好了伤疤忘了疼"，在位时自信爆棚，权力不用过期作废，不断为了既得利益干预司法，致使法治有名无实。取决于执政者眼里的政权危机程度、镇压反对声音的迫切性以及对自身使命的历史定位，特定执政者或许会宽松一点，允许社会存在一点的自由活动空间，而未必将三大"法宝"运行到极致。这就是所谓的"后极权"主义：整套极权体制依然存在，只是运行起来有心无力；良知尚存的统治者甚至连玩弄极权的心思也没有，碌碌无为的统治者则像"和尚撞钟"、得过且过，无奈玩弄着"击鼓传花"的游戏，希望政权不会垮在自己任内。

在这种趋势下，政权对社会的控制越来越弱，社会自由度越来越大。宣传洗脑发挥的作用与其说是正面教育任何人接受某种特定的意识形态，不如说是用一套信众越来越少的虚伪教义去填塞人民的信仰空间，阻止他们接受更为真实的信仰。人民越来越关注自己的切身利益，越来越不关心国家、政治和道德说教。无论体制内外，犬儒主义十分普遍。官员热衷于利用体制剩余的权力资源寻租，人民则热衷于利用市场化带来的各种机会挣钱。道德与政治伦理不断滑坡，社会表面上濒临失序状态。但是在这个过程中，社会对抗国家的"阻抗"正在增长，极权国家的"权力零阻抗"状态已经一去不复返。或者用磁场做比喻，极权体制的巨大磁力使得"磁场"内的每一个"磁体"都发生"极化"（polarization），各自都以大磁场方向决定自己的个体取向。极权磁场衰微后，"磁体"发生无序"布朗运动"，个体磁性趋向于随机分布，或因磁性减弱而向中性"绝缘体"发展。这种后极权状态基本上是威权统治的 1.0 版，政权主要靠一党专政和恐怖治国维持。[40]

4. 新极权何以可能

当然，如果遇到一心走回头路的执政者，硬要将极权"法宝"用起来，那么无论党内还是党外都未必有足够的力量阻止极权回潮。在

---

[40] 张千帆："中国宪政转型的可能前景"，《金融时报》中文网，2015 年 5 月 18 日，http://www.ftchinese.com/story/001062037?full=y.

此情况下"后极权"即让位于"新极权"（neo-totalitarianism）。极权国家机器的发条又将绷紧起来，国家和社会将面临巨大的紧张和对抗。一党专政和恐怖治国依然故我，宣传洗脑、统一思想原先也是"规定动作"，但是现在显著加强了"磁场"力度，要让一个个"磁体"重新回归"极化"状态。只是社会思维已经根本改变，要把已经打开的思想多元这个潘多拉魔盒再关起来几乎是不可能的，因为"魔鬼"已经出笼并且大量繁殖。要重启洗脑灌输，把放出来的"魔鬼"再放回魔盒，相当于违背热力学第二定律的"熵"减少运动，已经不可能了。然而，新极权主义者仍然会开足宣传机器和国家机器的马力，一方面压制多元思想和信息，建造各种虚拟空间的"防火墙"，并限制人民的表达和结社自由；[41] 一方面大量雇用"五毛"写手发帖"灌水"、扰乱正常舆论，让人误以为刻板乏味的正统教义还有众多社会支持，而在洗脑教育环境下长大的国民确有相当比例仍然执迷不悟，甘当维护极权体制的马前卒（"自干五"）。极权国家的"发电机"效能已经大打折扣，但是经过长期充电洗脑之后蓄势待发的一个个"蓄电池"却开始发挥作用，维持着极权体制的寿命。

用一个未必恰当的比喻，威权政体下的国民像生活在动物庄园的动物，大都简单趋利避害。极权政体下的群众则更像是被集中喂养的"北京鸭"，从小是在"填鸭"式洗脑教育中长大的。当极权的牢笼松动之后，这些被喂养的鸡鸭们走出来，首先需要恢复动物的正常本性。这当然不是什么难事。即便是极权高压统治也只能暂时压抑而非消灭人的动物本性，稍一松动就会以报复性反弹的方式爆发出来。只是极权体制余威犹存，国家仍然掌控着军队、警察、宣传机器、国企、财政供养的各种事业机关等巨大资源，足以诱惑与胁迫相当一部分国民继续甘愿充当极权体制的奴隶，至少让他们在极权压迫下保持沉默。换言之，虽然饲养"北京鸭"的囚笼已经打开，"北京鸭"

---

[41] 除了强化意识形态控制，中国在这方面的最新发展是限制境外 NGO 在境内活动。2016 年 4 月底，全国人大常委会通过了《境外非政府组织境内活动管理法》，对境外 NGO 的建立与活动规定了严格限制。

们实际上获得了相当程度的自由，但囚笼仍然具有相当的诱惑力或威慑力。那些对于在体制外独立谋生不自信的"北京鸭"仍然要靠体制喂养，加上经过长期喂养之后真的把囚笼当作自己家园的少数特种"北京鸭"，囚笼仍然得到相当牢固的支持。然而，也不要高估囚笼的力量，因为"北京鸭"的饲养员显然不是慈善家；之所以养着他们，当然是为了宰了他们。当"北京鸭"们的切身利益受到伤害，他们很快会恢复动物本能，任何洗脑终将失效。

总之，和一般威权体制相比，极权体制的转型是一场更加充满变数的政治较量。极权统治是一个权力一源体制，所有权力最终来源于最高领袖一个人；自由民主则是一个权力多源体制，国家权力的源泉最终来自于每一个国民。从极权走向宪政，走的是一条对角线的转型之路，而在这个艰难过程启动之前，不论国家对思想言论的控制发生了何种程度的松动、市场经济如何发达、社会利益如何多元，都不能排除走回头路的可能性。经过长期的极权统治，国民的道德、勇气、担当、尊严和耻感都受到毁灭性杀伐，抵制极权的社会力量本来就严重不足。体制内，各级官员早已习惯了瞒上欺下、唯唯诺诺之风；体制外，独立自发的健康力量在体制的排斥压制下，从零开始艰难生长，自身内部山头林立、一盘散沙，而绝大多数国民远离体制、不问政治。在这种情况下，一位政治强人完全可以重祭极权主义"法宝"，把逐步废弛的极权机器重新有效运转起来，而体制内外都没有足够的力量阻止新一轮极权运动。

尽管如此，新极权几乎注定昙花一现、收效甚微。根源在于，极权体制是反人性的。纵观迄今发生的极权体制，无一不是建立在极端恶劣的政治经济条件和国民对极权危害一无所知的基础上。极权体制的维持必须依托强大的意识形态洗脑和国家机器威慑、不堪重负的高压维稳、马不停蹄的政治运动和高层清洗，稍有不慎即面临执政基础全面瓦解的危险。即便新极权运行到极致，一切都按照如意算盘进行，也只能维持现状而已。要重新极化已经去极化的"磁体"，几乎是不可能的。再说，什么是新极权"磁场"的动力呢？但凡极权国家都有一段极其惨痛的经历，这段经历是极权体制极力掩饰的"负资产"，只有谎言才能把巨大的极权负资产粉饰为"正能量"。在真相面前，谎言永远是虚弱的，在互联网时代尤其如此。真理之于谎言，犹如光之于黑暗，开一道缝即足以将其击得粉碎。因此，虽然极权"磁场"已经开足马力，但是有效力度却十分有限。对于在价值多元化环境下长大的成人来说，洗脑早已基本失效；对于亲身经历极权之苦或愿意面对真相的人来说，重新洗脑只能产生逆反和反弹。这些人的信仰和思维已经不可改变，他们的存在就是新极权的致命障碍；要让他们消失，只有从肉体消灭他们，如同当年对待遇罗克和林昭那样，但这在新极权所处的时代早已不是一个现实的选项。

即便在体制内，新极权要回到旧极权"一个领袖"的年代，同样难上加难。虽然恐怖治国不仅被用来整治民间力量，而且也可以被"老大"用来整治党内政治力量，但是这种权力的运用不仅要求"老大"掌握人事、党纪、警察、司法等方面的实权，而且也要求他具备显著的功绩以及在此基础上积累起来的威望。如果没有后者，上下级之间纯粹是一种双方心知肚明的利益交换，那么除非"老大"掌握巨量资源作为诱惑或秘密警察的绝对忠诚作为威慑，利益关系是不可能长久维持下去的。下级的表面恭顺远不是无条件的，条件是上级能够满足其对职位和利益的期望。一旦这个条件得不到满足，下级不是消极怠工，就是公开退出乃至叛逆。当体制搜刮来的资源可供体制内部分配的时候，体制会一致对外、集体分赃，但是如果分赃明显不均或资源不够分配，那么体制内部即出现了裂痕。当然，"反腐"可以一举两得，既腾出一定的职位供重新分配，又能换取新任命人员的忠诚并对整个官僚体系产生威慑。斯大林和毛泽东都曾经用这一手段，稳固自己在党内说一不二的地位，但是很难说这种手段今天仍然能屡试不爽。事实上，没有功绩和威望作为底牌，政治权力的合法性来源本身就是一个问题。

这里需要一个政治行为的心理学分析：如果各级执政者明知统治并没有道德合法性，因而统治最终是依靠国家暴力及其制造的恐惧维持着，恐怖治国作为纯粹的自利策略能否持续下去？如果可能，它需要什么样的政治与社会环境？究竟能持续多久？不论在我们看起来是否正当，政治合法性被公认为可持续统治的社会心理基础。如果合法性资源变得非常稀薄，单靠威逼利诱的统治能走多远？当然，经过极权浩劫之后，体制内外的道德资源也十分稀薄，多数人并未摆脱"北京鸭"状态，缺乏公开反抗的道德动力和勇气，仍然适合集体奴役的极权统治。但毕竟，人不只是"北京鸭"。不可否认，任何人都是有个性的，不论我们是否认同他们的行为方式。虽然体制内的不满者不敢公开反叛，但阳奉阴违、消极怠工甚至故意"挖坑"却是他们的"长项"。不用多久，"老大"为了获得统治层的支持，而不得不放下至高无上的姿态，和其它派系妥协与结盟，形成相对真实的"集体领导"。到了这一步，新极权基本上回到威权1.0版的原形。

归根结底，打破极权统治的动力还在于深受极权之苦的个人恢复正常人性，听从人性内在的道德呼唤，做一个有良知、有尊严、有担当的公民。当极权统治开始松动之后，争取自由付出的代价越来越小，勇敢直立的公民越来越多。随着极权主义神话被不断解构，越来越多的人会认识真相和极权体制的反人性，并把宪政民主作为共识与常识，镇压不同思想与言论的合法性则越来越小、成本越来越高。当体制外的力量成长到一定规模，体制内的开明派为了壮大自己的力量，迟早会和体制外结盟。所谓的"开明派"并不是为国为民、大公无私的"活雷锋"，而是明智地认识到宪政民主不仅是国家根本利益所在，对于自己也是相对安全可靠的出路。到了这个阶段，宪政转型即将进入起飞阶段。

五、宪政转型的动力与阻力

极权主义从威权3.0版蜕变到1.0版，而要从普通的威权体制向宪政民主转变，只是增加个人"阻抗"是远不够的。"权力零阻抗"的纯粹极权体制固然风光不再，个人对于公权侵犯具备一定的反抗能力，但分散孤立的个体毕竟是弱小的，在庞大的国家机器面前微不足道。虽然极权主义意识形态已经基本失效，但是传统威权的一党专制与恐怖治国手段依旧，极大制约了社会自主与自治。如果没有导致内乱外困的突发事件，威权统治者自身也不犯重大错误，对民间力量分化瓦解，有效抑制了反对力量的生长，并顽固拒绝政治改革，那么这种"开明专制"可能持续相当长的时间。

威权统治之所以能在相当长的时间里维持稳固，是因为一方面，和纯粹的极权统治不同，一般意义的威权不仅不那么反人性，还有效利用了人性共同的弱点；另一方面，从极权到威权的退化过程只需要人性的自然释放，而不需要太多积极行动。只要国民不再相信极权制造的谎言，不再崇拜极权领袖的偶像，不再主动参与极权国家组织的各种政治运动，极权体制即已基本退化到威权 1.0 版。然而，要进一步增强个体对公权侵犯的"阻抗"，甚至组织起来公开显示自己的政治力量，用选票表达自己的集体政治意愿，则需要相当的勇气才能克服威权制造的恐惧感。在政治层面上，威权体制的微观社会管理和恐惧制造机制依然存在。能否克服这种恐惧，取决于公民力量和威权力量的对比。如果威权统治者铁了心要血腥镇压任何抗议，而且确实有效控制了军队和警察，那么期待公民流血抗争是不现实的。

要脱离威权统治，国民需要积极争取并行使自己的政治权利，而公民行动也需要得到体制内的默许和容忍。这是为什么对于宪政转型来说，体制内的政治生态至关重要。从前苏联和东欧转型过程来看，和平转型需要体制内占主导的改革力量。开明改革力量能够宽容对待社会的政治改革诉求，并能有效控制军队，使之在官民对峙过程中保持中立。以下简要比较俄罗斯、东欧与中国的转型历程，进而分析中国宪政转型的难点。

1. 俄罗斯转型如何可能

1953 年斯大林死后，俄罗斯警察国家一度消失，撤销了大多数集中营，不再针对"客观敌人"发动整肃运动，并再次出现了 1925 年斯大林自己创造的"三驾马车"式的"集体领导"概念。但是在一党专政下，"集体领导"是很不稳定的。经过四年密谋和权力角逐，再次出现 1929 年斯大林政变，手法也极其相似。1957 年，赫鲁晓夫利用朱可夫元帅的军队力量夺权。夺权后也随即采取党内行动，将朱可夫逐出苏维埃最高主席团的党中央委员会。1957 年，赫鲁晓夫提倡一种新的"反对社会寄生虫的法律"，试图重新实施大规模流放政策，重建大规模苦役集中营，并组织大规模的群众性批判运动。[42]
然而，他重返极权的努力失败了。这部"法律"遭到了苏联司法界的
抵制。这意味着苏联已经走出极权主义的噩梦，进入一党独裁的威权
模式。当然，这样的国家还是可能在一夜之间，在不发生任何反抗的
情况下再度成为极权国家。但是和希特勒死后的德国一样，极权主义
在斯大林死后的苏联一步步走向死亡。

虽然赫鲁晓夫自己当政后要恢复极权，虽然和和政敌贝利亚都
是斯大林整肃异己的积极帮凶，但是极权主义在他这一代领导人那
里已经不得人心。赫鲁晓夫在自己的回忆录里说：

> 斯大林把不同意他看法的人当作"人民的敌人"。他说，
> 他们想要恢复旧秩序，为此目的，"人民的公敌"和国际反
> 动势力勾结在一起。结果几十万诚实的人因此丧生。那些
> 日子里，每个人都生活在恐惧之中……这一切现在竟能被
> 原谅和遗忘？永远不会！[43]

斯大林去世后，苏联再现列宁死后的"三驾马车"格局，并再次
发生了激烈的权力争夺。马林科夫担任新的部长会议主席，贝利亚则
掌管秘密警察力量和国家核导弹计划。赫鲁晓夫成为中央委员会第
一书记，但权力仅限于宣传和意识形态领域，管理政治和经济事务的
权力已落入马林科夫和贝利亚之手。贝利亚上台后就发动了一系列
大胆的自由化改革，包括实施大赦、释放和平反劳改营中数百万被关
押的政治犯、终止对各加盟共和国的俄罗斯化政策、恢复本民族语言
的地位，甚至酝酿使东德和西德合并为一个政治中立的德国。赫鲁晓
夫不能接受，便联合马林科夫、莫洛托夫等人密谋将其推翻，并朱可
夫等军人的协助下逮捕了他，最后以叛国罪、恐怖主义和反革命罪将
其处决。除掉贝利亚之后，赫鲁晓夫又和马林科夫发生政策竞争和权
力斗争，并先后扳倒了马林科夫、莫洛托夫、朱可夫等重量级领导

---

[42] 阿伦特：《极权主义的起源》，"极权主义"部分序言。

[43] 《赫鲁晓夫回忆录》第二卷，述弢等译，社会科学文献出版社 2006 年版，"自序"。

人，但是他再也不能像斯大林那样扮演神秘的上帝。1964 年 10 月，赫鲁晓夫被自己的二把手伙同其他元老扳倒，苏联进入了沉闷的老人保守统治。

二十年后，苏共中央总书记安德罗波夫去世。他在生前曾表示，希望戈尔巴乔夫继任总书记一职，但是继任者却是年老病重的契尔年科。幸好，新任总书记上任后不到一年就去世了。此时，苏共党内迫切需要一名年轻的领袖。1985 年 3 月 11 日，契尔年科死后仅三小时，戈尔巴乔夫就被选为苏共中央委员会总书记。[44] 此时的戈尔巴乔夫仅有 54 岁，是当时政治局里最年轻的成员。戈尔巴乔夫当选本身耐人寻味，因为他不是"太子党"，没有家族背景，他的父亲是二战老兵，退役后做了农民，他的母亲也是集体农庄的工人。他在政治局资历很浅，除了安德罗波夫曾"隔代提名"之外没有什么显赫力量的支持。惟一的解释是，三年接连死去三位总书记的可悲现实，使得苏共高层认识到老人病夫治国再也维持不下去了。苏共需要输入新的血液，需要年轻力壮的领导人。因此，当戈尔巴乔夫被提名候选人的时候，获得了政治局的一致支持和中央全会的表决通过。虽然这个结果带有一定的偶然性，但是足以表明此时的苏共早已远离极权统治模式。虽然党内权力斗争是不可避免的，但部分因为建国近七十年后，具有革命资历的元老早已离世，党内无人有资格宣称自己是天然领袖，某种形式的集体领导已是大势所趋。

众所周知，戈尔巴乔夫上台之后，进行了大刀阔斧的改革。1988年 6 月，在苏共中央第 19 次代表会议上，他首次提出"人道的民主社会主义"概念，实质内容是建立"真正的人民政权制度"，实现社会公正。随后他进一步提出："党的地位不应依靠宪法来强行合法化""苏共要严格限制在民主程序范围内"争取执政地位。1989 年春天，戈尔巴乔夫在苏联第一次实行了人大代表的部分差额直接选举，由电视和无线电现场直播，并出现了助选的刊物、集会和电视辩论等新事物。通过民主选举，20%的非党人士获得了胜利，著名持不同政见

---

[44] 以下内容参考《真相与自白：戈尔巴乔夫回忆录》，述弢等译，社会科学文献出版社。

者萨哈罗夫和在党内受排挤的叶利钦和都成功当选；一些苏共领导人则在没有竞争对手的情况下，因未能获得50%以上的选票而落选。由此可见，早在1980年代后期，苏共进行的政治改革就遥遥领先于中国大陆，而初期的政治改革为后来政改的进一步深化奠定了基础。

1990年3月，苏联人大通过决议，正式废除了宪法第六条关于"苏联共产党是苏联社会的领导力量和指导力量，是苏联社会政治制度以及国家和社会组织的核心"等规定，苏共不再有法定的领导地位。1990年7月，苏共28大以后，苏联正式宣布"结束政治垄断"，实行多党制。当然，迅猛的政治改革也引发了保守派的反扑。1991年8月19日，一些保守派政治家和军人趁戈尔巴乔夫在克里米亚度假发动了"八一九事件"，戈尔巴乔夫被软禁了三天。但是政变很快被时任俄罗斯加盟共和国总统的叶利钦所粉碎，并加速了苏联解体。[45]

纵观苏联政改的成功，有戈尔巴乔夫这样年轻有为的领导人主政固然是关键原因。和中国政治相比，苏联政治似乎很少遭遇"太上皇"的"垂帘听政"。在位的领导人享有实权，可以直截了当实施自己的措施，较少受到党内元老的牵制干预。另外，苏联的政治改革先于经济改革，苏共中层和基层干部还没有尝到权钱交易的甜头。他们显然不愿意放弃特权，但是还没有充分看到垄断权力所可能带来的巨大既得利益，因而不会不惜一切阻碍政治改革。总的来说，苏共和中共一样都处于相对"蒙昧"的八十年代，区别在于苏共在戈尔巴乔夫、叶利钦等人的领导下进入了政改的良性循环，中共则在党内元老扼杀政改之后全面趋于保守。

2. 俄罗斯公民社会的成长

体制内改革的另一面，是体制外公民社会的成熟。二者是同一块钱币的两面：政府温和，必然伴随着公民社会的自由发展；公民社会

---

[45] 陆南泉等主编：《苏联真相——对101个重要问题的思考》（下册），新华出版社2010年版。

发达，则政府不可能不民主化。反之，政府高压，则公民社会很难有发育空间；公民社会赢弱，政府就有从威权走向极权的可能。在所有极权国家，公民社会都很弱小。

在 17 世纪开始实行农奴制的俄罗斯，公民社会并非完全不存在，但是其力量在强大的国家机器面前可以忽略不计。即使在 1825-55 年尼古拉一世的高压专制时期，俄国也曾接受国家之外的慈善援助。俄罗斯第一个公民社会据说是亚历山大二世建立的地方自治社团，一开始是一个负责地方经济福利和需求的官僚机构，但主要反映地方贵族的利益。[46] 1905-14 年，俄罗斯除了革命团体之外，公民社会并未发展成型。如果计算某一时期社团数量占整个历史时期总数的比例，那么 1917 年以前，俄罗斯公民社会数量只占总数的 2%，只有少数工会、妇女组织和族群团体延续到 1917 年之后。1918-84 年，公民社会数量才占总数的 9%，其中绝大部分是官方工会和某些环保组织。53-54 直到戈尔巴乔夫改革之前，苏联的公民社会都不成气候。赫鲁晓夫和勃列日涅夫期间，也存在东正教会和人民工会等独立组织，但公民社会太弱太孤立。在极权主义统治下，不可能涌现真正的公民社会。事实上，即便戈尔巴乔夫初期放松了控制，公民社会仍很弱小。[47]

1985 年 4 月，戈尔巴乔夫宣布改革新思维，表明政治反对派受到一定程度的容忍，公民社会迅速成长。1985 年戈尔巴乔夫上台到 1991 年，公民社会数量占 31%。1992 年之后，增加到总数的 57%，其中 80%的妇女组织是在苏联解体之后建立的。公民社会大都建立在莫斯科、圣彼得堡等大城市，极权垮台之后才在边缘地区发展起来。转型时期公民社会的发展可大致分为三个阶段。一是 1985-89 年，大城市出现了独立政治团体及其示威集体行动。二是从苏维埃人民大会的第一次选举到 1990 年 1 月的全国和地方苏维埃的选举，游行示威活动达到高潮。三是从 1990 年 3 月开始，删除了苏维埃宪法第 6

---

[46] Anders Uhlin, *Post-Soviet Civil Society: Democratization in Russia and the Baltic States*, Routledge (2006), pp. 42-43.
[47] Ibid., pp. 43-44.

条对苏共地位的垄断，到 1991 年 3 月对俄罗斯统一的公决和 6 月的总统大选，公民社会获得制度化，街头抗议显著减少。[48]

戈尔巴乔夫的第一阶段有限改革期间，形成的社团色彩比较温和，主要是保护环境和历史文化遗产、反酗酒等非政府组织。早期的社团关注焦点是环保问题，1986 年的切诺比尔核电站事故使环保事业合法化。1987 年，建立了受到官方承认的绿色和平组织。5 月，"记忆"民族主义运动在莫斯科发起了当时最大的非官方游行，抗议安放二战胜利纪念碑的计划。组织者不仅没有被逮捕，而且受到莫斯科苏共第一书记叶利钦的接见。同年春天，莫斯科成立改革俱乐部，标志着第一个政治社团的产生。8 月，成立"公民尊严"的人权社团。1987 年即已形成 3 万多个独立于苏共之外的非正式团体，到 1989 年翻了一倍。各共和国都建立了"大众阵线"，成千上万公民加入非正式组织并探讨各种社会问题。

戈尔巴乔夫改革一开始只是有限放权，在他整个执政期间公民社会发育也不成熟。政权对社会的控制仍然相当有效，尤其是车间控制工人行为，如果上街可以解雇、贬职或剥夺升迁机会，仅此往往足以让工人们远离示威。政府也建立傀儡组织，对民主运动进行分化瓦解。1987-88 年，独立工运开始形成气候，产生新工会并改革旧工会。工运很快政治化，其诉求从经济利益扩张到政治参与。1989 年的煤矿工人罢工对于工人动员发挥了重要作用。1988 年，戈尔巴乔夫宣布"开放"，出现了众多激进组织，包括民主联盟，街头抗议大量增加。虽然政府有时也诉诸镇压，但异议人士只是被关押几天而已，即便对最激进的组织也没有进行严厉镇压。[49]

1989 年 3 月的选举只是部分开放，规则还是对苏共有利，但是仍有某些民主派人士当选。选举最重要的作用不在于选举结果，而在于大众动员，1989 年选举达到了动员高峰。选举之后，建立了第一个泛民主组织——莫斯科选民联盟，社会民主协会则取代了被解散的大众阵线。除了选民联盟之外，其它组织并不直接挑战苏共的领导

---

[48] Ibid., pp. 44-45.
[49] Ibid., p. 45-47, 49.

地位。选民联盟在 30 个城市都有分部，其目标是通过非暴力手段实现激进的政治目标。1989 年选举对于民主运动来说是一个两难选择：究竟合作还是不合作？绝大多数行动者走体制内路线，希望通过建立选举组织来壮大自己，但是他们的力量还太单薄，不足以和苏共改革派就权力转移进行谈判。

1990 年，民主运动发生了内部组织分工。10 月，建立了"民主俄罗斯"作为协调组织，在各地迅速建立分部。1991 年初，苏联军队占领电视台并镇压独立媒体，似乎是要走专制独裁的老路，但镇压只是昙花一现，罢工和街头运动数量不减反增。虽然民主俄罗斯内部就改革策略发生分歧，但是选举仍然把他们联系在一起。民主运动中心就是莫斯科，主要政党包括社会民主党、民主平台共和党、民主党、俄罗斯基督教民主运动、民主俄罗斯、民主联盟等。俄罗斯民主党和民主俄罗斯的发展相对顺利，因为他们诉求单一，就是脱离苏共统治。民主运动的主要目标是反斯大林统治和抗议政府腐败无能。当然，政治运动不只是限于莫斯科，其它省会城市也有涉及，只是人数有限。虽然公民社会的力量仍不足以左右政治改革的进程，但民主运动的压力还是对于政策日程产生影响，并从 1990 年开始超越苏共改革派的改革开放，进而为更深层次的改革提供了政治机会。[50]

3. 东欧阵营的转型

和前苏联相比，东欧国家原来就有一定的公民社会基础。这些国家本来不会轻易陷入极权主义，但是"近墨者黑"，在苏联影响和军事征服下被迫走上极权专政之路。即便如此，这些国家也没有那么容易乖乖就范，而是对外力压迫产生了一定的反抗，譬如波兰二战后对苏联统治的反抗、1956 年匈牙利革命、1968 年布拉格之春和捷克"七七宪章"。1948 年，霍查曾追随苏联，但是 1961 年即和中国结盟。1950-60 年代，罗马尼亚抵制了苏联影响。戈尔巴乔夫上台后，明确宣布不干预各国内政，东欧各国随即开始自主转型。但是 1970 年代

---

50 Ibid., pp. 47-48, 50-51.

早期齐奥塞斯库和末期霍查的统治使这两个国家闭关锁国，以至苏联开始改革后，两国未能受到苏联改革和其它东欧国家的影响。封闭带来了代价，罗马利亚政治精英和军队利用民众示威发动政变，齐奥塞斯库夫妇在起义中丧命。阿尔巴尼亚则陷入完全混乱，许多人逃亡到西欧和北美。保加利亚既有政治局精英政变，又有基层民众压力。1989 年 11 月，独裁者自行下台。[51]

东欧经验表明，民主政治和市场经济的双重转型不容易成功。事实上，自由化和私有化几乎必然加剧腐败和有组织犯罪，进而为转型造成障碍。转型比较成功的国家无非是两种情况，或者是公民社会已经足够强大，足以迫使政府改良；或者是精英自动达成改革共识，而改革成功可以获得欧盟成员等奖励。如果公民社会不健全，政治参与意识不强，那么就很容易产生极端政党。[52] 取决于公民力量的强弱，转型一般采取自上而下、协议转型、崩溃与碎片重建三种模式。

乌克兰、白俄罗斯、波罗的海三国、罗马尼亚、保加利亚都属于自上而下转型。罗马尼亚和保加利亚转型都是精英政变促发的。波兰和匈牙利则是协议转型的最好例子。早在 1980 年代初期，瓦文萨的团结工会就是一直相当强大的反对力量，曾和政府就改革进行多次圆桌会谈。匈牙利政府则不断吸收民间反对派的改革主张，但后来发展成极端化。1989 年，波兰举行半自由选举，第一次建立了非共产党主导的政府。9 月 18 日，匈牙利共产党和反对力量就民主原则达成共识。[53]

捷克斯洛伐克与阿尔巴尼亚则属于崩溃型，学生和民众的街头抗议推翻了政府。碎片重组又分为两类：谈判和竞争。苏联是谈判碎片重组的典型，南斯拉夫则是竞争型代表。边界单方变动往往会引发战争，譬如 1991-94 年的前南解体，克罗地亚非正常死亡 1.4 万人，塞尔维亚—黑山则死亡 10-22.5 万。当旧体制精英不能自上而下变

---

[51] Sabrina P. Ramet and F. Peter Wagner, Post-socialist rule in central and southeast Europe, in Sabrina P. Ramet ed., *Central and Southeast European Politics after 1989*, Cambridge University Press (2010), pp. 14-15.

[52] Ibid., pp. 31-32.

[53] Ibid., pp. 16-17.

革或达成转型协议，即发生崩溃，而崩溃既可以和平并走向重建，也可以走向不稳定和无序。如果旧体制精英控制了转型过程，那么转型会更加缓慢，且走向是权力稳定而非实现改革初衷。

和东欧各国相比，波罗的海三个小国的公民社会更为健全。早在1920-40 年独立期间，立陶宛、爱沙尼亚和拉脱维亚已经发展了比较发达的公民社会。其中爱沙尼亚和拉脱维亚以自由和民主社会主义为主导，立陶宛则更倾向于天主教与反俄民族主义。1930 年代，民主崩溃和强加的威权体制削弱了公民社会。立陶宛和拉脱维亚的军事独裁统治没有给公民社会留下太大空间，爱沙尼亚的民粹威权主义则基本上没有影响公民社会。到了斯大林统治时代，公民社会遭到全面封杀。[54] 1980 年代和 90 年代早期，戈尔巴乔夫的改革开放使波罗的海三国的战前组织得以复兴。大众独立运动一开始建立在民族传统文化基础上，逐步变成群众运动。1987 年的爱沙尼亚磷矿罢工成为触发点，大学生和共产党资深领导人广泛参与。民主运动起初只是要求民主自治，1987-92 年，拉脱维亚独立运动从萌芽发展壮大，人民阵线成员从 1988 年 10 月的 11 万人发展到 1989 年春的 23 万人。民族独立运动和国会运动则团结更激进的独立分子。[55]

和爱沙尼亚一样，立陶宛的独立运动也源自环境保护，起初是为了抵制苏联的化工厂扩张，很快演变成独立运动的主力。立陶宛的政治认同更为单一，大众动员具有更多的意识形态色彩，独立运动路径也更直接和激进。1990 年 3 月，立陶宛发表《独立宣言》，1991 年春遭到军队干预。同年 8 月，苏共保守政变失败后，三国一起宣布独立，并很快获得国际承认。从 1988 年 4 月爱沙尼亚人民阵线提出独立要求，到立陶宛宣布独立，中间不过两年时间。这主要是因为三国民众对独立的诉求高度统一，削弱了共产党的信心。1989 年 8 月 23日，三国 200 万组成"波罗的海之路"，连接成一条示威带。独立目

[54] Uhlin, *Post-Soviet Civil Society: Democratization in Russia and the Baltic States*, pp. 42-43.
[55] Ramet and Wagner, Post-socialist rule in central and southeast Europe, pp. 51-52.

标实现后，政治热潮很快消退。[56]

4. "文革"之后的中国走向

回到中国，1942 年"延安整风"之后，中共党内基本确立了毛泽东及其思想的至高无上地位。1949 年执政后，这种模式被复制到全国。短短几年之间，"一种信仰、一个政党、一个领袖"的"权力零阻抗"状态已然形成并确立。以 1954 年宪法为标志，毛泽东的个人权威达到登峰造极的地步。当然，在表面上实行"民主集中制"的国家，这种权威永远不是绝对不可挑战的。即便没有来自外部的实质性挑战，领袖个人也会不断感到合法性危机，需要不断制造政绩来维护自己的合法统治神话。因此，就有了 1958 年的"大跃进"及其灾难性后果——"三年自然灾害"。"大饥荒"使得毛泽东在党内的领袖地位受到公然挑战，而这是他绝不能接受的。不论刘少奇等人是否有取而代之的野心，毛泽东都有从未有过的危机感。1966 年发动的"文革"固然可能有多种动因，但归根结底，"文革"的实质是毛泽东利用群众如痴如狂的领袖崇拜摧毁党内的政治对手。换言之，"文革"并非极权主义的巅峰；恰好相反，它是极权体制的内部危机。"文革"之所以发生，就是毛泽东要利用尚且完好的极权主义社会资源来修复受到威胁的党内极权秩序。

1976 年毛泽东死后，"文革"终结，极权体制发生松动，很快进入"后极权"阶段，之后的过程众所周知，无需赘述。总的来说，中国改革的前期进程比前苏联迅猛得多，以至刚进行了十余年，就发生了官民之间的激烈对抗。虽然毛泽东已不在人世，但是邓小平、陈云、李先念等第一代"革命元老"均还健在，并活跃在政治舞台上。1978 年之后的改革就是在这种政治环境下开始的。到 1989 年，虽然元老们已退居二线，进了"中央顾问委员会"，但是其实际政治影响力还在。在这个时候，党内改革派就不得不和保守派摊牌，显然过于仓促，老人们几乎毫无悬念地扼杀了政治改革的社会诉求，并通过党

---

[56] Ibid., p. 52.

内集权巩固其控制能力。一代人过去，党内迄今没有再现政治改革的迹象。相反，1993 年邓小平"南巡"重启经济改革之后，官员寻租成为中共"党内契约"，庞大的既得利益集团成为政治改革的致命障碍。此后，政治改革丧失了道德资源。虽然意识形态依然甚嚣尘上，但早已沦落为自欺欺人的幌子，中国官场已经彻底犬儒化。在官员眼里，利益就是一切，而维持执政就是最大的利益。

相比之下，苏共启动政治改革，已是执政近七十年之后，过了两三代人的时间，极权体制进入垂暮之年。毕竟，"十月革命"胜利比中国早了 30 多年，第一代领导人斯大林 1954 年就去"见马克思"了，其后发生过多起拨乱反正。从 1954 到 1984，虽然苏联国内政治自由受到严酷压制，体制内的权力倾轧一如既往，经济发展停滞不前，但是这也意味着极权主义政治资源在这三十年中被消耗殆尽。也正因为经济改革缺位，既得利益群体相对弱小；虽然领导干部享受一定的特权，但是得到好处的党员干部毕竟不多，改革对于他们来说并没有太多可失去的利益。相反，执政党的意识形态色彩较浓，绝大多数基层党员比较"纯朴"廉洁，改革话语享有一定的道德优势。到 1985 年，当苏联侥幸遇到一位"明君"的时候，[57] 政治改革就在没有太大阻力的情况下顺理成章进行下去。由此可见，苏联转型之所以成功，而中国转型之所以失败，根本原因还在于苏联改革的体制内阻力更小。假如胡耀邦或赵紫阳在 2009 年或哪怕是邓小平、陈云等老人相继去世后的 1999 年上台，体制内开明与保守力量的对比无疑会大不一样。

从 1989 至今，中国政治基本上胶着于"后极权"模式，处于威权 1.0 与 3.0 版之间的某一个地带，不妨称之为"威权 2.0 版"。一方面，经济改革不仅极大改善了人民的物质生活，而且由此带来经济、人身、思想、表达等各个方面的自由化。随着互联网的发展，人

---

[57] 之所以说是"侥幸"，是因为戈尔巴乔夫上台并没有任何必然保障，尽管他是政治局最年轻、最精干、或许是惟一能给苏联带来希望的委员。但是在一个"劣币驱逐良币"十分普遍的后极权国家，显然没有任何机制能保证这样的人一定上台。

民可以说有了事实上的言论自由；尽管言论自由并未获得宪法上的制度保障，其事实存在表明个体抗拒国家侵权的"阻抗"已经大大增加。以 2003 年的"孙志刚事件"为标志，网络言论已进入公共领域，并在某些情况下强大到足以推动整个国家的制度改革。[58] 最近发生的"雷阳事件"、湖北与江苏等地的高考家长抗议"减招"等中产阶级维权行动，可以算是"孙志刚模式"的最新注脚。另一方面，人民仍然无法改变国家，无权决定影响其日常生活的法律、政策和资源流向，也无法保护其生存权和财产权不受庞大既得利益权贵集团的侵犯。

事实上，后极权国家本身通过经济增长极大巩固了执政合法性，因而有能力投入更多资源维持极权秩序。从互联网"防火墙"到网络监控员和"水军""五毛"，从"朝阳区群众"到不断升级的各地维稳力量，国家微观社会控制力量空前强大。在这个意义上，"后极权"与"新极权"往往只是程度之别，二者其实都在不断维持、修复、强化既有的极权体制。近几年，中国在党政集权、纪检反腐、舆论管控等方面被认为呈现新极权趋向。虽然这些措施不可能使中国回到毛时代，但是公民社会的力量受到进一步分化与削弱，政治转型依然欠缺足够的动力与压力。如果没有重大突发事件或持续的系统性因素改变国家与社会的力量对比，中国将继续游离于威权 2.0 版附近。

极权主义是一个超级利维坦。建造这个"巨无霸"很难，而一旦建成并让它跑起来，即带有巨大的惯性，也很难让它停下来。或许，时间是惟一有效的减速器。等它慢慢疲劳了，原始部件一个个坏掉，才有可能出现转机。当然，如果它差一点栽个跟头，也不排除其自我反思、自我修复的可能性。等到它修复、更新乃至强化了身上的某些部件，并继续运转下去，还能延长极权的寿命。极权转型本来就难，中国转型更难，因为它不仅有两千多年绝对主义皇权传统，而且规模庞大，可供政权调配和利用的资源很多。和北朝鲜之类的小国相比，大国维持极权要困难得多，因为任何一个地方都可能打破"权力零阻

---

[58] 参见张千帆："中国宪政的路径与局限"，《法学》2011 年第 1 期，第 70-78 页。

抗"状态，维持"一个主义、一个政党、一个领袖"的成本和挑战要比小国大得多。这也部分解释了为什么北朝鲜仍然维持着极权统治，而中国自1978年之后就在某些地方突破带动下走向全国范围的改革开放。然而，一旦进入威权2.0体制，大国无论在国内维稳还是国际抗压能力方面都具有显著优势。在后极权状态下，威权力量是天然组织化和中央化的，维权力量则必然是分散、零星、个体性的，很容易被各个击破。

因此，中国转型不仅是一个世纪命题，而且也是一个世界性难题。 文化、规模、体制惯性都决定了中国是转型难度最大的国家，转型失败本不足为奇。但是从上文的分析看，中国转型显然并非不可能成功。从历史上看，中国的绝对主义传统对于极权体制的形成固然难辞其咎，但确实也是两次大战之间世界法西斯化和日本入侵等国际因素造成的。今天，国际形势已经发生根本逆转，自由民主早已成为主流国际共识，并和经济繁荣与国家强盛建立了牢不可破的联系。虽然自由民主理念的渗透尚不足以改变体制本身，中国的规模、体量和相对成功的经济发展也使之有能力将自身隔离于外部压力，但是中国的国内改革至少得以在一个和平友善的外部环境中发生。过去三十多年，我们已经从登峰造极的威权3.0版走到2.0版甚至更远。今后的路虽然也很难走，但是假以天时地利，加上我们这一代人争气，没有理由走不出极权的魔咒。归根结底，战胜极权的钥匙在我们自己手中，极权体制能否存续最终取决于公民力量是否足够强大。对于我们来说，中国转型既是一个艰难的政治使命，也是对自己勇气、智慧和人性潜力的真实考验，更是我们将这三十多年来积累的知识和资源经世致用、建功立业的难得机会。

伍、"南巡"二十年祭

邓小平所恢复的并不是他自己主持制定的 1982 年宪法体制本身，而只是这个体制的"潜规则"；只有让宪法规定的制度真正运转起来，中国改革才可能走上正轨。

一、引言——改革的条件和规律

1992 年 1 月，邓小平先后巡视深圳、上海等地并发表"南巡"讲话，重新启动了八九事件后全面停滞的改革。此后十余年，中国朝野乃至世界各国对"南巡"的意义几乎是清一色的肯定。直到近年来，"南巡"后改革的效果越来越呈现出两面性：一方面，经济高速发展，政府财力急剧扩张，城市化和基础建设规模不断膨胀；另一方面，"国进民退"、官僚腐败、强征"血拆"、贫富差距、生态破坏、资源浪费等问题越来越严重。经济改革确实给中国社会松绑并带来活力，但同时也极大增加了官员的寻租资源并刺激官员的寻租积极性。改革的两面性致使少数左派精英和"草根"人士质疑改革的正当性，缅怀改革前的"平均主义"时代，也促使越来越多的人重新反思和评价"南巡"的意义，并探索中国今后的改革道路。

我曾撰文论证，"改革"未必是一个不证自明的褒义词。即便在不断通过政治与法治途径改革的民主国家，也完全可能因为政治精英和社会大众的认识偏差而发生倒退。在威权国家，由于社会大众不能通过周期性选举等机制迫使政治精英对自己负责，制度流弊甚多，社会迫切需要对大众有利的良性改革，但是恰恰在这样需要改革的国家，良性改革往往推行不下去，甚至上不了议事日程，从而使改革陷入无所不在的"可行性"困境。事实上，如果说良性的改革不可行，那么可行的"改革"往往非良性；换言之，改革未必是"改良"，而完全可能"改恶"。

纵观各国改革经验，一个国家的良性改革需要至少符合两方面条件。首先，改革必须是在社会大众的适度参与下进行的，平民百姓至少有权对损害自己利益的改革说"不"。其次，政治精英足够开明或"好心"，欢迎（至少容忍）大众参与，并在社会压力下为了长期执政利益而自愿推行良性改革。当然，也存在一种幸运的可能，那就是在没有任何实质社会参与的情况下，统治者自觉推行对大众有利的改革。这种幸运固然不是绝对不可能，但统治者恩赐的机会必然是十分难得的，而且注定只能昙花一现。事实上，我认为1989年之前的中国改革基本上可以被定性为这种幸运情形，而"南巡"的必要性本身足以说明这种幸运的改革是不能持久的。

在不符合上述条件的情况下，国家就只能面临两个都不那么幸运的选择：或者不改革，或者改革，但是只能越改越糟。1978年之前，中国从农村到城市、从公社到国企，处处死水一潭。那时也不是没有贪官污吏，但是确实少，因为整个国家如此之穷，家家户户都生活在基本温饱的贫困线上，可贪的资本实在太少。当然，任何社会都不可能实行绝对的"平均主义"，即便在毛泽东时代也不例外。在"大锅饭"的背后，各级官员享受着只能靠特权才能接触的各式特权待遇。地方干部受上级领导的严格管束，但是对平民百姓的日常生活乃至生死存亡却掌握着巨大的自由裁量。即便在计划经济一潭死水的表面之下，也还存在诸多可以利用的缝隙；在生死攸关的情况下，这些缝隙甚至可以成为救命的生存空间。不要忘记，"大跃进"饿死了几千万农民，其中干部却寥寥无几；粮仓里的几把米在今天看来一文不值，当时却足以救活一家老小的性命。这就是一个小小的大队干部享受的特权！然而，改革前发生的种种"例外"只能说明一个规律：在一个威权国家，只要剩余任何可以攫取的机会、财富或资源，那么它们必然是占尽先机的大小掌权者的囊中之物；只不过在一个"一管就死"的穷国，这些资源如此之少，资讯又如此不发达，以至贫富差距看上去不那么触目惊心，而普通老百姓除了自己当月剩下多少工资之外几乎不知道这个国家实际发生的任何事情。

改革的目的正是打破死气沉沉的"大锅饭"局面，为整个国家的发展增添活力和动力。改革的主旋律是"放权"——中央给地方放权，政府给人民放权。改革的巨轮不可阻挡地转动起来，社会每个阶层都获得了更大的经济活动自由，社会财富随之滚滚而来，但是这样马上就引来了一个问题：政府放松管制，人民创造财富，但是财富归谁所有？在政治权力格局不变的情况下，改革前的"例外"就成了改革后的"规律"：人民的财富也许会增加，但是增长速度必然远远比不上政府官员和一切有能力接近并分享权力的既得利益集团。这是九二"南巡"奠定的基本格局，也是中国改革今后面临的难题。

二、良性改革如何可能？

1. 一次改革还是"二次改革"？

加拿大维多利亚大学的政治学教授吴国光曾提出"二次改革论"，认为1978-89年和1993年至今的改革是在目的、性质、动力、结果都完全不同的两次改革。其中一个值得关注的事实是，政府官员对待两次改革的态度根本不同。1978年，以小岗村村民为代表的底层民众和中央改革精英联手推动于国于民有利的良性改革，却在各级地方遭遇"中梗阻"；各级官员对改革普遍缺乏积极性，甚至通过种种"对策"消极怠工，变相阻扰中央政策的实施。相比之下，1992年重新启动的改革却激发了各级官员前所未有的兴趣和热情；从征地到"旧城改造"、从招商引资到修桥铺路，官员俨然从改革的障碍摇身一变成为"发展"的动力。

为了验证改革阶段论，我专门查阅了历年中央文件和政府工作报告，试图发现区分两次改革的不同执政思路。然而，虽然我也同意肇始于1978年的改革应分为两、三个阶段，而且不同阶段的改革动力和效果截然不同,但是除了党政分离之外,并未发现本质不同的改革思路或制度设计。因此,我的基本判断是1978年至今的改革在整体上是连续的,只不过到1989年尚未来得及全面展开国企改革等核心内容,而"南巡"讲话的主要意义在于重启计划中尚未进行的改革。当然,时过境迁,1992年至今的"二次改革"确实是在完全不同的政治环境下发生的,但是其目的与初衷和早先那场被中断的改革似乎并无本质区别。

首先考察近年来饱受诟病的"政绩"体制及"GDP思维"的由来,因为一般认为,政绩体制是造成"GDP思维"、盲目"发展"及征收拆迁引起的众多社会冲突的重要根源。这套自上而下的官员控制机制当然是中国自古以来就有的,并非1949年的独特发明,更不是"南巡"后体制的产物。事实上,早在1979年,中央组织部就发布了《关于实行干部考核制度的意见的通知》。当然,那个年代的干部标准带有一定的意识形态成分,考核范围除了工作实际成效外,还包括政治思想、组织领导能力、"民主工作作风"等事项。但是到1983年,中央召开全国组织工作会议,规定了德、能、勤、绩四个方面的考核内容,而重点是考核具体工作实绩,从此确立了工作成效在评估体系中的主导地位。1988年,中组部出台了极为系统的《地方政府工作部门领导干部年度工作考核方案(试行)》,详尽规定了干部考核的程序和内容,工业产值、农业产量、基础设施投资、税收等数字化指标成为考核的必备项目。实施考核方案的"说明"将考核形式确定为"上级领导机关负责,同级党的全体委员会和人大常委会参与的考核制",最后由"主管首长对被考核者申报的工作进行绩效评价,评价等级分为'好''较好''一般''较差'四档"。由此可见,这套自上而下的政绩管理体制和以GDP为中心的发展思维早在1989年之前即已系统形成。

其次,1992年之后,中央相继通过了分税制、国企改制、住房商品化、耕地保护制度、农地征收制度和城市拆迁条例等现在具有争议的政策改革,但大部分措施是此前多年酝酿的结果,而非"南巡"后体制的首创。以分税制为例,1980年代早期,中央税收占国家税收比例和国家税收占生产总值比例连年下滑;1978-82年间,财政收入占国民收入的比重从 37.2% 下降到 25.5%。国家财政入不敷出，一直是中央领导的一块心病。早在 1982 年的中共十二大报告上，胡耀邦就提出要"适当调整中央、地方财政收入的分配比例和企业利润留成的比例"。在 1983 年的政府工作报告中，时任国务院总理的赵紫阳指出当时"面临的一个最突出的问题就是国家财力不足，资金严重分散"，必须"统一思想认识，采取坚决有效的措施，使它得到迅速的改变"。1987 年，赵紫阳在中共十三大报告中明确提出："在合理划分中央和地方财政收支范围的前提下实行分税制。"

虽然国务院到 1992 年才颁布《全民所有制工业企业转换经营机制条例》，国企改革早在 1980 年就开始"企业自主权"试点。赵紫阳 1987 年的政府工作报告明确提出："根据所有权与经营权分开的原则，认真实行多种形式的承包经营责任制，使企业真正成为相对独立的、自主经营、自负盈亏的经济实体。"这个基本思想直接体现于 1993 年宪法修正案中，1990 年代中期确定的国企改革十六字方针——"产权清晰、权责明确、政企分开、管理科学"——可作为其基本精神的延续。九二南巡的主要遗产是彻底解决了改革的姓"社"姓"资"问题，确立了"社会主义市场经济"方向，但是即便在这里也能发现 1989 年之前的遗迹，为市场经济辩护的"社会主义初级阶段"理论早在 1987 年的中共十三大报告就已提出。

最后，两次改革存在的问题也大同小异。譬如赵紫阳在 1983 年的政府工作报告中承认："在国家财政收入下降的同时，预算外资金却大幅度增加，由 1978 年的 371 亿元增加到 1982 年的 650 亿元，四年间增长 75.2%。"预算外资金和 1990 年代兴起的各种"乱收费"曾极大增加农民负担，近年来则演变为各级"土地财政"。再如赵紫阳在 1985 年的政府工作报告中指出当时流行的腐败现象："乱发奖金、实物和补贴，乱涨物价牟取高利，利用权力倒买倒卖紧缺物资，以及请客送礼、行贿受贿等不正之风有所滋长。"和现在的贪污腐败比起来，当时的"官倒"等"不正之风"当然算不上什么，但是两者在性质上别无二致。当时的腐败额度之所以相对较小，也是因为改革才初步展开，可供官员寻租的机会有限而已。由此可见，不同阶段的改革不仅方案类似，而且问题的根源也是一致的。

2. 为什么1978年改革是一场良性改革

虽然"南巡"重启的二次改革和1978年开始的改革具有显著的连续性，但是不可否认两次改革的效果存在质的不同。如今重读赵紫阳在1981年做的政府工作报告，感觉政府确实是在（至少是想）为人民做事，而且对自己的不足之处也直言不讳。这篇政府报告的题目是"当前的经济形势和今后经济建设的方针"，通篇都在谈论经济问题，但是基本上没有用GDP说事儿。令人印象深刻的是，赵紫阳比较了1952年和1980年的数据：工农业总产值增长8倍、工业固定资产增长26倍，但是国民收入只增长了4倍，人民的平均消费水平只提高1倍。他接着指出："我国32年来国民收入的增长幅度比工农业总产值的增长幅度低得多，而人民生活水平提高的幅度又大大低于国民收入增长的幅度，我国经济建设的效益很不理想，人民生活的改善同人民付出的劳动不相适应。"这些话在今天听起来几乎令人感动，因为在后二十年的改革中不仅政府自己已经不说，甚至连绝大多数"主流"经济学家也绝口不提。

由于中央政府十分强调国民收入，1980年代初期的收入增长和工农业产值增长基本匹配。根据赵紫阳在1982年做的政府工作报告，第六个五年计划将工农业总产值增长率设定为每年4%，城乡居民人均消费水平则每年递增4.1%。实际增长速度远比计划快，但是国民收入增长一直紧跟国内产值和财政收入增长。1979-83年，工农业产值平均每年增长近8%，1984年更是比上年增长14.2%，但是国民收入和财政收入也都比上年增长12%。扣除物价上涨因素，五年中城镇人均收入平均每年增长近7%，而农民人均纯收入增长达13.7%。

为什么1978年肇始的改革取得了较好的效果，或至少让人们普遍感觉如此？原因大致有以下几个方面。一是经过"大跃进"和"文革"折腾之后，全国人民都几乎一无所有，起点和预期都很低，因而这样的改革只能越改越好。尤其是城市改革刚刚起步，实质性改革限于农村，而广大农民早已被"人民公社"体制剥夺得一穷二白，真是好比"一张白纸，好写最新最美文字，好画最新最美图画"。他们（而不是城市工人）才是"失去的只是锁链"的无产者，几乎任何尚未失去理智的改革都不太可能使他们的境况更糟。农村改革只能走还权于民而非进一步集权之路，因为农民手里除了少量"自留地"之外，早已没有可被集中的财产。"人民公社"集中了几乎所有的土地，而在当时还不存在土地市场的情况下，乡村干部也不可能将土地作为可以变现的财富为自己牟利。土地无论在"公社"还是干部那里都没有价值，只有在农民那里才能通过劳动产生价值，而小岗村启动的包产到户改革正是将农地使用权落实到农民手里，自然使亿万农民巨大受益。

二是这一时期国企改制尚未启动，国企改革限于完善扩大经营自主权、让企业自负盈亏以及有限的所有权与经营权分离，城市经济改革仅限于个体工商户等私营经济的合法化。[1] 和农村改革一样，这种改革的本质也是给企业与社会松绑，赋予私人更大的经济活动自由，其效果必然是增添社会活力与民间财富。国企改革见证了改革的普遍悖论：经济活动自由度和腐败机会成正比；改革力度小、收效低，但是权钱交易的腐败空间也相对较小。那些缺乏活力、业绩不佳的国营企业虽然也在进行有限的自主经营改革，却还维持着工人的住房、医疗、教育等基本福利，并未出现大规模"下岗"和贫富差距拉大等问题。

三是在经历"文革"浩劫之后，这一时期的领导人对于侵犯人权与法治的"极左"路线有切肤之痛，因而真心推动利国利民的良性改革。在占据社会科学主流的理性选择理论看来，这个原因比较难以解释清楚，但是这种现象似乎成了一种"规律"：在中国近代，危机和挑战几乎总是会激励一代领导人蓄志改革。就和戊戌变法中的光绪一样，十年"文革"之后涌现出邓小平、胡耀邦、赵紫阳等一批励精图治的中央领导。在这种看似"幸运"的规律背后，或许是尚未泯灭的道德资源在起作用。无论是出于儒家治国理念还是共产主义信念，转型时期的领导人深切意识到自己的政治责任，真心要把国家治理好。对于邓小平这一代领导人来说，这也是他们自 1949 年以来三十

---

[1] 1988 年修正案最终对宪法第 11 条进行补充规定："国家允许私营经济在法律规定的范围内存在和发展。私营经济是社会主义公有制经济的补充。"

年未能实现的夙愿。虽然 1950 年代一度经历了高速工业化发展，但是此后就一直陷于政治动乱之中。1978 年之后，他们认为和平发展的机会终于到来。这种机会来之不易，因而不能匆匆十年就被另一场政治风波打断。

三、改革的局限与缺陷

1. 未能启动的改革

高层领导的善意和魄力对于改革的启动是必要的，但是对于良性改革的巩固和持续显然是不够的。要让改革沿着良性的方向继续下去，改革本身必须获得制度化的政治动力。回到开头的第一个条件，良性改革需要社会大众的适度参与，否则难保改革沿着有利于人民利益的方向进行下去。1978 年的农村改革确实是由小岗村启动的，民间社会也存在着一定的改革呼声，但是总的来说，1978 年之后的中国改革是在政府主导下进行的。民间改革呼声则不仅过于分散弱小，而且在民主政治和言论自由一直高度匮乏的社会环境下也未能发育成型。尤其是"文革"后的政府对社会运动一直采取高度警惕和压制状态，致使人民对于改革大政方针的确定几乎完全处于被动接受状态。在改革开始的头几年，因为有锐意进取的中央领导团体支撑着，这种状态还可以接受。然而，随着改革的继续进行，这种本质上的人治状态迟早难以为继。事实上，没有人民的参与，即便好的中央政策也很难推进下去，"上有政策，下有对策""政令不出中南海"的现象在这一阶段也相当普遍。

在这种情况下，中共中央适时提出了政治体制改革议题。1987 年 10 月 14 日，赵紫阳在十二届七中全会预备会上的讲话首次提出了"党政分开"：

> （集权）体制是在革命战争年代形成的，是在频繁的政治运动中强化的，是与高度集中的指令性计划经济模式相适应的。现在情况不同了。现代化建设需要发挥各种组

织和各个方面的积极性，需要把各种组织的正常秩序建立起来。战争年代的体制不能适应和平时期的需要，群众运动的体制不能适应现代化建设的需要，高度集中的体制适应不了发展商品经济的需要。

……党政不分使党委自己成了执行者，党政分开才能使党委真正具有监督的职能。为了提高效率，必须强化行政系统，但也唯其如此，必须加强监督。自己不能监督自己。你自己包揽了行政工作，就失掉了监督行政的资格。

党政分离的基本前提是党和政府存在职能分工，各司其职。赵紫阳认为党应该站在制定大政方针的超脱地位，政府则主要负责具体执行："党是政治领导者，应当做政治领导的工作。分钱、分物、定项目、批条子，这些都应该是政府部门的日常事务。"因此，党政分开的好处就在于"可以使党处在超脱的、驾驭矛盾和总揽全局的地位，从而发挥'协调各方'的领导作用。"根据这一定性，执政党的作用主要在于决策、监督和协调。问题在于，大政方针的制定权当然是高高在上，但只要不涉及落实就注定是一个清水衙门；政策的执行和落实则不仅是繁重的义务，更是能在执行过程中给执法者带来寻租机会的权力。在这个意义上，党政分离的提法正击中了集权体制的要害，但本已高度集权的执政党是否甘愿退居二线、放弃巨大的利益诱惑、过清水衙门的日子？党政分离设想很好，但其可操作性显然是一个即便党的总书记也未必能决定的大问题。

在同年 10 月 25 日的十三大报告中，赵紫阳提出改革的长远目标是"建立高度民主、法制完备、富有效率、充满活力的社会主义政治体制"，其中关键首先是党政分离：

党领导人民制定了宪法和法律，党应当在宪法和法律的范围内活动……党的领导是政治领导，即政治原则、政治方向、重大决策的领导和向国家政权机关推荐重要干部。党对国家事务实行政治领导的主要方式是：使党的主张经过法定程序变成国家意志，通过党组织的活动和党员的模范作用带动广大人民群众，实现党的路线、方针、政策。党

和国家政权机关的性质不同，职能不同，组织形式和工作
方式不同。应当改革党的领导制度，划清党组织和国家政
权的职能，理顺党组织与人民代表大会、政府、司法机关、
群众团体、企事业单位和其他各种社会组织之间的关系，
做到各司其职，并且逐步走向制度化。

假如能按照上述设想实现党政分离，中国的执政模式将告别人
治时代、进入法治时代。作为党政分离改革的配套，十三大报告还提
出了中央和地方职能分离以及地方自治原则："凡是适宜于下面办的
事情，都应由下面决定和执行，这是一个总的原则。在中央和地方的
关系上，要在保证全国政令统一的前提下，逐步划清中央和地方的职
责，做到地方的事情地方管，中央的责任是提出大政方针和进行监
督。"和党政分离一样，这些主张是有远见的。党政不分的后果必然
是央地不分，因为党的领导在本质上是自上而下的；党政不分意味着
中央可以包揽一切地方事务，地方事事都得听命于上级党组织的领
导。党政分离则为央地分权和地方自治创造了空间，也提出了要求。
党政分离之后，政府脱离了执政党的组织控制，各级政府之间的关系
不再是简单的命令和服从，而是转化为不同层次的法律规范之间的
关系，因而有必要界定各级党和政府的立法权限。虽然重大立法与决
策必定是中央的职能，但是中国地方差异如此之大，中央政令"一刀
切"显然是不合适的，地方应对满足当地人民的改革需求享有自主
权。在行使地方自主权过程中，地方政府应该按照宪法规定接受由地
方选民选举产生的地方人大监督。通过自下而上的选举和人大代议
机制，各级政府的改革举措对相应管辖范围的人民负责。因此，要合
理推进良性改革，首先要厘清中央和地方权力的分界，实现党政和央
地权力关系的法治化，并改革选举制度，让各级权力对选民负责。

可惜，十三大的政治抱负没有来得及实施，就遇到八九事件而搁
浅。邓小平的"南巡"讲话否定了政治改革路线，奠定了以后的改革
基调："我们发现靠我们这老一代解决不了长治久安的问题，于是我
们推荐别的人，真正要找第三代。但是没有解决问题，两个人都失败
了，而且不是在经济上出现问题，都是在反对资产阶级自由化的问题

上栽跟头。"之后的改革是在没有政改的大环境下进行的,而直觉告诉我们,政治和经济犹如改革的两翼,不能偏废。在政治改革完全停滞之后,经济改革必然走上权力失衡的邪路。

2. 1992-2002:改革的重启与定局

政治改革缺位必然意味着人民在整个改革过程中缺位,良性改革的第一个条件即不能成立。随着改革的推进,第二个条件也开始得不到满足,改革的性质、效果和趋势必然发生根本变化。值得注意的是,这种变化并不需要假设领导人对改革的立场和期待发生本质转变;他们可能还是和以前一样期望改革为人民带来好处,但是一旦他们认准诸如"发展是硬道理"这样一个正确方向,而不在乎人民的实际感受、不欢迎人民的有效参与,那么看似良性的改革往往在效果上适得其反。朱镕基总理在任期间以大刀阔斧的改革力度和对贪官污吏绝不留情的铁腕作风著称,但是即便排除了官员对改革的层层险阻,也不等于改革本身顺应民意。事实上,如果 1990 年代还有官员抵制改革,那纯粹是"一根筋"没转过来的后知后觉者。一旦发"改革财"的窍门成为众所周知的常识,各级官员无一例外成为"改革"和"发展"的热烈追捧者。

"南巡"讲话本身并没有暗示具体的改革方向,而只是启动了这样一场前途未卜的经济改革。出于 1990 年代初期的国内外形势压力,经济改革的速度不只关系到中国的社会发展和人民幸福,而是被提高到国体优越性和国际政治的高度。总书记江泽民在 1992 年 10 月的十二大报告中指出:

> 当前国际竞争的实质是以经济和科技实力为基础的综合国力较量。世界上许多国家特别是我们周边的一些国家和地区都在加快发展。如果我国经济发展慢了,社会主义制度的巩固和国家的长治久安都会遇到极大困难。所以,我国经济能不能加快发展,不仅是重大的经济问题,而且是重大的政治问题。

在此基调下，国民生产总值的年增长率从原计划的 6%提高到 8-9%。1993 年，李鹏的政府工作报告提出今后五年实现工业总产值平均每年增长 15%，"争取城镇居民人均生活费收入平均每年实际增长 5%左右，农村居民人均纯收入平均每年实际增长 4-5%。"1994 年的政府工作报告表明，农民上年的人均纯收入仅增长 3.2%。虽然政绩考核制度和政府工作的 GDP 思维带有显著的历史连续性，但是即便对于 GDP 数字，新一届政府的权重分配也是和以往很不一样的，居民收入增长和国内（尤其是工业）产值增长之间的差距明显拉大。

1993 年 11 月，十四届三中全会通过了《中共中央关于建立社会主义市场经济体制若干问题的决定》，为今后十年的改革确定日程并拉开序幕。改革的当务之急是分税制。虽然 1980 年代中期以后就没有再出现财政入不敷出的情况，但是《决定》还是将税制改革作为近期重点："通过发展经济，提高效益，扩大财源，逐步提高财政收入在国民生产总值中的比重，合理确定中央财政收入和地方财政收入的比例。"在一个中央至高无上的单一制国家，"合理确定"自然意味着财政收入向中央倾斜。同年 12 月，《国务院关于实行分税制财政管理体制的决定》强调"国家财力偏于分散，制约财政收入合理增长，特别是中央财政收入比重不断下降，弱化了中央政府的宏观调控能力"。分税制从根本上扭转了这种趋势，中央财政占财政总收入的比例从先前的 30%上下陡然上升到 55%左右；财政总收入占国内产值的比例则先从 1978 年的 30%以上逐年下降到 1994-95 年的 10%，而后逐年上升到近 20%，财政收入增速几乎是 GDP 增速的一倍。在"二次改革"过程中，中国增长的财富更多跑进了政府的钱袋子，而不是百姓的钱袋子。幸好，和西欧福利国家相比，中国财政收入占 GDP 比重还不算高；在一个选举体制不足以保证"取之于民、用之于民"的国家，政府越富意味着百姓越穷。

近二十年来，直到唐福珍事件发生之前，社会对分税制的总体评价是正面的。毕竟，很难想象偌大一个国家几十年维持着原始朴素的中央单一税制，分税制当然是大势所趋。然而，令人匪夷所思的是，被某些学者称之为"中国财政联邦主义"的分税制竟然遭遇地方的顽固抵制，只是在经过中央强力施压和漫长的讨价还价之后才化解地方阻力。原因其实很简单——分税制在制度上是一次地方分权试验，在效果上则是一次在中央集权体制下自然发生的中央财政集权；分税制以地方分权始，以中央集权终，中央实际上集中了更大的财权。当然，如朱镕基总理在其新书中指出，中央财政的相当一部分通过转移支付返还地方，似乎地方应该"不差钱"。在一个民主机制不发达、选民无法保证官员对自己负责、政府财政的流向更可能是"三公"消费而非公共福利的国家，地方是否缺钱永远是一笔糊涂账。如果地方好好用钱的话也许确实不缺钱，但是即便如此也不能否定分税制的集权而非分权本质，转移支付本身就是中央集权的标志。更何况转移支付多采用项目资金的方式，不仅无助于解决地方政府的日常公益性开支，反而加剧了朱总理自己也承认的"跑部钱进"。

与此同时，城市和农村土地政策也大体确定了改革基调。1993年的上述《决定》指出："我国地少人多，必须十分珍惜和合理使用土地资源，加强土地管理。切实保护耕地，严格控制农业用地转为非农业用地。国家垄断城镇土地一级市场。"1997年《中共中央、国务院关于进一步加强土地管理切实保护耕地的通知》重申了"以保护耕地为重点，严格控制占用耕地"的基本政策："除国家征用外，集体土地使用权不得出让，不得用于经营性房地产开发，也不得转让、出租用于非农业建设……集体所有的各种荒地，不得以拍卖、租赁使用权等方式进行非农业建设。"

中国耕地资源十分稀缺，当然要妥善保护，因而耕地保护政策看上去是不可能错的。然而，在城乡二元体制尚未消除、农业的制度性贫困没有根本改变的情况下，强行禁止农地开发而不予补偿就等于剥夺了广大农村和农民的发展权。更严重的是，1982年宪法第十条规定了城市土地国有和农村土地集体所有的二元所有制，1990年代以来被错误理解为农地城市化必须首先经过政府征收，才能进入土地一级市场实现交易。这样一来，强制征收成了城市化的必要条件；中国要发展，农村变城市，就必须经过征收。就我所知，这种制度在全世界是绝无仅有的，中国也借"发展"之路成为世界上最热衷征收的国家。在地方政府的强烈征地冲动下，耕地保护流于空谈。此后，征地和卖地成为地方政府的"最爱"，既能提高地方GDP，又能充实地方财政和官员钱包。惟一的缺憾在于，一旦政府和官员太高兴了，人民就会不高兴。

另一方面，耕地只是农地的一小部分，不分青红皂白一律禁止农地的自由流转不仅是对农民财产的最大歧视，而且也极大限制了城市居民和工商业用地，导致城市土地供应紧缺和房价畸高。1994 年，《国务院关于深化城镇住房制度改革的决定》要求终结计划时期的福利分房体制，"把住房实物福利分配的方式改变为以按劳分配为主的货币工资分配方式。"和国企改制一样，住房改革也是为了"甩包袱"。国企改制确实有限程度提高了企业竞争力，但是产生了一大批没有得到适当安置的下岗工人；住房改革则激活了房地产市场并从总体上提高了居住质量，因而本来是一件好事，却由于政府垄断城市土地供给，并以"严格保护耕地"为由禁止开发农村"小产权房"，加上京、沪等大城市在工资、福利、教育等方面享受的各种特权聚集了大量人口，导致城市房价居高不下，广大居民长期承受着买不起房、看不起病、上不起学等多重生活压力。2001 年，国务院颁布的城市拆迁条例进一步为政府征收居民房屋提供了便利，在全国各地产生了千千万万唐福珍式的悲剧，而所有这一切都是以"发展"的名义发生的。

综上，在"南巡"讲话之后的十年中，重新启动的改革延续并强化了经济主义发展战略。在中央财政集权的挤压、征收制度的纵容、城市化"发展"战略的牵引下，各级地方政府纷纷诉诸"土地财政"；政府从土地或房屋征收过程中赚取的巨大差价取代各种"乱收费"，成为地方政府吞噬民财的最大黑洞。如果说政府财政占国内产值比例的提升是"国进民退"的标志，那么正常预算之外的土地"二财政"成为政府掠夺社会资源的便利手段。在这一整套"发展"思维指导下，中国社会越来越向两个不可调和的极端分化。在中央财政比例提高的同时，地方财政受到挤压；在地方政府和官员通过"土地财政"大发其财的同时，人民在忍受着高房价、高学费和低医保，相当一部分人被迫流离失所、常年"上访"乃至诉诸自焚等非理性行为；GDP 指数年年高歌猛进，人民的幸福指数却不见提高；经济高速发展留下了高速公路和高楼大厦，也造成环境污染、生态破坏、资源浩劫……

在很大程度上，当今中国正生活在"南巡"后十年确立的发展模式阴影下。2003 年之后，胡锦涛、温家宝政府提出"以人为本"、建立"和谐社会"，正是为了在延续改革的同时部分纠正这种发展战略留下的诸多后遗症，但是效果相当有限，并未能减缓各级官员积极推动的"改革"与"发展"的巨大惯性，而"发展"的恶果却愈演愈烈。十六届三中全会通过的《中共中央关于完善社会主义市场经济体制若干问题的决定》延续了"最严格的耕地保护制度"，但是同时提出"按照保障农民权益、控制征地规模的原则，改革征地制度，完善征地程序。严格界定公益性和经营性建设用地，征地时必须符合土地利用总体规划和用途管制，及时给予农民合理补偿。"2003 年孙志刚事件发生后，新一届政府果断废止了收容遣送条例。虽然孙志刚事件催生了当代中国式维权的主流模式，但这一模式存在民众只是间接参与、维权成本高昂而结果极不确定等根本问题。2009 年底发生的唐福珍自焚悲剧是"孙志刚模式"的翻版。面对巨大的公众舆论压力，国务院废除了城市拆迁条例并颁布了《房屋征收与补偿条例》，城市房屋征收程序和补偿标准有所改善，但是未能从根本上解决地方"土地财政"问题，更没有改变经济改革单兵突进的权力失衡格局；虽然温家宝总理曾在不同场合数度谈及政治改革，但是实质性的体制改良从未启动。

四、结语——政治体制决定改革效果

在政治改革和人民参与缺位的格局下，改革不仅未能越改越好、反而越改越糟的现象是很容易解释的。如上所述，"南巡"后启动的分税制、耕地保护、国企改制、干部考核等一系列改革都是改革在第一个十年中酝酿的结果，为何在重新启动后产生了截然不同的效果？其实，所有这些改革原本都完全可以取得更好的效果：分税制可以真正按照中央和地方的事权分配合理划分财权，而非实行中央财政集权并造成"跑部钱进"和"土地财政"；耕地保护可以实行有效的土地用途管制，以最合理的方式重新分配中国的居民、工商业和农业用地,而不是单方面禁止农地流转,更不是把城市化绑在政府征地的战车上;都市改造可以改善城市环境和居民住房质量,而不是助长政府卖地赚钱并把老百姓赶出家园;国企改制可以实行更有竞争的聘用制度并培养更有技能的劳工队伍,而不是简单的"一刀切"解聘并剥夺"下岗"工人的适当补偿;经济发展可以在提高综合国力的同时改善百姓生活并有效保护环境,而不是片面追求 GDP 数字;最重要的是,干部考核本来不需要变成"政绩工程"、滥征强拆、买官卖官的催化剂,而完全可以真正发挥民主监督的作用……然而,如果政治改革之路被完全堵死,人民从改革决策中彻底消失,"改革"完全成为官员等既得利益者的专利,那么所有这些良好的愿望都只能止于空想。在不同的政治环境下,性质同样的经济改革纲领取得了完全不同的效果。

事实上,经济建设不仅是自 1978 年改革以来高度一致的政府工作重点,而且也是自 1949 年以来就一成不变的首要执政目标。无论是 1954 年周恩来总理的第一份政府工作报告,还是十年后他在"文革"之前所做的最后一个政府工作报告,都不折不扣以经济建设为中心。虽然这些报告不时穿插着"阶级斗争"或"世界革命"的政治话语,但是整体结构和 2012 年的政府工作报告别无二致。即便"文革"期间(1975 年)的惟一一份政府工作报告都念念不忘"在本世纪内全面实现农业、工业、国防和科学技术的现代化,使我国国民经济走在世界的前列"。只不过在政治运动接连不断的毛泽东时代,执政党没有机会持之以恒地实现这些目标。1976 年毛泽东去世、"四人帮"倒台后,中国终于迎来了和平稳定的年代。在很大意义上,1978 年回到了 1950 年代初期,执政党终于可以心无旁骛搞建设了。1989 年再次平息了可能的政治波动,"南巡"讲话奠定了中国此后二十年的经济发展轨道。二十年过去,执政党不能再说没有机会实现其发展宏图,但是最后的"发展"结果却远不如 1978 年预期得那么乐观。我们可以设想,假如中国没有"大跃进"、没有"文革"的延误,我们很可能会提前看到这个结果。就在 1957 年,执政党掌权刚八年时间,官僚腐败现象就已经如此突出,以至"大鸣大放"一下子放出了洪水般的尖刻批评,其"反动"程度远超过今天国内任何一个"公共知识分子"的"自由主义"言论；毛泽东本来想借知识分子的不满压一压党内实力派的气焰，看到这等势头只得紧急叫停，"大鸣大放"也就成了"引蛇出洞"。

和毛泽东相比，邓小平的最大功绩在于将这套没有机会运行的体制运行起来。如果说毛泽东是体制的摧毁者，为了维护个人权力和地位不惜发动"文革"整垮整个体制，那么邓小平则是体制的恢复者和重建者，而且他的遗产成功延续下来。在邓小平时代，中国真正按照这套体制的原初设计运转起来，但是这个体制本身对中国究竟好不好？毛泽东搞了一个"大跃进"，饿死了几千万人，事后全国上下尤其是中层干部普遍反对；邓小平"南巡"后奠定的发展模式则是让各级政府在现有体制下搞"小跃进"，受到各地官员的普遍欢迎。当代"中国模式"的奥妙正在于将政治和经济的逻辑结合一体，通过发明"地方GDP"指标等考核机制并鼓励和纵容官员寻租，把各级官员一起发动起来搞"改革"、促"发展"，动力十足、惯性巨大、不可遏制，但是代价也极其高昂。什么地方都要圈地、搞工程、拉项目，因为这些成了关系官员"乌纱帽"和钱包的产业链。如此上马的工程当然质量低下、浪费资源、污染环境，因为它们谋求的就是以最小的投入为自己争取最大的产出，从而最高效地将公共利益转换成个人利益，而工程、项目、"发展"正是实现这一目的的机会。问题在于，一个"大跃进"和众多"小跃进"的害处哪个更大？"大跃进"的灾难当然是空前的，但是一个人的破坏能量毕竟是有限的；如今这么多人打着"改革""发展"的旗号一起搞破坏，破坏的潜能几乎是无止境的。

二十年前的"南巡"讲话把我们带到今天，今后中国的改革之路应该怎么走？这是当代中国人迫切需要探索的问题。其实这个问题的答案并不难找，因为邓小平所恢复的并不是他自己主持制定的1982年宪法体制本身，而只是这个体制的"潜规则"。只有让宪法规定的制度真正运转起来，中国改革才可能走上正轨。

本文成于2012年，正值中共领导人换届之际。年底，我起草了《改革共识倡议书》，提出了落实党政民主、推进基层选举、保障言论自由、深化市场经济、实现司法独立、建立违宪审查六个方面的建议，希望中国社会能就今后的改革方向形成共识，得到了众多学者、律师、媒体人的响应。2013 年至今，除了司法改革与合宪性审查制度等方面取得了很有限的进展之后，其余领域均发生了严重倒退。改革尚未成功，同志仍需努力。现将《倡议书》照录如下，供有识之士参考、讨论和指正。

附录、改革共识倡议书

　　改革三十多年来，中国经济获得了巨大发展，但是中国社会也出现了诸多问题。尤其是由于政治改革未能同步进行，官僚腐败、公权滥用、贫富差距拉大等现象日趋严重，引发了强烈的社会不满。人心思变，民众对改革的要求和期待越来越高，但是改革的步伐却受制于既得利益集团的阻挠，远远不能让人民满意。更为根本的是，人民自己虽然痛恨种种社会不公，但是对于如何改革造成不公的制度却并未达成共识，以至民间推动改革的力量受到分化和削弱。体制外没有改革的压力，体制内就没有改革的动力。如果中国社会亟需的体制改革一再受挫、停滞不前，公权腐败、社会不满将积聚到危险的临界点，中国将再次错失和平改良的机会，陷入暴力革命的动荡和混乱之中。

　　中共十八大报告表达了政治体制改革的坚定意愿，习近平总书记在纪念宪法公布施行 30 周年大会上的讲话重点强调宪法实施，让我们看到了依宪执政、深化改革的希望。当前，中国改革再次来到十字路口，中国社会尤其需要对改革的大是大非和总体方向达成共识，尤其是对现代文明所要求的民主、法治、尊重人权等宪政原则形成基本共识。为了提炼和凝聚改革共识，我们提出推进依宪执政、落实选举民主、尊重表达自由、深化市场经济、实现司法独立、保障宪法效力等六项改革主张。我们认为，它们应构成所有理性公民所认同的改革共识。

一、推进依宪执政

迄今为止，中国改革是在执政党领导下推进的，但是改革三十多年的经验与教训表明，如果不首先改革高度集权的政治体制，将无法继续推进与深化其它领域的改革。在革命战争年代，正是共产党在多个场合下表达的民主承诺让众多追求正义、痛恨腐败的仁人志士追随革命，但是党内实际上长期实行自上而下的组织控制。在战争年代，共产党为了维持行动效率形成了高度集中的权力结构。1949 年后，执政党并未真正兑现承诺、还权于民。在高度集权的政治体制下，执政者的权力很难受到有效制约，执政者的决策错误也就很难得到防范与纠正，从而很容易越陷越深，直到酿成大错。"反右"等历次政治运动极大杀伤了中国知识分子的良知和勇气，1958 年的"大跃进"造成数千万人饿死的大饥荒，1966 年发动的十年"文革"使数以亿计的无辜者受到迫害或冲击，整个国家处于内战边缘……这些血的教训表明，权力高度集中化甚至个人化的执政体制早已不适应和平时期的日常社会治理，现在是执政党兑现初始承诺的时候了。

中共十一届三中全会开创了改革开放的良好局面，中共十三大报告明确要求"党政分开"，中共十六大和十八大报告一再强调："党内民主是党的生命。"然而，由于政治体制改革迟迟未能提上日程，权力过度集中的问题至今未能得到根本解决，主要体现于三个方面。

1) 党政不分，党政权责分工不明确，以党代政、以党干政的现象十分普遍，执政党的权力得不到制度化约束。

2) 党内决策权力高度集中，重大决定和人事安排往往由几个人甚至一个人拍板，地方"一把手"很容易蜕变为无法无天的"土皇帝"。薄熙来之所以能够在不同职位上为所欲为，正是因为其作为"一把手"的权力得不到有效制约。

3) 党内选举程序并未得到法律的有效规范和落实，党员代表大会未能真正发挥作用，党的领导干部往往是由上级内定而非党员代表选举产生。这样的体制很容易造成领导干部脱离党员群众，形成少数人甚至一个人说了算的局面，为买官卖官和公权滥用敞开大门。

要维持国家长治久安、社会稳定和谐，惟有从革命党转变为真正的执政党，依据宪法厘清党政关系、建立法治化的执政体系，并在执政党内逐级落实民主选举。依宪执政是保持执政党自身廉洁和长期执政的惟一途径，主要体现于实行党政分离、党内民主、分权制衡、党务公开等四个方面。

1) 党政关系必须依照宪法得到合理界定。1982 年宪法序言明确规定了"共产党领导"，但是"领导"并不等于全面包办或直接干预政府事务。正如中共十三大报告指出，宪法意义上的"领导"是指执政党的政治领导，主要包括通过民主决策机制决定大政方针，经由人大立法程序使之变为国家法律和政策，向国家机关推荐干部人选，并监督党员干部廉洁守法。但是执政党不宜再走"党管干部"的老路，直接干预政府人事决定或介入行政和司法事务。

2) 为了保证民主决策、保持党风廉正、防止过度集权，执政党有必要加强自身民主建设，按照党章要求逐级落实党内民主，从村支部、街道委员会、乡镇、县市等基层党组织开始实行党内选举。各级党员代表由党员直选产生，上级党委不得干预。

3) 充分发挥各级党员代表大会的日常领导与监督作用。各级党代会应成为执政党的最高权力机关，选举产生并监督各级党委。各级纪律检查委员会应直接受同级党代会领导并向其负责。当前实行的地方"一把手"负责制加剧了执政党权力集中，有必要从根本上进行改革，建立各级党委集体领导机制，形成党内分权制衡体制。

4) 党内民主改革一定要和全方位的党务公开、政务公开及广泛的公民参与结合在一起，尽快建立各级官员财产公示制度，大力推进公共财政改革并实现各级党政预算及其执行的公开化，对征地等影响民生的重大决策或工程必须通过听证制度广泛征求民意，充分保障公民知情权与参政权。

二、 落实选举民主

1982 年宪法第 2 条明确规定，"一切权力属于人民"，而要落实"主权在民"原则，关键在于规范各级人大选举，让各级人大真正发挥代议和监督职能，并强化社会基层的民主自治。按照 1982 年宪法的设计，各级人大是实现人民参政议政的基本制度。人大选举是否规范、人大代表是否愿意并能够代表选民的利益积极履职，直接决定了这个国家的基本性质，决定了政府和人民之间的基本关系，决定了广大人民的根本利益能否得到有效维护。近年来，中国社会之所以发生了那么多群体性事件，以至严重损害社会稳定与执政根基，根源在于各级人大未能按宪法规定有效发挥作用。

目前，中国人大制度存在两大类问题。

1）各级人大选举普遍走过场，政府干预、贿选舞弊现象十分严重，进而导致人大代表并不能真正代表民意，代表履职普遍缺乏积极性，在重大公共事件中几乎从来不见他们的踪影。个别代表克己奉公、热心履职，积极为选民办实事，却往往被视为另类甚至受到打击迫害。

2）宪法规定的人大职能多流于形式。由于绝大多数人大代表或常委会委员都是兼职的，代表或委员能够投入立法、预算和监督等宪法职能的时间、精力和财力都十分有限，导致各级人大只是在开会时举举手、拍拍手的"橡皮图章"。

要改变这种现状，有必要采取落实基层直选、加强人大专职化、强化社会基层民主自治等举措。

1）落实县乡两级人大直选。目前，绝大多数社会问题都产生于基层。规范基层人大选举能够从源头上解决基层社会问题，极大巩固执政基础和维护政府威信。为此，中央有必要严格禁止地方党政干预人大代表候选人的产生和竞选活动，同时保证各级人大代表能够有效履行宪法职能。按照宪法第 34、35 条和选举法的有关规定，公民有自由参与竞选基层人大代表,参选人和选民之间的自由交流不能以"扰乱社会治安"等罪名横遭干涉与限制。按照宪政国家的通例,只要参选人获得一定数量的选民支持,就自动成为合法候选人。现行选举法对候选人设置了极不透明的"酝酿""协商"过程,赋予地方选举委员会几乎无限的自由裁量权,从而为地方党政内定候选人提供了方便机会,必须从根本上予以改革。

2) 在规范人大选举基础上,有必要强化各级人大职能并推动人大代表专职化。人大机构改革宜从各级人大常委会开始,逐年增加专职委员的比例。建议每年增加10%的常委会委员作为专职委员,力求在五年内达到一半的常委会委员成为专职委员。建议每年增加5%的人大代表作为专职代表,在五年内让四分之一的人大代表成为专职代表。人大代表的履职方式应由代表自己决定,合法的履职活动不得受到地方党政或人大干预。

3) 村委会和业主委员会选举是中国基层民主的最新尝试,同样需要制度保障。近年来,村委会选举普遍受到上级党政干预,贿选等腐败现象越来越严重,村委会在没有村民同意的情况下出卖村民土地等利益的事件时有发生,广东乌坎事件就是其中一例。要有效解决中国农村土地等重大利益冲突、真正维护中国社会稳定,必须明确禁止地方党政干预村委会选举,有效规范村委会和村民代表会议选举,尽快建立村委会、村民代表会议和选举委员会等村级组织的相互制衡机制。

三、尊重表达自由

宪法第35条规定:"公民有言论、出版、集会、结社、游行、示威的自由。"改革三十多年来,中国公民的表达自由取得了巨大进步。尤其在进入网络时代之后,越来越多的媒体敢于揭露各地腐败现象,极大提高了中央和民众对公共事务的知情程度。然而,不可否认的是,这个领域还存在诸多不必要的限制,具体表现在以下方面。

1) 网络言论受到不必要的限制，公民因为发帖而被删帖、销号乃至劳教、判罪的事件频繁发生。

2) 新闻出版自由受到不必要的限制，不仅出版机构的建立受到极为严格的事前审批，书刊出版也在原则上受制于事前审查，而且媒体在日常运作过程中还受到诸多命令、指示或限制。这些限令保护了那些应该受到公开揭露的腐败丑闻，严重妨碍了全体公民的知情权。

3) 公民集会自由受到不必要限制。虽然法治国家也要求游行集会得到政府事先批准，但是这一要求在中国却蜕变为禁止公民集会的借口，以至公民和平集会几乎不可能得到当地政府的批准。

4) 公民结社自由也受到了不必要的限制。不仅成立民间社团受制于诸多苛刻要求以及严格的事前与事后审查，而且农民不能成立农会，工会则并非由工人自己选举产生，不能有效代表并维护工人利益。

我们建议逐步放松对各种表达自由的不必要限制，并尽快完成从政治到法治、从实体到程序的社会管理模式转变。

1) 应全面取消网络言论管制，严禁各地政府因网络言论而对公民定罪或施行劳教。

2) 新闻出版领域的管理应从事前政治干预转变为事后法律监督，对违法出版的信息追究事后法律责任。对于出版机构和刊物的建立，则应从实体审查转变为程序审查，建立报刊备案管理制度，以便事后法律监督。鉴于现行宪法尚未得到有效的实施，宪法第35条规定的基本权利未能得到有效保护，有必要制定《新闻法》，以切实加强言论与出版自由的法律保障，并明确界定言论与出版自由的法律边界。对于在宪法和法律允许范围内发表的言论，党政不应以任何方式干涉。欺世盗名、为害深重的"重庆模式"之所以能够愈演愈烈，正是因为地方党政压制舆论、一手遮天造成的。

3) 对游行示威申请的审批应从内容审查走向程序性审查；审查的目的不是限制公民的表达自由，而是防止暴力冲突、交通堵塞等扰乱秩序的现象。各级官员应树立一个基本宪政观念，即集会自由是原则，限制是例外。只要没有证据表明集会带有暴力倾向，就应当推定集会是和平的，地方政府不得以"妨碍社会治安"等理由不予批准。

4) 对公民结社申请的审批也同样应从内容审查转变为程序性审查，并建立社团备案登记制度，以便对社团进行法治化管理。对于从事违法活动的社团，可以依据《刑法》进行打击并取消社团登记资格。2011 年，广州市颁布的新规定放宽了结社限制，取得了良好的社会效果。这种有益的地方试验应该在全国大力推广。

四、深化市场经济

众所周知，市场经济是中国改革开放之初即已确立的基本国策，对于成就中国社会近三十年来的繁荣发展发挥了不可替代的作用。1993 年修宪后，"市场经济"获得了宪法地位。然而，令人担忧的是，由于政治体制改革未能同时推进等原因，中国经济发展已经出现了严重偏差，经济改革的深化正面临严峻挑战。在"GDP 至上"的政绩思维指导下，中国式"发展"已经成为造就贪官、侵占民利、破坏环境、浪费资源的贬义词。尤其是近二十年来，"国进民退"现象十分严重，具体表现在以下几个方面。

1) 国有企业的垄断地位进一步加剧，民营企事业发展受到排挤，尤其在准入、贷款、融资等方面受到严格限制，明显损害了公平竞争环境，严重制约了中国市场经济的发展活力。

2) 国家财政收入增长远远超过国民收入增长，国家财政占国民收入的比例连年增长。

3) 国家财政越来越多地被用于"维稳"、军备等目的，民生、教育、社会保险与环境保护等公益投入却严重不足，贫富差距越来越大，普通百姓面临看不起病、上不起学、买不起房等多重生存压力。

4) 1994 年实行"分税制"后，中央财政占国家财政比例显著提高，许多地方靠正常税收不足以支持地方公共事业，加上"GDP 至上"的政绩考核需要和官员个人寻租动力，各地纷纷诉诸"土地财政"，利用宪法第 10 条存在的漏洞将土地征收和城市化绑架在一起，通过压低补偿剥夺农民土地，严重损害了农民利益与社会稳定。

要从根本上遏制"国进民退"、实现还富于民，让市场经济改革真正惠及多数平民百姓而非少数特权利益，必须尽快实施以下措施。

1) 国家必须保障民营企业（包括民办教育）的法律平等地位，放松对民营资本与民办教育的管制。

2) 国家财政增长必须保持克制。鉴于中国国民实际税负已经相当沉重，应立即明确规定各级财政收入增长不得超过国民收入增长率。

3) 合理分配财政开支，显著增加教育、医疗、低保、环保等民生投入，取消城乡制度性歧视，尽早实现义务教育、公立大学和一般公共服务的地域平等，建立覆盖全民、城乡一体的社会保障制度，为儿童、老人、病人、低收入者等弱势人群提供体面生活的底线保障。

4) 合理分配中央与地方财政，实现事权和财权相统一。同时从根本上扭转"GDP 至上"的发展思路，让地方政府专心投入治安、教育、民生、环保等地方公益事业，而不是借"发展"的名义侵吞人民的利益并为腐败创造机会。

5) 改革土地管理制度，落实宪法修正案规定的公正补偿原则，将征地严格限制在宪法规定的"公共利益"范围内，同时放松农地用途管制，将土地使用权还给农民，并将城市化和征地脱钩。

五、实现司法独立

无论是市场经济还是民主政治，都离不开一个基本法治秩序，而法治秩序的建构则离不开公正独立、不受政治干预的法官与律师队伍。宪法第 126 条规定："法院依照法律规定独立行使审判权，不受行政机关、社会团体和个人的干涉。"司法独立是宪法确定的改革方向，也是实现法治国家的必由之路。事实上，中共中央 1979 年第 64 号文件即已明确指出："党委和司法机关各有专责，不能互相代替，不应互相混淆。为此，中央决定取消各级党委审批案件的制度……各级党委要坚决改变过去那种以党代政、以言代法，不按法律规定办事，包揽司法行政事务的习惯和作法。"然而，近十余年来，虽然司法改革也取得了一定的成绩，但是距离司法公正的目标依然相当遥远，司法腐败和行政干预现象十分普遍。尤其自 2008 年以来，司法改革步伐基本停滞，有些方面甚至发生了倒退，以至司法改革走到了方向不明的十字路口。

当前，中国司法体制存在诸多弊端，主要体现于以下三个方面。

1) 法院严重缺乏独立性，法官判案极易受到政治与行政干预。虽然宪法第 126 条规定了审判独立，但是这项规定在司法实践中并未得到落实。在法院人事、财政、职权都不独立的情况下，司法审判无法抵制当地党政部门干预，各级政法委干预个案的现象十分常见。法院内部实行的院长负责制、审判委员会制度、等级管理及各种考核体制虽然可能有助于监督法官判案，却抑制了法官独立人格的成长。

2) 司法腐败十分严重，法官"吃了原告吃被告"现象仍然普遍存在，尤其是审判不透明、判决不公开、判决书不注重说理的现状为司法腐败创造了便利空间。

3) 各级党政违法干预司法过程的行为十分普遍，律师正常办案的权利得不到保障，刑讯逼供屡禁不止，冤假错案频繁发生。薄熙来主政下的重庆"打黑"运动就是一个典型恶例。

要提高中国司法素质和威信，只有重启实质性的司法改革，让法院职能回归司法定位，为司法公正、依法判案提供制度保障。

1) 执政党应有意识地维护司法独立，主动避免干预个案。按照党政分离的基本要求，执政党的职能在于推荐、监督干部并确定国家的大政方针，而非干预司法并在个案判决中直接体现自己的意志，否则很容易造成人治盛行，违背执政党自己主持制定的法律、政策和依法治国原则。目前，各级政法委干预司法的现象十分严重，应从基层开始逐步撤销各级政法委机构。

2) 宪法设计应强化司法垂直管理，减少法院在人事与财政上的地方依附，遏制地方保护主义，为法院依法独立审判营造良好的制度环境。

3) 法院内部应弱化政治与行政控制，最大程度地赋予法官依法独立判案的权利。行政控制并不是遏制司法腐败的良方，反而是滋生腐败的温床。遏制腐败和司法独立化改革是并行不悖的，坚持审判公开、判决公开并强调判决书的说理质量等改革措施将最大程度地压缩法官腐败的空间，同时有助于提升法官职业素质和司法的社会公信力。

4) 法院职能定位应回归依法审判。法官必须对法律负责，司法审判必须坚持法律至上原则。至于审判结果是否让人民满意，往往取决于立法合理性等多种因素，不应作为评判司法工作的标准。法院可以在案情需要和当事人自愿的基础上从事部分调解工作，但是不应刻意强调并将其作为工作重点。大部分调解或仲裁工作应分流于法庭之外，由司法行政部门解决。对于某些小额诉讼，可以设计简易司法程序，以提高审判效率、降低诉讼成本，但是所有变通措施都不得使法院偏离其依法审判的职能本位。

六、保障宪法效力

以上各项主张其实并非任何意义上的"创新"，而是 1982 年宪法的题中之义；只要认真对待宪法，依宪执政、选举民主、表达自由、市场经济、司法独立本来自然会得到落实。然而，由于宪法实施机制不完善等原因，现行宪法规定长期得不到有效落实，以至宪法从"国家的根本法"蜕变为不管用的"门面"，未能发挥宪法序言所期许的"最高的法律效力"。要改变这种状况，必须完善宪法实施机制，让宪法规定真正落到实处，对保障公民权利、监督国家权力发挥有效作用。事实上，体制改革的根本正在于落实现行宪法的各项规定。2012年 12 月 4 日，习近平总书记在纪念宪法颁布 30 周年大会上特别强调："宪法的生命在于实施，宪法的权威也在于实施。"

现行宪法第 61 条规定，全国人大常委会负责"解释宪法，监督宪法的实施"。但是 1982 年宪法颁布长达三十年来，人大常委会却从未行使第 61 条赋予的这项权力，而在此期间却出现大量的重大宪法性问题，足以表明现行宪法实施机制并非行之有效。中国宪法审查之所以长期维持"零记录"，并不是偶然现象，而是制度设计不完善造成的。人大常委会释宪不仅存在僭越全国人大职权、自行审查自己制定的法律等有违民主与法治原则的嫌疑，而且也不符合职能合理分工原则。全国人大常委会在本质上是一个立法机构，宪法与法律解释则是一项司法工作。常委会的立法工作本身已十分繁重，根本无暇顾及宪法的个案适用。

要让现行宪法从无用变为有用，只有在国家日常政治生活中不断适用宪法。法治国家适用宪法主要有三种模式：美国模式由普通法院适用宪法，德奥专门成立宪政法院适用宪法，法国模式则由宪法委员会适用宪法。即便美国模式或德奥模式当前不适合中国，仍有必要改革宪法实施机制，尽早建立负责解释和适用宪法的专门委员会。在现阶段，宪法委员会可以设在全国人大内部，向全国人大负责，但是其人员构成与运作程序必须保持相对独立，否则无法彰显中国宪法的法律效力。

最后，宪法审查的重点并不是控制人大立法的合宪性，而在于控制法规、条例、规章及一般规范性文件的合宪性与合法性，建立有效的法律规范审查机制，进而理顺中央与地方的立法关系，保证中国法律体系的和谐统一，同时兼顾中国辽阔版图下的地方差异、多元性与自主创新的需要，尤其要按照宪法第 4 条的要求真正落实族群区域自治，通过民主自治实现少数族群聚集地的和谐稳定。在符合宪法与法律基本原则的前提下，应充分允许地方自由试验不同模式，形成良性地方竞争格局。过去三十年的改革开放正是 1978 年安徽小岗村引领的地方试验、中央推广的成果，今后的改革开放也需要在党内民主、基层选举、司法实践、合宪性审查等诸多领域引入新的地方试验、竞争与融合机制。

"世界潮流，浩浩荡荡；顺之者昌，逆之者亡。"民主、法治、人权、宪政是不可阻挡的世界潮流。中国百年血与火的历程——尤其是"文革"十年的惨痛教训——表明，一旦背离民主、法治、人权、宪政的世界潮流，人民就要遭殃，社会就不可能稳定，国家政权也不可能稳固。我们衷心希望新一届领导人把握千载难逢、稍纵即逝的历史机遇，不为陈旧意识所困，不为短期利益所惑，为了国家和执政党的长远利益坚定不移、励志改革。我们更希望人民能够看清世界大势、民族大利，不为周边纠纷所扰，不为激进言论所动，立足理性、渐进的国内制度改良，对推进依宪执政、落实选举民主、尊重表达自由、深化市场经济、实现司法独立、保障宪法效力等改革方向形成基本共识，并用自己的行动宣传之、推进之、促成之。

让我们超越左右之分、朝野之别，为建造一个民主、法治、尊重人权、民富国强的宪政中国而共同努力！

陆、建构社会契约，缔造议会联邦

《中国良心知识分子谈宪政民主》问卷之一[1]

文明世界应当是一个尊严平等的自由人的联合体。宪政民主正是为了让国家尊重每一个国民的尊严，让文明人共同生活在一个文明世界里。

一、社会契约

1. 您理解的"宪政民主"有哪些基本要素？其中最核心的内容是什么？

从词意上理解，"宪政民主"是指建立在宪法上的民主体制。民主是起点，但并非终点；或者说民主是大宪政框架中的一个要素，但并非全部。"民主"是指人民的统治，或者说国家机器的日常运营者要以某种方式对人民负责——在操作意义上对多数人负责，因为人的利益和立场有分歧。一般的国家能做到决策对多数人有利，就很了不起了，但多数决也不能成为绝对的原则。多数人通过的立法能否剥夺少数人的基本权利？多数人能否通过了立法，在执行的时候又把立法抛在一边，实行"民意审判"？某次选举产生的多数代表能否通

1 这是答卷第一篇。对于其他学者的答卷，可参见 https://www.chinese-future.org.

过立法、扭曲选举规则，帮助这些人在以后的选举中当选、实现"永久执政"？这些当然都是不可以的。因此，民主也要受到基本权利、法治（包括分权制衡）等宪法原则的约束。我在《宪法学导论》详细讨论了这个问题。套用人工智能权威西蒙教授的"有限理性"(bounded rationality)概念，宪政民主是一个"有限多数主义"(bounded majoritarianism)政体：民主无疑是一切共和国体的"定海神针"，而可操作的民主必然是周期性选举产生的多数人统治，但是多数人统治也要受到其它宪法要素（如自由、法治与分权制衡）的约束，才不至于异化为"多数人的暴政"。

一部合格的宪法应该是社会契约的摹本，也就是说它应该体现所有理性人均能同意并愿意遵守的社会契约要素，进而使之成文化和具体化。譬如民主，宪法需要具体规定什么样的民主——联邦制还是单一制？总统制还是议会制？议会选举是以选区为单位，还是实行比例代表制？这些制度都还是笼统的，需要进一步具体化。各种特定制度均有利有弊，因而具体采取哪种制度，是有商榷余地的，但民主这个大原则是没有商榷余地的，其中也包括一些界定真民主的原则性要求。民主、法治、自由构成了任何正当国家都必须尊重的"政治自然法"（参见我在"契约构造的失败——从辛亥到五四"一文中的简要介绍），也是宪政民主的核心。迄今为止，任何一个国家都逃脱不了政治自然法的制裁；没有一个国家可以违背任何一条政治自然法则，而得到良性治理。当然，政治自然法是一个"开放清单"。以下我只是粗略介绍它的核心要素，并不排除其它要素（譬如人身自由和私有财产的核心）也可以纳入其中。

首先，人的基本自由和权利不得受到侵犯。这是任何理性国家得以建构的基础：如洛克所言，我们建立国家，显然不是为了让自己沦为国家的奴隶，而是为了更好地保护我们的权利和自由。政治自然法至少包括了三类权利：言论自由（也包含新闻、集会、结社自由）、信仰自由（包含宗教活动自由与政教分离）、平等权（反歧视）。缔造国家的目的是建构文明秩序，这些要素显然是任何国家的秩序与和平所不可少的。譬如许多"深度分裂"社会正是不能平等对待不同族群或宗教，而陷入长年战争和暴力冲突。

其次，人的自由需要受到法律限制，法律须由代表民意的国家机构——议会——制定。议会必须由周期性选举产生，选举必须符合五项具体要求：普遍（符合适当年龄条件的公民均可作为选民或候选人参与选举）、直接（人民代表由选民直接选举而非其他代表间接选举产生）、自由（选民与候选人之间的交流不受干预、候选人自由活动、选民自愿投票）、秘密（选民秘密而非公开投票）、平等（"一人一票"、选票份量均等）。具体看第11问。

最后，普选产生的议会通过立法确定国家方向之后，政府应当依法行政，法院应当依法审判，因而需要保持行政中立和司法独立。行政和司法过程都是为了如实体现立法价值，其自身在本质上是价值中立的，因而不得再受到任何其它权力的干涉。这意味着法院和包括公务员、警察、军队在内的行政都必须去政治化，而且这些机构均需由不同族群和宗教均衡构成，否则很难实现社会团结和互信。深度分裂国家也是因为不能处理好这个问题，而陷入冲突甚至内战，可见政治自然法是不可或缺的；缺了哪一条，国家都不得安宁。

2. 您是否将宪政民主视为各国都必须追求的理想政体？赞成或反对的理由是什么？

任何国家想要得到良性的秩序与和平，都离不开以上定义的宪政民主。我想强调的是，"宪政民主"不是什么崇高的理念，而是人类文明的基本底线；宪政民主的功能不是把我们带入天堂，而是尽可能让我们远离地狱。宪政民主国家仍然会有斗争，仍然有犯罪，仍然会有腐败官员，但是没有宪政民主，政府之恶会源源不断，最后变成全体社会之恶，而没有任何办法预防或制止。试想，如果没有言论自由，政府做了坏事还不让人说，这样的国家能太平吗？这样的国家建立起来不是防止罪恶，而是制造罪恶。只有宪政民主才能既让政府遏止人民之恶，也让人民遏止政府之恶。

归根结底，人都是理性自私的，国家权力的掌控者也是自私的。当然，自私不等于恶；事实上，文明社会的财富几乎清一色是在自利动机下创造出来的，因而自私甚至可以被认为是最大的善。然而，如果任由私欲膨胀，最后必然损人害己，自私也就成了必须受到控制的恶。为了防止私欲无限膨胀，所以需要政府与法律；政府之所以是"必要的恶"，正是因为人性之恶需要外部约束。但掌管政府的人本身也是人而不是神，也有人性之恶，因而不仅需要相互牵制，而且最终需要人民通过宪法机制遏止他们作恶（为了私利侵犯人民利益）的冲动。麦迪逊在《联邦党文集》第51篇中的至理名言无论正说反说，都是颠扑不破的真理：人不是神，所以需要政府统治；统治者也不是神，所以需要人民约束。只有宪政民主才能提供这种约束机制，防止政府将极少数人的既得利益凌驾于全体人民利益之上。一个没有宪政民主的国家就是政府无恶不作的人间地狱，除非遇到昙花一现的极个别开明专制者，但后者也只是让苟延残喘的人民对开明专制产生依赖和幻想而已。

3. 民族民粹主义在全球范围兴起，世界上主要的宪政民主国家都面临重重困难、严峻挑战。您认为宪政民主制度能否经受考验，是否还有强大生命力？

民族主义或民粹主义在欧美宪政国家兴起，确实对宪政民主构成了严峻挑战，但是完全不足以颠覆宪政民主的世界趋势。

（1）宪政民主秩序从来不是固若金汤、坚如磐石，而是在各种挑战和危机成长起来。某种意义上，它相当于一个健康的机体内部存在着各种细菌病毒。如果机体羸弱，可能会被厉害的病毒吞噬，如清末民国的宪法改良政体。但是如果宪政机体已经受过严峻考验，如大萧条、冷战之后的美国，或纳粹法西斯之后建立宪政民主的德国、日本，那么宪政机体已足够强大，足以应对移民潮、难民潮引起的国内民粹主义反动。因此，不要一有挑战就风声鹤唳，质疑宪政民主的生命力，甚至为自己深陷独裁不能自拔而沾沾自喜；世界上最虚弱的正是独裁政体，最强大的是具备有效纠错机制的宪政民主政体。

（2）民粹主义至少在初期发展阶段也是一种民主，但这种民主超越了宪政框架、违背了政治自然法，譬如美国有的选民为了利益而对总统攻击新闻自由熟视无睹，或欧洲选民因为难民和他们形成利益竞争而支持族群歧视，最后终将走向独裁和灾难。所幸民粹势力虽然一直存在，但是在欧美仍算不上社会主流；等到特定事件触发的浪潮（如川普当选或难民潮）过去，应能回归稳定的宪政民主秩序。

（3）各国舍宪政民主，并无任何可以替代的良性治理机制。假如欧洲国家重新拥抱法西斯独裁，那么最终的结果只能带来国内灾难乃至世界毁灭。这些国家要获得生路，只有回归宪政民主。

4. 宪政民主制度是否符合当今中国的最大现实需要?是否符合中华民族的文化传统? 美国著名学者亨廷顿曾经预言过"文明冲突"，尤其是儒教和伊斯兰教与现代西方文明的冲突。您怎么看待儒家文明与现代西方文明的关系?

如上所述，宪政民主符合包括中国在内的所有国家的现实需要，没有任何国家可以例外。北朝鲜全面背离宪政民主，人民必然生活在水深火热之中；中国改革四十年，社会取得了一定的进步，则完全是因为虽然宪法没有实际效力，但是社会在一定程度上具备了宪法体现的某些政治自然法要素，譬如有限的事实上（而非受到制度保障）的言论自由、信仰自由、人身自由和经济自由，使得社会具备了一定活力。因此，宪政民主的可欲性是无可争议的，可争议的是其可行性。也许某些文明长期生活在专制之下，形成了根深蒂固的专制文化，以至制度变革无法发生，或即便发生也因为专制文化的巨大惯性而无法维持宪政民主。换言之，宪政民主确实不只是一种制度，而且也要求一种与之相适应的文化。

譬如伊斯兰教国家普遍存在政教不分、神权合一现象。即便当"阿拉伯之春"来临时，埃及等国获得了走向宪政民主的转型良机，但是多数国家转型后反而加剧了政教不分，可见这些国家的多数选民尚未认识到政教分离的重要性，不能自我约束、不让自己的宗教信仰干预政治，结果很快进入了"阿拉伯之冬"。美国立宪者的伟大之处正体现在他们的明智自律：尽管 18-19 世纪美国绝对是基督教的天下，但是他们拒绝建立一个"基督教国家"，而且通过第一修正案明确禁止国家"立教"。另一方面，我们也不能走向文化决定论，好像穆斯林国家就永远走不出政教合一。土耳其的建国者凯末尔就是推动世俗国家的伟大先驱，政治精英和军队的主流仍然拥护世俗主义，但关键是要让人民自己认识到政教分离的必要性。我个人对伊斯兰文明没有研究，但我相信，任何经典的解释都有变通空间；《古兰经》本身并非伊斯兰国家拒斥宪政的咒符，关键在于信徒们对宗教经典的解释和实践能否和宪政民主的世俗国家原则并行不悖。

我对儒家文化的解读一分为二，具体参见我的《为了人的尊严——中国古典政治哲学批判与重构》。一方面，儒家政治文化已经行将就木，没有什么值得我们今天吸取的东西；继续抱残守缺不仅愚不可及，而且是对儒家文明的辱没。这是因为另一方面，儒家伦理和道德文化仍有丰富的养分，甚至可以对当今世界作出重大贡献。《为了人的尊严》对此有比较系统的阐述，欧美学者对这本书的英文版也很有兴趣，在此不赘述。事实上，尊严概念近年在西方又红火起来，而我认为儒家在人的尊严这个关键概念上是所有文明中最系统、最现代甚至最科学的。这话听上去有点夸张，其实是没有泡沫的。是我们自己妄自菲薄，没有把自己祖宗那里闪光发亮的东西充分挖掘出来。当然，道德文化和政治文化并非绝对可分，儒家传统道德也受专制政治的不良影响，但仅此并不足以否定儒家道德的内在生命力。徐复观、张君劢等"第三代新儒家"早已证明，儒家文化是完全可以和宪政民主并行不悖的。从儒家尊严观，可以没有阻碍地推导出宪政民主制度，而清末民初推行宪政最力的也是受到传统教育的儒家士绅。这并不是一种偶然现象。

回到刚才的论点，任何文化都是可以被重新诠释的。我们何必对自己两千多年的传统那么苛刻？哪个那么悠久的文化中找不出一些缺点或弱点？这些缺点或弱点需要文明的传承者在文明实践以及与其它文明交往过程中不断纠正或克服的。"文明"不是一个一成不变的概念，而是经由一代代传承者的继承、创造和再生后所体现的样态。文明好不好，更多取决于它的源流而非源头。我们把这百年来的一切失败统统归咎于传统，实际上是在为逃避自己的责任找借口。

5. **中国是否有必要制定新宪法？如果有必要，应当如何建立具备民意代表性的制宪机构？宪法草案应否诉诸全民公决？理由是什么？**

中国现行宪法缺点多多，未来制定新宪势在必行，因而我原则上不反对制宪。事实上，我赞成公民个人尤其是学生起草宪法，这本身就是很好的公民宪法教育。1920年代，中国南方联省自治，浙江选民一下子就提出了一百多部宪法草案。这是早在一个世纪之前的事情了，说明中国人是有制宪能力和热情的。但我同时认为，制宪并非关键，关键在行宪。因为宪法只是社会契约的具体化和成文化，甚至可以说有没有都关系不大——英国没有一部成文宪法，不也治理得挺好？这是因为英国虽然没有纸面的宪法，却有一部"刻在公民心中的宪法"（卢梭语），也就是人民共享的社会契约。有了社会契约，有没有成文宪法只是一个便利问题；没有社会契约，成文宪法再漂亮也只是一个中看不中用的花瓶。中国历朝历代的宪法都是花瓶，根本原因即在于此。制宪只是一个帮助形成社会契约的过程，但不可能一蹴而就，社会契约的巩固和深化依然要靠行宪。世界上漂亮宪法很多，但能否落实才是其最后的试金石。即便统治者不想落实宪法——宪法越漂亮它越不想落实，但是公民偏偏要坚持落实这部看上去不中用的宪法，因为一部漂亮的宪法一般都体现了统治者避之唯恐不及的多个政治自然法要素，譬如言论自由、信仰自由、平等权、选举权甚至审判独立。这些要素在中国现行宪法也都有规定，坚持落实宪法就是在为人民缔约做准备、为未来制宪打基础，以免将来制定出一部完美的宪法，又只是多了一个漂亮的花瓶而已。

如果要制定一部宪法，制宪程序需要谨慎设计。问题比较复杂，各国模式不一，在此不具体展开。总的来说，需要妥善平衡精英和大众、秘密和公开等不同方面的关系。在宪法草案的形成阶段，美国费城制宪是一个精英之间讨价还价的完全保密的过程，法国大革命制宪则是大众代表参与的公开过程。过程公开不仅有助于宪法文本吸收和代表社会多元利益，而且参与制宪本身对公众来说就是一种很好的宪法教育，但另一方面也容易造成制宪代表为了取悦公众而作秀或抬杠，或让宪法内容庞杂、支离破碎、不成体系。"圆桌会议"之类的封闭形式则有助于重要利益集团达成妥协，但无法保障宪法文本的多元代表性，譬如美国联邦宪法当时显然没有代表少数族群和妇女的权利。较好的平衡是宪法草案可以委托专家委员会起草，但是草案本身的通过必须经由民意代表的机构，譬如议会或选举产生的制宪大会，起草过程也需要不时征集民意并和社会互动。最后，正式草案可以诉诸公投，以增加宪法的民主正当性，但这个程序也并非必需，尤其不要对公投寄予太高期望。委内瑞拉等国的制宪教训表明，公投很容易为独裁者、煽动家所操纵。

回到社会契约，最关键的是，宪法应该是社会契约的摹本，而社会契约是每个理性人都能同意的关于治国基本原则的协议。虽然"立宪时刻"不可能是严格意义的立约过程，但制宪必须尽量模仿立约。这就决定了制宪和一般立法过程的本质不同。一般立法是一个简单的多数决过程，制宪则不仅要求超多数同意，而且还要求制宪机构具有最大程度的包容性，制宪程序必须充分尊重少数意见和政治弱势群体，不能搞简单的多数决。起草美国联邦宪法的 55 名代表虽然代表性不高，但毕竟代表了大州小州、南部北部等不同强势利益集团，宪法文本也是在绝大多数州经过激烈争议后才获得通过的，因而至少可被视为主流利益集团之间的一部契约性文件。即便是这部当时代表性有限的宪法，也维护了美国社会的长治久安。设想如果费城会议简单采取多数压倒少数，那么小州和南方早就撂挑子走人了，不可能拢到一起。如果强行通过一部多数赞成的宪法，哪怕通过公投程序，那么美国内战将至少提前 80 年爆发。

二、制度设计

6. 中国未来应当实行总统制还是议会制？请说明理由。

自从 1990 年代耶鲁政治学家林茨提出"总统制的危机"之后，学界就总统制和议会制的优劣一直争论不休。其实，二者都是很大的"筐"，总统制和议会制都有许多变种，不能一概而论。这里先以标准的美国总统制和英国威敏寺议会制为例。二者的本质区别在于议会和行政之间的关系。英国作为经典民主国家，实行议会至上和法律至上——议会就是立法机构，而在一个法治国家，立法机构制定的法律当然应该至高无上。因此，议会必须统治行政，以内阁为首的行政只是执法机构，显然应当服从议会、依法行政，具体表现为不信任表决机制：如果内阁提出的重大政策未能获得议会多数赞成，表明它已经失去议会信任，应当自动集体辞职。这样，议会和行政的关系就很简单：作为行政首脑的内阁由议会多数选举产生并对议会负责，不得和议会在重大政策问题上出现分歧。这也保证了国家主权统一，即统一于负责立法的议会。

美国和英国有一个不同出发点，那就是不认同议会至上和法律至上——法律之上还有宪法，而英国恰恰没有成文宪法。如果议会多数通过一部侵犯基本人权的法律怎么办？行政和司法也要服从吗？因此，美国的关键词是孟德斯鸠发明的"三权分立"，立法、行政、司法相互制衡，目的是尽可能防止政府侵犯人民的自由。制衡的一个方式是总统由选民而非议会直接选举产生，并有固定任期，不受制于议会的不信任表决。当然，为了防止总统违法或滥用权力，国会可以弹劾总统，但是并不能因为总统不同意国会政策而启用弹劾。事实上，总统有权否决国会两院通过的法案。如果总统和国会之间出现政策分歧，那么就会出现立法僵局：总统希望通过的法案，国会拒绝通过；国会希望通过的法案在遭到总统否决后，很可能达不到 2/3 多数压倒否决后再次通过。对于美国来说，这种现象体现了权力"制衡"（checks and balances），但是对于民主和法治基础不如美国稳固的拉美等欠发达国家，频繁不断的立法僵局可能最终会导致民主体制的崩溃。这是林茨学派攻击总统制的主要理由。世界范围内，总统制的寿命似乎确实比议会制短得多。

当然，实际情况比林茨所呈现的更加复杂。首先，拉美总统制之所以容易崩溃，可能是因为拉美国家本身的问题，譬如经济发展和教育水平偏低、许多拉美国家从军事独裁脱胎而来，而和总统制未必有什么必然关系；换言之，即便这些国家采取议会制，或许也同样容易崩溃。其次，控制了制度之外的因素之后，总统制的表现并不差，尽管总体仍不如议会制。尤其是总统制这个大框架下面还有许多更具体的制度变量，譬如是否拥有解散议会权、紧急状态权和积极立法权，也就是制定律令的权力（否决是消极立法权）。这些权力美国总统一概没有，或许说明了为什么美国宪法体制很稳定。拉美国家或俄罗斯总统之所以容易走向独裁，很可能是宪法赋予总统权力过大或任期过长。最后，对于拉美等许多国家来说，总统制还是议会制并不是自由选择的结果，而是受到历史传统等因素影响，而一旦选择就有很大的惯性，以后很难改变。因此，即便总统制不如议会制，也不是说改就能改；与其纠结于大的体制之争，不如把着眼点放在合理设计总统权力和选举与政党制度，防止总统滥用权力，让总统制变得更好更稳定。

权衡这场争论的不同视角，我认为总统制的支持者总体上处于"守势"：面对议会制的挑战，总统制的反应是"我们也不差""议会制能干的活，总统制基本上也能干"……虽然总统制不像林茨说得那么差，但是其政体稳定性和立法效率确实总体上不如议会制。即便在宪政传统最悠久的美国，特朗普的当选及其行事风格也引起了巨大争议。在民主和法治不成熟的欠发达国家，总统权力过大更容易助长独裁和人治。中华民国初期袁世凯和国民党合作的破裂可作为前车之鉴。《临时约法》实际上是世界上最早的"双元首"或"半总统"制（而不是许多人认为的纯议会制），国民党想借国会控制下的内阁约束大总统的权力，但是很快因为剧烈权争而走向崩溃。因此，虽然国内自由派因为受美国影响而对"三权分立"情有独钟，却不能不察总统制的内在风险，同时也要对总统制激发的个人野心保持警惕。美国宪政民主是值得中国借鉴的伟大经验，但这并不意味着美国模式什么都好，我们必须照搬照抄它的细节；即便总统制在美国运行得还可以，也不意味着它在发展中国家也能顺利运行。直率地说，发展中国家的总统制就是制造独裁者的温床。从查韦斯到"普京大帝"，绝大多数拉美、非洲、中东欧等国的独裁者头上都戴着"总统"的桂冠。

总体上，我支持英国、加拿大、澳大利亚、德国、北欧或印度等国的议会制。也可以设置"总统"，但是这个总统应该和德国的"虚君"总统类似，是一个象征性元首，或能慰藉国民渴望统一权威的心理，但不能行使实质性权力。因此，虚位总统也不能由选民直选产生，而只能由议会间接选举；直选总统将拥有巨大的民主正当性，不可能不行使实权。实权应掌握在总理为首的内阁手里，由议会选举产生并对议会负责。中国现行宪法规定的"人大制度"实际上和英国威敏寺民主很相似，国家主席本身并无实权。未来政体设计定位于议会制或虚位总统制，也有助于转型的顺利有序进行。

7. 议会应当采用一院制还是两院制？请说明理由。

自从 1788 年美国立宪和次年法国大革命时期西耶斯发表《第三等级是什么》，关于一院制还是两院制的争论一直延续至今。西耶斯受卢梭民粹主义公意论影响，自然认为只能有一个议会，否则谁代表绝对正确的"公意"？如果两院意见总是一致，第二院是多余的；如果两院出现分歧，那么"公意"就自相矛盾了。然而，同时期美国联邦采取了两院制：众议院代表人口，按"一人一票"选举产生，各州的众议院代表人数和州的人口成正比；参议院则代表地域，各州无论大小一律两席。两院制是费城制宪会议"大妥协"的产物，对于美国来说至关重要，否则费城会议当时就闹掰了，小州不干。两院制是把美国各州拢在一起的关键，可以被视为美国"社会契约"的一部分。美国联邦宪法也有唯一的一条不可修正的"永久条款"，那就是参议院各州必须平等代表。换言之，将来修宪可以把各州两席改为三席、四席、五席，但是不论大州小州，必须平等，由此可见两院制对于美国联邦的重要性。事实上，两院制是联邦制的必要而非充分条件；如果连有效的参议院都没有，即便宪法规定了"联邦制"也是假的，如委内瑞拉 1999 年宪法体制。

今天当然没有必要接受卢梭的民粹主义世界观。在利益结构相对单一的小型国家，一院制就够用了，但是对于利益多元的大国，只是无差别"一人一票"产生的议会不够用，还得根据国家的具体情况，由第二院代表地域、族群等其它利益。因此，国家规模越大，对两院制的需求也可能更大，但也没有定规，有些小国也有复杂的族群或宗教结构，也采取两院制甚至联邦制，例如尼泊尔。当然，两院制比一院制的立法成本更高，但有助于提高立法质量，尤其是加强对少数族群和弱势政治群体的保护。即便没有突出的族群或特别地域问题，参议院也有独立存在的价值，但需要和立法成本与效率的考虑相权衡。

两院制的一个关键问题是两院立法权是否平等。美国联邦法律必须同时通过参众两院，但多数两院制并非如此；如果参议院没有通过众议院通过的立法，众议院再次通过即可生效。譬如英国也有上下两院，但是贵族构成的上议院对下议院法案只能起到延迟的作用：如果上议院不认同下议院通过的法案，可以不予通过，但不通过的效果就是让下议院再想一想是否有必要通过或修正法案；如果下议院反思之后原封不动再次通过，那么上议院否决的功能也就寿终正寝了。德国也采用不均衡两院制，只是影响地方利益的立法必须两院通过；对于不影响地方利益的法案，参议院的作用和英国上议院差不多。和处于两极的英美两院制相比，德国模式体现了更合理的中央立法成本和地方利益保护之间的权衡。

8. 未来中国是否需要实行联邦制？如果实行联邦制，如何划分中央权力与地方权力？中国可以划分成多少个省或者州？理由是什么？

今天，世界上所有大国都实行联邦制，中国是唯一例外。某些规模不大的国家也实行联邦制，如德国；甚至某些"微型国家"也实行"族群联邦制"，如尼泊尔。前苏联宪法体制其实是邦联制，比联邦制走得更远，只是一党专政使之成为高度中央集权体制。中国从1908年制定第一部成文宪法至今，有过十余部宪法，宪法文本却从来没有出现过"联邦"二字。但1923年曹锟主持制定和1947年体现孙中山"均权主义"的两部《中华民国宪法》都详细规定了地方权力，带有联邦制的特征。对于人口众多、幅员辽阔、族群构成复杂、地方差异显著的中国，某种形式的联邦制显然是大势所趋。

概言之，联邦制是对地方自治的宪法保障。这并非说只有联邦制才能保障地方自治，单一制也可以有高度的地方自治，譬如法国1982年给地方下放了许多权力，但是单一制下的地方自治依据的是中央立法而非宪法；中央立法可以赋予地方自治，也可以随时收回地方自治。联邦制就没有那么简单了，要改变央地权力划分，必须修改宪法，而修宪不只是中央的事，地方也要参与。譬如美国联邦修宪不仅需要参众两院 2/3 多数提出，而且需要 3/4 数量的州多数通过。德国修改《基本法》只需要参众两院通过，但是参议员是由各州政府选派的，代表地方利益。因此，联邦制宪法必须至少具备两个特征：（1）宪法明确规定央地权力划分，（2）确定央地分权的权力至少部分掌握在地方手里，譬如代表地方利益的参议院；否则，联邦宪法倒是制定出来了，但是中央想改就改，说不定哪天就改回单一制去了。

央地权力应在央地平等的基础上，根据特定权力的影响范围而进行分配。首先要确立央地人格平等的基本思维，地方并不比中央差；否则，中央比地方更重要、上级比下级更英明，我们永远跳不出中央集权的怪圈。某些事情之所以必须由中央来管，不是中央本身有什么高素质，而是地方由于疆域局限管不了，这件事超出了地方的管辖范围，譬如空气污染和水污染，一个地方无论把自己的环保抓得多严，都保护不了自己的环境，邻近的空气会飘过来、水会流过来……只有中央在全国各地都统一实施严格的环保标准，才可能有效保护每个地方的环境质量。如果地方可以管，譬如结婚登记，那么因为地方更熟悉本地的情况、和选民距离近、执法成本低等因素，一般会比中央管得更好。因此，欧盟确立了一个"辅助性原则"：只要是地方（成员国）能管的，就应该由地方管，中央（共同体）的作用只是辅助性的，限于那些超出地方能力的事情。

一般来说，中央权力限于国防、外交、货币、度量衡、环保、宏观调控等具有全国影响的事物，地方则管理不具备全国影响的事情，譬如教育、治安、医疗、贫困救济等。具体可以参考我的《国家主权与地方自治》。但由于经济规模不断扩大，中央权力也越来越大，以至于有的学者认为，美国联邦从 1930 年代新政以来到今天，已经不剩下什么联邦制，因为"州际贸易"这个概念不断膨胀，让联邦立法想干预什么就干预什么。德国联邦制的特征是联邦负责框架立法，各州负责细化和实施，和中国现状有点类似，或许更容易效仿借鉴。

至于中国需要多少个次联邦单元，可以借鉴人口或地理规模类似的美国或印度，同时需要尊重自己的地方传统和历史文化。一个州或省的族群与文化成分应该相对单一，最好在历史上构成相对连续和自成一体的行政单元。一般来说，单个州或省的人口不能太多，地域不能太大；另一方面，州或省的数量也不能太多，否则版图显得过于零碎。按照目前的人口规模，《国家主权与地方自治》建议设置50-60个次联邦单元。

9. 地方自治应当以省还是以县为单位？地方自治最重要的几大要素是什么？

如上所述，地方自治分为宪法和立法两个层次。中国目前没有宪法意义上的地方自治（联邦制），但完全可以展开一般意义上的"地方自治"，那就是地方人大选举和自我管理具体地方事务。这是现行宪法已经规定了的体制，宪法文本规定了自下而上的人大选举体制，但是在一党制下变成了自上而下的管控体制。不论如何，从乡县基层到中央，现行宪法理论上已有第一层次的地方自治，也就是人事意义上的地方自治。

然而，即便人事意义上的地方自治也会遇到一些复杂问题，譬如法院、检察院、公务员、警察由谁选拔、对谁负责？中国现行宪法规定了一刀切的横向负责制，地方人大负责选拔和监督同级行政和司法，倒是很"地方自治"，但是地方行政和司法并不能免于上级干预。另一方面，地方自治也不是绝对的善，譬如如何防止对同级议会负责的行政和司法不搞地方保护主义？这是一个很现实的问题，因为即便在一个地方人事自治搞得很好的国家，也只能保证行政和司法有效落实地方立法，如何保证地方机构也有效落实中央立法？甚至可以说，地方自治越好，越容易产生地方歧视和保护主义。美国的做法比较简单，联邦和各州截然分开，各自形成完整的政府体制，联邦和各州都有自己的立法、行政、司法，各自的行政和司法主要负责落实自己的立法；联邦和各州立法有冲突，大家法庭上见。换言之，联邦靠自己的行政和司法落实联邦宪法和法律，而不靠各州和地方，这样就有效防止了地方保护主义，但是行政和司法成本比较高。德国虽然是联邦制，但是行政与司法和中国一样，只有一套，由联邦和各州分享：联邦法院是最高法院，各州法院是上诉法院，地方法院是基层法院。对于规模不大的德国，地方保护主义或许不是严重问题，尤其是德国立法主要由联邦负责制定。对于规模大得多的中国是否可行，仍然是个问题。2014-19 年的第四期司法改革有限上收了地方司法财政，也是为了控制地方保护主义；另外，最高法院设置了若干"大区巡回法院"，可被视为在模仿美国体制。

第二层次的地方自治是地方固有的立法自治。在宪法层次上，这意味着央地按事务的影响范围划界而治，中央不得侵犯地方立法领域。当然，即便没有宪法意义上的立法权，地方立法权仍然存在，譬如在中国现行宪法体制下，地方可以按当地需要制定法规或规章，但是中央立法权没有受到任何宪法限制。如果存在宪法意义上的地方立法自治，需要考虑在州还是在地方层次实行。美国联邦宪法只是将州作为次联邦单元，没有提到县等地方政府，只是有些州宪也允许州以下的地方单元实行自治。德国《基本法》明确提到了县市的地方自治，《中华民国宪法》也明确规定了县级立法权。以中国的人口和地理规模，似应实行省县两级地方立法自治。当然，最重要的还是中央和各省或州的立法分权，县级立法自治相对次要一些。

第三层次的地方自治是制度自治，也就是地方应有权设计自己的宪法性制度，或者说联邦宪法应该允许州或地方通过自己的基本法选择自己的政府结构，譬如议会制还是州长制。美国各州都有自己的州宪，联邦职能限于保障各州的"共和形式"。换言之，只要各州政体是共和民主而非君主独裁，联邦即无权干预。当然，这不代表州宪或州法爱怎么规定就怎么规定；它们不能违背联邦宪法，譬如不能剥夺人民的基本自由、不能搞种族歧视，更不能实行蓄奴制，但是除了不能违背共和民主之外，各州政体结构是有很大设计空间的。联邦制的好处之一是为地方制度创新和竞争提供空间，让各地因地制宜、试验适合自己的宪法制度。

中国现行宪法虽然没有明确规定中央集权单一制，但是对于地方体制规定了"一刀切"的人大制度。1990 年代，曾有地方试行乡镇长直选，效果不错，后来竟被全国人大常委会叫停，因为"违宪"。这样就过分束缚了地方制度创新的手脚。事实上，即便实行"一国两制"的香港也是没有制度自治的：《基本法》是全国人大为香港量身定做而非香港自己制定的一部立法，所以香港普选必须得到中央认可，而制度自治的缺失是引发去年大规模抗争的根源。概言之，香港危机的根源是三个层次自治之间的严重不协调：立法自治远超联邦制，人事自治却甚至不如一般单一制（内地行政首长按规定都是本级人大选举而非上级任命产生），制度自治的缺失则使得人事自治改革无望。预计制度自治短期内不可能取得任何突破，特首和立法会选举方式也不会有实质性改进，但立法会代表已有一半直选产生，可以作为香港民意代表的制度基础。当然，《基本法》采取"行政主导"模式，特首权力很大，超过三权分立体制的美国总统，但是只要把立法会选好，让其充分代表香港民意，特首孤掌难鸣，也不能走得太远。

10. 台湾、香港、澳门、新疆、西藏应当在宪法上享有什么样的特殊地位？您对香港未来的"双普选"有什么建议？

"联邦制"是一个很有弹性的概念，有对称和不对称两种形式。"对称联邦制"是指各州处于平等地位，典型如美国；德国基本上也算，尽管财政均衡制度使某些贫困州受益。然而，某些国家因为自身的特殊情况，设计了"不对称联邦制"，某些州或省享有其它州不具备的特殊地位。譬如加拿大以法语为主的魁北克省即显得独树一帜，围绕法语文化的特殊地位也产生了若干重大宪法争议，1990 年代甚至一度举行了独立公投。魁北克的特殊地位安抚了法语区选民，使之更安心地留在联邦之内；如果简单实行对称联邦制，分离主义公投可能早就成功了。由此可见，联邦制所保障的地方自治和弹性的制度设计有利于维持国家统一。国内一些势力将联邦制甚至地方自治和分离主义划等号，完全是别有用心的抹黑。对于一个多元社会，联邦制显然有助于维护统一，简单刚性的单一制才容易造成分崩离析。

"双普选"是第一层次的地方自治，根本不需要任何特殊制度安排，包括中国内地在内的任何地方都必须实行名副其实的普选制度，这也是现行宪法明确规定的。要维持国家统一，当然首先要给当地人民选举自己代表的民主自治权；香港之所以出现"港独"力量，正是因为物极必反，"全面管治"和对普选权的剥夺极大刺激了这种主张。顺应民意、赋予港人普选自治，哪里会闹腾出这么大的动静呢？同样的逻辑也适用西藏、新疆、蒙古等少数族群聚集地区。许多人担心民主会让中国"分裂"，鼓励这些地区的分离主义势力。这是颠倒了因果关系，正是集权高压在这些地区制造产生离心力；等到集权不再奏效，这些地方的分离主义情绪会发生报复性反弹。尊重这些地区的民主自治和基本权利，是顺应这些地方的民心，使国家统一建立在人民自愿的稳固基础上。

中国特殊性要求建立不同层级的非对称联邦制，但特殊性是建立在普遍性基础之上的。不论有什么特殊地位，未来中国在各地均需普遍落实尊重自由、平等、法治和民主自治的宪法原则，仅此即可解决绝大多数地方问题，进而为真正意义的国家统一奠定制度根基。当然，根据特殊情形，需要对台港澳、蒙疆藏等特殊地区进行不同的制度设计。但不论地方制度如何设计，都不能违背国家宪法设定的基本底线，譬如不能恢复农奴制或政教合一。

目前，"少数民族区域"制度授予藏、疆、蒙等少数族群聚居地某些立法"特权"，譬如按照自己的风俗习惯立法，也可以不适用某些全国性法律规定。实际上，目前少数族群聚居地和一般内地没有太大区别，甚至为了维稳而管控更严。未来在厘清央地立法权关系之后，少数族群立法基本上不是问题，因为中央立法本来就无权干预宗教或文化这类属于地方的立法。也可以效仿港澳的"一国两制"，实行高度的立法自治。绝大多数全国性均不适用于港澳，这是和一般联邦制下的各州完全不同的。未来港澳需要做的是将"一国两制"推进一步，实行"真普选"和完全的地方自治。最后，台湾和大陆目前处于主权统一、治权独立的分治状态，需要更特殊的制度安排。未来台湾需要不仅在立法、行政、司法上实行完全自治，而且在军队、国防、外交等方面享有高度自治权。

总结一下，中国未来应实行议会联邦制。在纵向，宪法应充分保障地方自治，在地方普选基础上实行民主自治，按影响范围界定央地立法权，地方在宪法赋予的自治范围内决定自己的政策和制度，台港澳、蒙藏疆等特殊地区享有特别自治权。在横向，地方根据自己的需要决定自己的治理体制，中央则借鉴英国、印度等国体制实行议会制或虚位总统制，议会采取两院制，内阁由众议院选举产生并对众议院负责、接受参议院监督。未来宪法体制和现行宪法体制之间存在相当的连续性，议会制和人大制度之间存在很大的相似性，不同之处主要在于各级议会均由选民直选产生（现行宪法规定县级以上人大由下一级人大间接选举产生）、央地分权得到宪法的明确界定（现行宪法语焉不详）、特殊地区的高度自治得到宪法明确保障（现行宪法授权全国人大制定港澳基本法，只是立法层次的地方自治）等。宪法改革路线图是推动内地各级人大选举与港澳普选、实现港澳高度自治的宪法化、逐步推进央地分权尤其是少数族群聚居地自治的制度化，宪法框架即臻于完善。

三、政党选举

11.应当如何设计自由公正的选举制度？选举制度应当符合哪些基本条件？

迄今为止，周期性选举是人民实行自治的不可或缺基础，也是人民保证政府对自己负责的唯一可行机制。选举是否自由公正，直接决定了选举的真实性和国家政体的性质，一个选举不真实的国家必然是独裁专制国家。概言之，公正自由的选举必须符合以下五项特征：普遍、直接、自由、秘密、平等，具体参见《宪法学导论》。

（1）选举权必须是普遍的，凡是适龄公民均可作为选民或候选人参与选举；唯一的限制是公民身份和认知能力，选民必须能够理解自己选择的候选人及其代表的政策和自己切身利益之间的关系，因而各国一般设置年龄和精神状态作为选举条件。选举年龄一般18岁上下，不能太高。我并不认为有必要以精神状态作为排除理由，即便经过医院的专业鉴定，因为这个人群的比例必然很小，而且一般不会参与政治，即便参与也不足以对选举结果产生系统性影响。尽管中国等国的刑法规定了"剥夺政治权利"的附加刑，基于类似理由，这类刑罚应当取消。

（2）选举应该直接，议会代表应由选民直接选举而非其他代表间接选举产生。间接选举在小圈子进行，容易产生贿选、操纵等选举舞弊现象，应予取消并改为选民直选。

（3）选举活动必须自由。如果选民与候选人之间不能自由交流，候选人不能自由产生或自由活动，选民不知道不同候选人代表什么立场和利益、和自己有什么关系，那么"选举"还有什么意义？候选人是选举的对象和灵魂，候选人不能和选民自由交流的选举必然是假选举。

（4）自由选举意味着选民秘密而非公开投票，否则选民投票很容易遭受收买或恐吓。澳大利亚当年正是为了杜绝贿选，因而设计了"澳大利亚选票"；如果候选人或政党无法知道选民投谁的票，还花钱贿选做什么？又如何进行操纵或恐吓？

（5）最后，选票的份量必须平等，也就是"一人一票"。这主要是针对采用选区制的国家，意味着每个选区必须代表大致相同的选民人数；否则，即便是自由的选举也可能产生不公平甚至反民主的结果。假设100个选区产生一个100议席的议会，每个选区选举产生1名代表，而90个选区中每个选区1万选民，10个选区中每个选区10万选民，那么这90名代表其实只代表了90万选民，10名代表代表了100万选民，但是议席数却只占了10%！如此不平均的议席分配造成了极不公平和反多数的选举结果，使得多数人的代表在立法机构反而成了极少数。这是为什么美国联邦最高法院在1964年的判例中规定了"一人一票"原则："立法者代表人民"，不同选区的选票份量必须均等。只有这样，多数人的代表才能在议会中占据多数议席，让议会立法代表多数人的利益。香港的功能组别选举体制严重违背"一人一票"，人数占绝对多数的劳工界等普通选民的选票加起来也远少于金融界、企业界、法律界、医生、官员界别等少数精英的选票。这是为什么香港人要争取"一人一票"的"真普选"。

12. 英美以两党制为主，欧洲大陆则是多党制。您认为未来中国应当建立多党制还是两党制？理由是什么？

首先，两党制也是"多党制"，和一党制存在本质区别。政党数量的关键在于是单数还是复数，从 1 到 2 远比从 2 到 100 重要。欧洲大陆国家一般有两个以上的大党存在，英美则两大党囊括了绝大多数选票，尽管偶尔也有微不足道的小党存在。这种现象主要是选举制度的"杜瓦杰现象"或"杜瓦杰定律"造成的，可参见《宪法学导论》。英美议会选举采取多数制，在全国划分若干个选区，每个选区选举一名议员，获得选票最多的候选人当选。例如美国众议院有 435 个席位，因而全国有 435 个一席选区（台湾称"小选区"），各州按其选民人数比例分配名额。这种选举体制的特点是"胜者通吃"：因为选区只有一个名额，只要选票数量差对手一点就全盘皆输。"胜者通吃"规则对各党都产生了巨大的兼并压力，直到产生稳定的两大党；小党也乐得被大党兼并，否则没有任何胜选的机会。相比之下，欧洲国家普遍采取比例代表制，议席按政党在选举中的得票比例分配；政党再小，也可以按比例得到议席。既然大党小党都没有兼并的压力，多党格局就自然产生了。

两党制和多党制各有利弊。多党制更公平，议席能够更准确地反映选民偏好，但是如果政党太多，议会政治结构过于零散，难以组成稳定的内阁，容易造成统治困难乃至政体崩溃。1919 年魏玛共和即采取理想的比例代表制，结果发生频繁倒阁，十余年便将政权交给希特勒。相比之下，两党制造成大党"胜者通吃"，对小党不够公平，也不能准确反映选民偏好。在极端情况下，全国选民支持 51% 的政党可能获得 100% 议席，获得 49% 选票的政党可能血本无归、一席没有。

然而，两党制的好处在于其稳定性；一般总是存在议会多数党，多数党—少数党泾渭分明、轮流执政，不会因政党林立而产生统治危机。既然二者各有千秋，不少国家试图取长补短，采用不同形式的混合制。譬如在 1949 年《基本法》规定的战后体制下，德国众议院一半由比例代表制、另一半由一席选区制选举产生（实际上几乎是纯粹的比例代表制），并规定了 5% 规则：只有上次大选中选票超过 5% 的政党才有资格按比例分配议席，目的是为了阻止极端小党进入议会、增加议会和内阁的稳定性。

对于长期实行一党制的中国来说，关键是要放开选举，同时保证选举的稳定有序进行。既然目前并不存在多党竞争格局，比例代表制也无从适用，而现行选举体制是多席选区制（台湾称"大选区"）；如果用得好，多席选区制可具有一定的比例代表功能。如果一开始即实行比例代表制，很可能造成政党林立、一片混乱。为了转型的顺利稳定，我建议中国未来延续和改革目前的选区制，希望以此减少政党数量、理顺政党结构。等政党政治趋于稳定，选民熟悉了民主实践，可以再决定是否改为比例代表制或融入其某些要素。

13. 执政党和国家之间应当是什么关系？如何保证行政中立和去政治化？

任何国家都有执政党，正当国家的执政党就是通过周期性选举产生的议会多数党。执政党的职能是在其在任期间通过立法，决定国家的大政方针和价值取向。行政的任务是如实执行获得多数选民授权的议会制定的立法，而不是将自己的价值判断强加于国家之上。在本质上，行政本身是政治中立的，因为政治决定已经由议会作出，在法律中体现出来；如果行政还要自己插上一杠子，那就成了独裁。如果把国家比喻为一个人，议会好比是大脑，行政是肢体；一个正常人的肢体不能脱离大脑的指挥而行动，国家行政不能违背立法、自行其是。

因此，在一个民主与法治国家，执政党通过立法领导国家，不能干预行政执法；公务员、警察、军队等行政力量都必须保持政治中立，或者说去政治化。这个逻辑在 1987 年中共总书记赵紫阳的十三大报告中表达得十分清楚，概言之就是"党政分离"。执政党的职能是领导人大制定立法，同时监督但不能干预行政和司法；如果执政党直接干预行政乃至司法，那就成了"既做运动员，又做裁判员"，违背了"任何人不得做自己案件法官"的基本法治原则。近几十年腐败之所以层出不穷，正是因为"党政分离"从来没有得到落实，党政合体近年来甚至有所加剧。

14.您认为领导人是否应当实行任期制？应当如何保障任期制？

自从 2018 年修宪之后，领导人任期成为中国热议的问题。在中国现行体制下，废除终身制无疑是个进步。这本身是没有什么好讨论的"政治正确"，但终身制其实只是问题表象而非实质，尤其不能以为只要废除终身制就万事大吉。事实上，只要领导人不是选举产生的，领导人的权力没有受到有效制衡，终不终身都区别不大，换一拨"蚊子"可能吸血更厉害。而只要没有宪政民主，也就没有什么能防止废除了的终身制死灰复燃。2018 年修宪已经让这个可能性成为现实。因此，关键不在于任期制，而在于宪政民主。

在宪政民主体制下，领导人是否实行任期制，取决于"领导人"的性质，不能一概而论。首先，如果领导人是民选产生的，某位领导人连任代表了多数民意，那么任期限制和民主之间其实存在一定的矛盾。议会制的总理或首相是没有任期限制的，因为议会多数党凭选票成为执政党，而执政党领袖就是领导内阁的总理或首相。德国默克尔、日本安倍都已连任了许多届，理论上可以无限连任下去——只要获得足够多的选票。其次，如果领导人权力过大，尽管他有能力通过选举连选连任，也有必要限制其任期，以防其一权独大并滥用权力。这主要是针对总统制国家的实权总统。众所周知，华盛顿创立了连任一届的伟大先例。拉美、非洲和中亚某些国家总统任期长或届数不受限制（或像普京那样和总理玩"二人转"规避两届限制），即可断定这样的总统是独裁者。最后，虚位元首没有实权，一般也不由直选产生，通常不需要规定任期限制。极端的例子是"万世一系"的日本天皇和英国女王，这样的"领导人"连任甚至世袭都不可怕，因为完全没有实权。

总之，宪政民主国家存在民主与分权制约，因而任期制是小问题；没有宪政民主，任期制成了大问题，但这个"大问题"只有宪政民主才能解决得了，因而我们要抓住问题的根本，没有必要纠结于问题表象。打破终身制是邓小平当年在政改方向上迈出的一小步，也是当时政治格局下所能容许的权宜之计，但千万不能当作是政治改革的定心丸；没有进一步政改，任期制本身意义有限，而且不可维持。正如美国先贤富兰克林所说："那些为了获得一点暂时的安全而出卖基本自由的人，既不配获得自由，也不配获得安全。"任期制就是这种没有任何安全保障的安全感。只有进行全面的民主、分权和限权改革，任期制才有意义，也才有可能获得制度保障。

15. 您如何评价中国目前的司法状况？未来中国如何实现司法独立？

中国司法状况可大致分两个层次来谈。一方面，在学理研究上，这三四十年总的来说进步巨大。虽然宪法领域仍有不少敏感词，但学者对西方制度的了解是比较全面准确的，有的方面甚至做得相当细致。这直接影响了中国司法的知识结构，因为每年有大量的法学院毕业生进入法院、检察院、公务员系统。和改革刚开始不同的是，目前公检法人员的知识水平在总体上是不差的。另一方面，这些人员的道德水准和所属机构的权力结构并没有发生质变或哪怕是量变。和八十年代体制内存在大量"健康力量"相比，近三十年变本加厉的政治管控使得体制内发生了彻底的逆淘汰。虽然现行宪法规定了法院的"审判独立"，但是由于当局明确拒斥"司法独立"，法院内部实行"院长负责制"，法官个人的独立性没有任何保障。1999年开始的司法改革"雷声大、雨点小"，没有触动法院内部管理结构。2008年"法盲院长"王胜俊开倒车，抛弃司法改革的职业化原则，又回到群众路线。最近一次司法改革回到了职业化路线，尝试让法官获得更大的自主权，但是知情人认为效果甚微，法官面对上级干预的抗压能力并没有提高。

司法独立是司法公正的必要条件。当局一直把司法公正放在嘴边，却一再拒绝司法独立，可谓缘木求鱼。要实现司法独立，有难易两条路。容易的路是靠上层觉悟，在不改变政治体制的情况下，自上而下推行司法改革。这条路自从1999年已经走过了，但是虎头蛇尾；一旦既得利益明白不动政体的司法改革依然会触动他们的奶酪，这条路终究走不下去。当然，如果统治者足够开明，领导人明白司法独立对于统治合法性的重要意义，像新加坡那样实行开明专制，那么法治改革或能有幸展开，但是幸运之神似乎总不那么眷顾中国这片土地。如果自上而下的改革走不下去，那么只有在政治民主化改革之后，才有可能实质性推进司法改革。

四、分权制衡

16.民主的要义是多数人统治。如何在宪政民主的中国保护少数人的基本权利？

在方法论个体主义意义上，"人民"不是一个神圣高贵的整体，而是由一个个自私自利的凡人构成的。"民主"不可能做到每项决策都让每个人满意。遇到分歧和利益冲突的时候，只能投票，而多数人认同的政策只能让多数满意。但多数人也是人，也会犯错误。古希腊大陪审团曾两次判决伟大的智者苏格拉底死刑，前苏联、纳粹德国一度有相当多的人拥护极权势力并投票将他们送上统治者的宝座。这些都是"多数人暴政"的典型例子。当然，民主可能产生多数人暴政的后果，并不意味着民主不好；毕竟，古今中外绝大多数暴政都是少数人统治而非多数人统治的暴政。它只是意味着民主也要受到约束，尤其要防止多数人侵犯少数人的基本权利。这是为什么我们提倡"宪政民主"：绝不能放弃民主，也不能无条件拥护多数主义民主，而是要让民主受到宪法其它要素的约束。

保护少数人权利的主要机制是宪法和法律意义上的司法审查。首先，法治原则要求，只有议会制定的法律才能影响个人权利；如果要限制人身自由，还须经由司法审判。多数人的民意不能凌驾于法律和司法之上，这样才能防止人治的任性。其次，如果法律本身侵犯了个人受宪法保护的权利，当事人还可以诉诸司法审查，撤销违宪立法，譬如某些刑罚可能过于严酷残忍、有违人道原则，法院可以拒绝适用。

221

17. 宪政就是依宪治国。您认为应当如何保障宪法在未来中国的崇高地位？违宪审查机制应当如何设计？法院有权解释宪法吗？

宪法是国家的最高法律，只有有效的司法审查制度才能保障宪法的最高地位。换言之，必须建立有权依据宪法审查一般立法的法院。首先要明白，诉讼是落实任何法律的必要途径。有法律就会有诉讼，有诉讼就必须有裁决诉讼的法院。民法有法院，刑法有法院，就连行政法也有专门的法院，在中国唯独宪法没有诉讼、没有法院。这也就难怪"有宪法无宪政"了。要依宪治国，必须建立合宪性审查机制，由法院来解释、适用和实施宪法。

为什么必须由法院而不是议会、行政或其它机构释宪呢？这是因为宪法也是法，而宪法或法律解释在性质上属于司法的活儿。议会负责立法、行政负责执法，立法和执法其实也都涉及法律的理解和解释，只是专门解释法律的权力在于法院。刑事诉讼总不能靠警察来解释法律吧？那样索性就不要法院好了。没有法院，还叫"诉讼"吗？公安直接抓人关监狱不就行了吗？诉讼本身就是对警察权、行政权的控制，而法院必须有权独立释法，而且在效力上司法对法律的解释高于行政对法律的解释。宪法诉讼的目的在于衡量法律本身是否符合宪法，但是如果让立法者来决定自己的立法是否合宪，这和让警察决定自己抓人是否合法有什么两样呢？都违背了任何人不能做自己案件法官的法治逻辑。中国现行宪法规定，全国人大常委会解释、实施宪法，而绝大多数立法都是常委会自己制定的。这是中国宪法得不到落实的根本原因之一。

由此可见，法院不仅有权、而且有义务解释宪法。国内普遍把现行宪法关于人大解释宪法的规定错误理解为只有人大常委会有权解释宪法，导致法院在宪法解释和适用上长期不作为，宪法也就成了中看不中用的空中楼阁。其实，宪法本身并没有禁止任何机构解释宪法，因而这条规定只能被理解为常委会是解释宪法的最高而非唯一机构，法院当然是有权解释宪法的。2001年，最高法院对齐玉苓案的批复首次适用了宪法，开了"宪法司法化"的先例，但是和虎头蛇尾的司法改革一样，2008 年就自行废止了。现在首先要去除法院不能解释、只有常委会才能解释宪法的荒谬理解。

当然，司法审查主要有两种模式。一种是美国为代表的分散审查模式，因为英美普通法国家的法院具有一般管辖权，本身不分专业，因而几乎任何一个法院都可以接受宪法诉讼。另一种是德国为代表的集中审查模式，因为欧洲大陆国家受法国影响，司法系统分为民法、刑法、行政法等不同的专门法院，因而宪法诉讼由专门的宪政法院负责审理。中国现行体制更接近欧洲大陆体系，但一时建立宪政法院难度太大，可以模仿台湾的"大法官会议"制度，不同领域的法院汇总起来的宪法问题由最高法院内部成立的专门委员会来处理。未来中国更适合效仿德国的集中审查模式。总的来说，德国模式更为现代、科学，也更符合中国长年形成的法律实践。具体可参见我合著的《司法审查制度比较研究》。

18. 您认为维权律师和法律界在司法独立、宪政转型和社会法治化过程中可发挥什么样的作用？

律师是指通过国家司法考试、法律资质获得国家承认、专门从事法律类事务的一批人。维护国家法治的中坚力量不只是法官，更重要的是律师，因为律师人多，而且地位相对独立。中国计划经济时代根本没有法治，产生了法官、检察官的数量比律师多得多的世界奇观，甚至社会上根本不知道有"律师"这个职业，只看过法官威风凛凛搞"公审"。1978-79 年改革开始之后，律师队伍持续壮大，现在已超过法官人数。2005 年统一了法官、检察官、律师的司法考试，有人提出中国形成了"法律共同体"，似乎律师和法官、检察官成了一伙人，共同目标是维护法治。过了十来年，至少一部分律师和他们分道扬镳了，有的"死磕律师"甚至和公检法发生了激烈碰撞。虽然体制内并非没有健康力量，但是在其独立性缺失的情况下，我对体制内维护法治的动力和能力都是相当悲观的。其实，律师算得上是"半体制内"的人，从事法律工作的人至少要接受这个宪法和法律体制，而在中国，由于宪法和法律往往是给人看的而不是拿来用的，公权往往是违法者甚至违宪者，恰恰是律师在坚持运用宪法和法律。当然，部分维权律师受到了严厉打压，譬如2015年的"709事件"，但是相比体制内，律师总体上受到的管控仍然较少，因而维护法治的能力和动力比较足，已成为推动法治、纠正冤假错案的中坚力量。

律师是推动宪政转型不可或缺的力量。"美丽岛事件"的律师陈水扁、吕秀莲等都对台湾转型作出了贡献，后来在政党轮替过程中当选领导人，可被视为是对其贡献的承认。总统马英九也是哈佛法学博士，受过系统的法律训练。社会转型需要一大批独立而自由的法律人，这样社会变革才会发生但不至于过火；同样，体制内受过法律教育、具备法律思维的人通常也会有点底线，不至于一味愚昧保守。体制内外的法律人结合起来，才有可能促成宪政转型的成功。

19. 分权、制衡、法治的制度安排，是为了最大限度地保护自由。你认为未来中国应当如何扩大和增进个人权利和自由？如何扩大和增进社会自治？如何处理保障政府效率和国家能力与保障个人权利和自由的关系？

国家能力、政府效率、个人权利和自由并不矛盾。在绝大多数情况下，它们是一致的，因为"国家"就是个人构成的，国家富强和长治久安必然要建立在个人自由的基础上。也只有这样，政府才有真正意义的"效率"，而不只是"大干快上"的速度。因此，看似吊诡的是，要提高国家能力，首先要限制国家能力，不能让国家想干什么就干什么，而是要最大程度地保障个人自由并发挥个人积极性。许多事情根本不用政府操劳，公民社会就能做得很好；如果什么都依赖政府，造成政府过度集权和人民的过度依赖，最后"国家能力"和"政府效率"不会体现在如何为人民谋福利，而是会体现在剥夺人民利益的"能力"和"效率"上。当然，个人自由不是无限的；国家有权力和义务治理个人"外部性"，包括控制犯罪、治理市场失灵、提供义务教育和基本生活保障等公共物品。

其实说到底，宪政民主就是要确定个人与国家的合理边界。首先，宪法体现的个人基本权利和自由不得受到国家侵犯。其次，国家发展方向和大政方针最终是人民自己通过选举确定的，而不是由政府强加于人民头上；每隔几年，人民会在言论和新闻自由的环境下评价政府的所作所为，决定选谁代表自己的利益。再次，政府必须"依法治国"，只做法律授权之事，不得做法外之事。最后，如果法律本身超越了宪法权限或侵犯了个人的宪法权利，将被司法审查机构撤销。如此才能保证政府只做该做（合宪）的事，不做不该做（违宪）的事。

五、权利保障

20.言论和新闻自由在宪政民主制度中占有什么样的地位？如何在中国保障言论自由不受国家干预或操纵？您如何理解宽容和言论自由之间的关系？

言论与新闻自由被称为所有宪法权利中的"王牌"，也是美国"第一修正案"中的两大自由之一。语言是人类区别于一般动物的能力特征，也是人类文明得以建构的基础。如果没有言论与新闻自由，思想得不到传播，信息不能及时交换，全民被一种思想洗脑，因为缺乏准确信息而不知自己所处的真实状态，这样的国家如何能得到理性治理？如果连思想和言论这些无形的自由都没有，政府怎么可能尊重你的人身自由、财产权等有形的权利？更重要的是，言论与新闻自由对于宪政民主显然是不可或缺的。如果选民不能和候选人之间自由交流，"选举"还有什么意义？因此，国内将言论与新闻和选举权同归为"政治权利"，我则称之为"制度性权利"：它们不仅对个人极其重要，而且是宪政民主制度的基础。我在《宪政原理》中之所以开篇第一章就论证言论自由的重要性，正是因为言论自由这块王牌对于宪政民主而言具有奠基性意义。

在宪法管用的国家，政府当然不敢轻易侵犯人民的言论自由，否则就立马会面临下台的风险。政府官员的宪法意识也比较高，一般不会犯公然违宪的"低级错误"。即便违宪，也存在司法审查等有效的纠正机制；如果政府压制言论与新闻自由，上法院告它就行了。但是在宪法不管用的国家，言论自由就只能靠公民自己争取了。天下没有免费午餐，政府是不会自行尊重宪法权利的；宪法从不管用到管用、言论自由从无到有，都要经过一个公民力争的过程。言论、新闻、集会、结社自由以及宗教自由、选举权、司法公正，都需要公民亲身实践这些自由或权利才能实现。虽然政府不仅管控很严厉，而且媒体尽数皆为国有，新闻自由几乎没有空间，但是互联网等现代通讯技术的发展还是为自由表达提供了很大便利。尽管政府监控技术不断升级，每天都在删帖封号，但是只要公民不放弃传播常识和真相，中国的言论自由就有实现的希望。

言论自由也是社会契约的一部分，因而不只是约束政府，而且也是公民彼此之间的一种道德承诺：真正的公民不仅积极行使自己的言论自由，而且也尊重别人的言论自由，尤其是不同意自己的言论自由，拒绝利用公权打压不同观点的诱惑；当政府打压不同意见时，无论左右都要说"不"。如果没有这种默契，政府打压左派、右派就高兴，打压右派、左派就高兴，那么政府不管压制什么观点都会左右逢源并享有强大的社会基础，言论自由就永远不可能作为一种宪法制度而得到落实。

因此，言论自由还要求宽容的公民品性。既然认为政府并不是一贯正确的上帝，我们也不能把自己放在上帝的位置上，而是要永远保持一种开放的思维，尊重他人的尊严并为不同意见保留一点自由空间，这样才是一个真正的自由主义者。只有当宽容成为一种社会风气，社会上持不同立场的相当一部分人将言论自由作为自己为人处事的契约原则，才能抵制政府对言论自由的侵犯。

21. 集会与结社自由在宪政民主制度中占有什么样的地位？在中国应当如何实现？

集会和结社自由是言论自由的延伸，逻辑和言论自由类似。在有宪法无宪政的国家，这些自由也要在公民行使过程中争取得来。大规模集会往往是政治转型的触发点，结社则是政党政治的预演和历练。这也是为什么当局对这两种自由极为防范恐惧，行使集会与结社自由的风险也比一般言论自由高得多。公民集会尤其被认为是绝对不能容许的"红线"，甚至"同城饭醉"这样的聚会活动也受到严厉恐吓与干扰，因而目前集会并非是公民宪法实践的可行方案。相比之下，结社自由的风险略低一点，可以尝试不同形式的非正式结社和社会网络。某种意义上，微信群可以算作是一种虚拟结社。尽管微信群没有隐私，也经常会受到干扰，但仍不失为锻炼公民议事能力的一个虚拟社区。

22. 宗教自由在宪政民主制度中占有什么样的地位？如何在中国保障宗教自由不受侵犯？

宗教自由和言论自由同属社会契约的组成部分，也是美国"第一修正案"的另一项核心权利，包括两个组成部分：政教分离与宗教活动或实践自由。宗教不只对于十八世纪美国是一件大事，对于整个世界都是一件长远的大事；尽管各国都在经历一个宗教祛魅的过程，但在可见的将来，宗教仍然是一件头等大事，对于无神论中国这样的国家尤其如此。经过几十年无神论洗脑之后，中国的信仰结构和世界大势正好相反。据皮尤中心的抽样统计，世界上信教人数占总人口的63%，但中国只有10%上下；90%的中国民众都不信教，高达54%的中国民众是"坚定的无神论者"（其余36%为不可知论者）。改革四十年，虽然宗教自由没有得到制度性保障，宗教管制的实质性放松使得信教人数大幅度上升。但另一方面，宗教自由的缺失仍然直接抑制了中国信教人数的发展，进而极大拉低了中国社会的道德水准。中国社会发生的各种道德冷漠和无底线互害构成了宪政民主的极大障碍，而归根结底是宗教及其自由缺失的结果。

从世俗角度看，宗教信仰对于任何一个国家都发挥着或许不可见但绝对不可缺的作用。显而易见，任何文明社会都离不开道德信仰。只要人的自私基因没有改变，只要每个人的主要（并非唯一）行为动机是自利，一个缺乏相互信任的社会就深陷无处不在的"囚徒困境"之中，不可能相互合作并形成文明秩序；换言之，但凡文明人即离不开道德信仰。宗教虽然是道德信仰的一部分，却是其关键核心部分；虽然信仰也可以是世俗的，但世俗信仰的深度和定力均不如宗教信仰，往往不足以帮助一个自利型社会脱离"囚徒困境"。趋利避害是人性本能。在现实利益和信仰发生冲突的时候，现世主义的世俗信仰者太容易妥协和勾兑，使信仰流于虚伪的口号。宗教的世俗功能是将现世利益计算无限拉长到来世，通过神明的权威让信徒无条件遵守道德规则。这或许是为什么当今中国许多坚定的维权者都是基督徒，因为在逆境下持守信仰实在太难了。

既然宗教这么重要，是否意味着宗教需要政府"管理"或支持？恰好相反，绝对不可。政府是宗教或任何信仰的毒药，政府干预所到之处，留下的必然是信仰荒漠。看看中国今天的贪官在台上口若悬河，到台下即被纪委带走——这是对执政党信仰的最直接摧毁。真正的信仰是管不出来的，信仰管制只能制造伪善和欺骗。都是成年人了，还来告我该信什么，你以为你是谁？真正的信仰只能是自由传播、自愿接受的结果，只有能被拒绝的信仰才是真信仰。另一方面，信仰藏在人类思维的最深处，如果不表达出来甚至无人知晓，因而国家管制必然是徒劳的，除非管到极权登峰造极的北朝鲜那个份上——但管到那个份上，貌似全体国民都信了什么"主体思想"，这个国家真的会好吗？如果没有宗教自由，一个国家或者没有真信仰，或者像许多穆斯林国家那样在政教合一政权的高压管制下没有自由选择的空间，最后陷入愚昧、狂热、偏执，都离现代文明十万八千里。因此，宗教与信仰自由是要受到绝对保护的，政教分离也必须严格实施。事实上，美国第一修正案中的宗教自由还排在言论自由之前，因为宪法对宗教自由的保护甚至比言论自由更绝对。

托克维尔在考察美国的民主之后指出，一个高压专制社会或许不需要信仰，因为人像动物一样被国家管着，但是一个自由社会绝对需要信仰，否则必然沦为一个互害社会。在获得了部分自由的当今中国，最需要的是宗教与信仰自由。如何从无到有？和言论自由一样，宗教自由也是要靠公民自己去争取的，因为信仰是我们自己的；如果连我们自己都不愿意去信、去争，宪法给我们再多的信仰自由又有什么用？尽管经过几十年无神论教育之后，我们多数人都持不可知论（譬如我自己就是）甚至无神论，但我们至少要理解并支持宗教自由，而不能容许政府压制或干涉宗教自由；否则，我们只会为自己的盲目偏执和愚昧短视付出代价。

23.大学自治在宪政民主制度中占有什么样的地位？如何在中国当下实现大学自治？

身在大学，我并不想过分凸显大学的重要性。事实上，就教育本身来说，我认为中小学教育更为重要，因为它们更直接地关乎公民人格的形成；到了本科乃至研究生阶段，学生的可塑性已经十分有限了。但不可否认，大学是思想荟萃之地，有影响的学者也大都汇聚于此；甚至说大学是一个国家的灵魂，也不为过。如果连大学都充斥着无底线逐利的欺世盗名之徒、唯唯诺诺的碌碌平庸之辈，那么这个国家的灵魂就死了。大学无思想、国家无灵魂，还要追求这个"创新"、那个"一流"，不是痴人说梦吗？

思想和信仰一样，一管就死；政府只能被思想统治，而不是统治思想。真正的思想是在思想、信仰、言论自由的环境下产生的，怎么可能被政府管出来呢？无论是春秋还是民国，中国思想的黄金时代都是政治失序、政府无能时期，或许很能说明问题。如果政府能管出思想来，官员懂得比大学老师还多，那就让部委直接办大学就行了，财政部办财经大学、交通部办交通大学、司法部办政法大学（实际也确实如此）……官员直接上讲台，还要我们干什么？因此，大学不能管，也不需要管。大学就是讲课、出书、写论文那点事儿，至多就是谁开什么课协调一下，就和哪个法官审哪些案需要分配一下一样，有哪一样是需要政府插手的呢？如果院长写我的论文比我自己写得还好，那就让他替我写论文好了；如果书记讲我的课比我自己讲得还正确，那就让他替我讲课好了。这样，一个学院只需要院长书记两个人，其他人都可以不干活吃白饭；上面省心，下面省事，岂不皆大欢喜？！

这是为什么我一直认为，大学和法院是两个最不需要"管"的地方。所谓大学自治，就是大学按照教育规律，由教师和学生自己来管理自己的事情，实现"教授治校"而非官僚治校。这样当然要花费教师一点时间，每个月可能要开半天的会讨论院务校务，但是这种制度保护了大学和教师的自由。至于如何实现，还是要靠教师自觉，不过说实话，我对国内大学教师的普遍状态并不乐观，因为都要在体制内

229

生存，目前敢说话的寥寥无几，主动要求"治校"更会被认为自不量力。另一方面，相当数量的教师还是有基本是非观念，要想再发动一次"反右"或"文革"、让教师们跳出来相互揭批打脸，也很难。在当下阶段，积极意义的大学自治看不到希望，但社会对大学施加压力、要求校方尊重教师的思想和言论自由，还是有可能实现的。

24. 公民社会在宪政民主制度中拥有什么样的地位？"人民主权"这一理念如何在宪政民主制度中实现日常化、程序化？

公民社会是指相当部分的公民主动行使宪法权利、积极讨论并参与公共事务的社会状态。更准确地说，在一个公民社会，相当部分的公民都理解和接受了社会契约的基本要素，并将政治自然法作为自己的信仰和行动准则。显然，公民社会是宪政民主的社会基础。不可想象，一个宪政民主制度可以在一个被动消极的臣民社会中运行。没有公民社会，人民一盘散沙，既不能实现社会私权自治，也不能抗衡国家公权滥用；事事依赖政府，造成公权过于庞大，既不会遵守自己的权力边界，也不会尊重人民的宪法自由。因此，宪政民主要顺利运行，需要一个大批公民分享并信守共同价值观念的公民社会。

公民社会通过公民行使各种宪法权利决定国家权力的构成，保证国家权力对人民负责。"人民主权"这样的提法应当谨慎，因为"主权"概念带有整体主义色彩。在可操作意义上，"人民主权"即意味着政府通过周期性选举等方式最终向人民负责。为此几乎需要全套宪法制度：公民的言论、新闻、集会与结社自由，选举权与被选举权，政府内部的分权制衡与司法独立。因此，宪政民主就是人民主权的日常化和程序化。

25. 您认为目前中国公民社会的发展状况如何？积极公民与消极公民之分在中国今天有没有现实意义？

伴随着四十年的经济与法治改革，中国公民社会获得了巨大成长，一批有良知、有担当、有宪法意识的公民成长起来，在律师和记者队伍中表现得尤其显著。另一方面，公民社会的力量还不够强大，远不足以正面抗衡公权压制。前些年公权相对宽松，公民社会就得到顺利发展；近几年公权收紧，公民社会空间又受到严重压缩。加上严格的新闻出版管制和各种言论禁区，当局对社会的管控和洗脑也严重加剧了社会撕裂，使之不能广泛讨论"大饥荒""文革""六四"等重大历史事件并形成社会评价，也不能自由讨论现行体制中的现实问题和宪政民主制度的优越性，从而严重抑制了社会共识的形成。当然，要回到五六十年代的闭关锁国状态已不可能，但打破禁区的言论自由动力也相当有限。当前中国公民社会的发展处于混沌胶着状态，因而韧性坚守仍是第一要务。

如果是以觉悟与行动之分来区别"消极"与"积极"公民，我认为合格的公民只能是积极公民。一个合格的公民不只是明白宪政民主这套大道理，而且要尽可能利用自己的资源付诸行动，至少公开参与或转发有关宪政民主的讨论。当然，在行动中要善于保护自己，谨慎权衡行动风险和得失，但是一个从不作为的"公民"根本算不上是公民。

26. "第一代人权"主要是消极的公民与政治权利，"第二代人权"是指积极的经济、社会、文化权利。二者在宪政民主制度中各有什么样的地位？在中国推进宪政民主的进程中，二者同时并举是否可行？

"消极权利"是指人生来俱有、国家不得剥夺的"天赋权利"，譬如思想与言论自由、宗教与信仰自由、人身自由、私有财产等。"积极权利"则是指并非生来俱有但国家有义务给予的基本利益，譬如基本的住房、医疗、食品和义务教育。之所以消极权利是"第一代"权利，是因为1929年经济"大萧条"之前，西方世界对市场经济信心满满，每个人都有能力靠自己的拼搏争取幸福生活，国家只需要管国防、治安等极有限的事情，发挥所谓"守夜人"角色即可。但是"大萧条"等经济危机揭示了市场和私有制本身的局限性，市场经济的"自我调节"显得是不可实现的神话，国家有义务对市场经济进行宏观调控。另外，市场经济也不可避免造成贫富悬殊，人口中一定比例的贫困户不能保证基本体面的生活，也无力为其子女提供适当教育。通过累进制税收"劫富济贫"、缩小贫富差距并为所有人保证基本生存，也成为需要国家实现的公共利益。

客观地说，两代人权相辅相成、互为条件。如果没有消极自由，个人基本权利没有保障，政府可以无所不为，最后的结果一定是政府只做坏事、不做好事；指望不尊重消极权利的政府还能提供积极权利，无异于痴人说梦。另一方面，没有一定的基本生活保障，穷人连温饱都无法实现，更谈不上义务教育，诸如思想和言论自由等消极权利也就失去了意义。但是谈论积极权利要谨慎，因为积极权利要求政府作为，而政府未必有作为的能力；或对政府作为的要求过多，致使政府权力过大、不受制约，不仅不会为人民提供任何福利，而且会剥夺人民的私有财产等消极权利。这是为什么消极权利是积极权利的基础，而且历史上也早于积极权利，因为积极权利要求政府实行财富再分配，但是不经过所谓的"原始积累"，社会没有财富可分，"积极权利"只能是空头口号。那些成天把"生存权""发展权"放在嘴上的极权国家颠倒了积极权利和消极权利的关系，其承诺不过是欺世盗名的谎言。

这是为什么我不反对推动积极权利，但是首先要摆正二者之间的关系。消极权利是国家人权诚信的试金石，因为它不要求国家具备任何能力作为前提条件：国家只要不主动侵犯个人权利就行了，有什么理由做不到？做不到是因为不想做，而不是不能做。国家能力太强，反而可能无法抑制侵犯人民自由的冲动；它连消极权利都不想尊重，难道还可能尊重你的积极权利吗？因此，必须首先落实消极权利作为第一要务。只有在此前提下，如果国家有能力，才能推动实现积极权利。

27. 您认为平等或反歧视具有什么样的社会作用？如何有效实现平等、禁止歧视？

首先需要澄清，反歧视意义上的平等是消极权利而非积极权利。反歧视只是要求政府赋予所有人平等机会，而不是强求政府去实现平等结果，搞"大锅饭"、平均主义。譬如按需分配是结果平等，不论是否劳动都有所得。按劳分配或按能分配则是机会平等，人们按照自己的劳动和贡献获得报酬，贡献越大的报酬越高。机会平等只要求对类似的情形给予类似处理，但不要求并非类似的情形得到类似待遇，禁止国家基于种族、性别、年龄等不相关因素对人进行区别对待。当然，年龄太大了，可能就不适合工作，这个时候它就成了相关因素，可以进行区别对待。但是国家能否禁止35岁以上的公民考公务员？那就要看这类禁令是否具备社会能够普遍接受的理由。如果没有，那就构成年龄歧视。由此可见，机会平等是一个理性社会所必须秉持的原则。这也是为什么它构成了社会契约的一部分。没有机会平等，一个社会必然充满各种离奇荒诞的歧视。不仅不具传染性的乙肝等病毒携带者无法谋职或就学，而且银行会要求男女职员都满足一定身高标准，保险公司聘用会让"党员优先"……一个没有理性的国家必然戾气横行、暴力充斥，譬如浙江一名乙肝病毒携带者因为被排斥在公务员队伍之外，而持刀杀伤了一名负责录用的政府职员，在同一个办公室杀死了另一名与此无关的政府职员。

中国式歧视之所以五花八门满天飞，是因为反歧视机制极其欠缺。发达国家禁止歧视无非是立法、行政、司法三招。首先，需要制定反歧视一般立法，至少是反就业歧视法，因为就业歧视尤其普遍。其次，反歧视法需要建立专门实施反歧视的行政机构。最后，独立司法能适用宪法和法律平等原则，有力捍卫平等权利。中国法院首先不能解释和适用宪法，致使第33条"公民在法律面前一律平等"有名无实。也不存在可适用的反歧视立法，只有一部《就业促进法》，没有力度，平等也只是一句话轻轻带过。更没有一个专门的反歧视机构，甚至国家在公务员录用等过程中自己就在歧视，如何反对社会歧视？未来中国的反歧视事业必须在以上三个层次取得突破。

28. 女权运动和劳工运动在宪政民主制度中各有什么样的地位？二者应当避免哪些陷阱？

女性和劳工都是人数众多的社会弱势群体，二者维权都具有重要的社会意义。任何维权要成功，都必须在宪政民主制度中展开，女性和劳工维权显然也不例外。如果没有言论和新闻自由，社会怎么听得到你们的诉求？如果没有结社自由，自己不能集体维权，只有一个妇联和全国总工会帮助维权，这样的"维权"能有效果吗？事实上，没有结社自由，不仅妇女、劳工是弱势群体，司机、警察、教师、学生甚至干部等任何阶层或类别也都是弱势群体。那些薄熙来们平时呼风唤雨，一旦被"双规"就什么权利都被剥夺，被"上吊"、被"跳楼"屡见不鲜，不也是弱势群体吗？"弱势群体"是专制国家的"特产"。女性和劳工要摘掉自己的"弱势群体"帽子，必须支持宪政民主运动。

要说有什么"陷阱"，我想也就是这个问题。弱势群体是社会强权的产物，女性被男性欺负，劳工被老板欺负，这些是常见的社会现象，因而弱势群体很容易将矛头指向相对强势的社会群体。这很好理解，也完全可以通过国家立法等正当方式来保护自己的权利，但不能经不住政府的诱惑，被政府利用来打压公民社会的其它力量。专制政府总是会把自己打扮成弱势群体的救星，有选择地向部分弱势群体抛出橄榄枝，但这么做的目的是通过分裂瓦解、分而治之，把社会所有群体都变成对暴政毫无抵抗力的彻底弱势群体。因此，弱势群体维权要走正道，那就是尊重所有人自由的宪政民主之道。

29.如何保护少数族群的语言文化、受教育权和参与全国竞争的公正机会？在中国宪政民主转型过程中，应当如何维持族群和睦？

和女性与劳工等弱势群体一样，少数族群的权利同样只能在宪政民主的大框架下才能实现。要保护少数族群的平等权利，首先要实施宪法并落实平等原则，禁止对少数族群的各种歧视。这是基本面，在此基础上才谈得上针对少数族群的特殊待遇，特殊性离不开普遍性。少数族群的语言文化和地方习俗只有加强地方自治才能得到有效保护，无需偏离民主和法治的基本轨道。当然，少数族群聚居地一般经济和教育不够发达，可以通过"纠偏行动"给予适当特殊照顾，譬如在全国高考和招生平等的情况下，对西藏、新疆、内蒙、青海、甘肃等少数族群聚居的地区保证全国平均录取比例的名额，或中央对这些地区的教育加大投入。

在转型过程中，一定要秉持至少不能让少数族群吃亏的大原则；他们在宪政民主制度框架下该有的所有权利，都要还给他们，以此换取他们对宪政民主转型的拥护。除了一般的宪法权利和自由之外，尤其要保障少数族群的平等权、民主选举权和地方自治权。地方自治包括对自身管辖区域的公共财产自治，这对自然资源丰富的新疆、内蒙等地区尤其重要。在中央集权体制下，自然资源全部"国有化"，剥夺了这些地区的财富，也为族群矛盾甚至国家分裂埋下了导火索。通过宪政民主保证少数族群的基本权利和利益，这是族群和睦的最大保障。

六、转型之路

30. 如果实行联邦制和地方民主自治，中国边疆地区是否会出现政治分裂或军事冲突？如何避免这种现象发生？

民主化会导致分裂或内战，这是洗脑教育的长期论调。实际上，它意味着目前的统一是集权高压的结果，一旦高压不能维持就会分崩离析。这正说明了高压统治才是国家分裂的导火线。由于长期不尊重少数族群的基本人权，才会造成他们怨声载道、离心离德。真正的统一只能建立在尊重基本权利、保障地方自治的宪政民主基础上，只有宪政民主才能永绝分裂之患，让各族群都安心生活在一个自由、平等、民主、自治和法治的统一国家。

但是由于集权统治已经埋下无所不在的分裂隐患，转型过程仍然免不了分裂乃至流血冲突的风险。我不认为有什么放之四海而皆准的处方能防止这种现象发生，一味逃避问题、寄希望于高压维稳也是完全徒劳，因为集权高压不可能一直维持下去。但事在人为，虽然转型有风险，如果策略得当仍有希望避免风险成为现实。最关键的是，转型时期的各方政治精英应有远见、宽容和担当，通过相互尊重和妥协解决分歧，尽可能使转型平稳进行，避免突发事件造成极端势力上台，尽快达成社会契约并在此基础上产生宪政民主的制度框架。多数族群不能再居高临下、仗势欺人，而是要充分尊重少数族群的正当诉求。少数族群也应认识到，过去的不幸是专制集权体制造成的，多数族群同样是这种体制的受害者。无论对于多数还是少数族群，简单的大一统或独立都不是可行的和平选项；与其走上暴力冲突的不归路，不如和其它族群一起共建宪政民主，通过高度自治来保障自己的权利。

31. 中国目前有没有政治反对派？"忠诚的反对派"应当忠诚什么、反对什么？

"忠诚的反对派"一语来自 19 世纪英语"陛下的忠诚反对派"，也就是忠于国土、忠于帝制但反对议会多数派的议会少数派。其实，1689 年"光荣革命"之后，英国国王已成"虚君"，不行使实权就不会得罪人，大臣们没有理由不"忠于"国王，因而这里已经是指英国的君主立宪体制。今天可被引申为忠于宪法体制，但未必赞成议会多数通过的立法和政策的反对派。因此，"忠诚"的是宪政民主体制，反对的则是在此体制下通过的具体立法、政策等议会多数立场。事实上，反对派甚至可以反对宪法的某些具体制度或解释，譬如有人可能并不认可总统制、主张改为议会制，但是既然多数人选择了这部宪法及其适用机制，他们仍然尊重这部宪法。更准确地说，反对派和执政党都拥护社会契约与政治自然法，也都忠于体现契约要素的宪法体制，但是在具体的立法和政策上存在分歧。

"忠诚的反对派"这个概念十分重要，因为它形象体现了宪政民主的本质。民主就是由选民选择执政党，而选票无情，"没有永久的执政党"；民主的本质是轮流执政，轮流意味着必须存在可行的替代选项。因此，反对派不能一盘散沙，而是要随时准备"接盘"，因而必须高度组织化，并和执政党一样有一套完整的执政理念和政策纲领。英国的议会反对党组成"影子内阁"，一旦内阁失去议会多数信任即准备组阁执政。不少英联邦国家的宪法甚至明确规定了反对党领袖，为其保留了很高的宪法地位。

中国长期严厉打压组织化的政治反对力量，因而政治反对只能停留于思想和言论，不仅没有组织、一盘散沙，而且因为没有机会实际参政，往往显得空泛和不接地气。中国目前颇类似于大革命时期的法国，执政者专横跋扈，既不允许批评和反对意见，更不提供任何参政机会；公知们则嬉笑怒骂皆成文章，但缺乏实际从政和管理经验，从而进一步做实了执政党不可替代的神话。一个有效的反对派不需要在政治上多么高调，但需要脚踏实地联系基层民众、了解社会需求并通晓治国方略。在政治空间极其有限的环境下，中国政治反对派离此还有很大差距。

32. 您认为道德勇气在走向自由的时代具有什么样的作用？目前中国知识分子阶层普遍存在的沉默究竟是一种可谅解的人性弱点，还是在放弃自己应当承担的道德责任？

如前所述，中国绝大多数人都不信教。在这样的国家，道德勇气对于宪政民主的制度建构具有关键作用。衡量制度好坏的标准之一是看它是否需要英雄：在一个好的制度下，市井百姓都有诸多方式维权，而无后顾之忧；在一个糟糕的制度下，只有英雄才敢挺身而出。制度改革的目标是让社会不那么需要英雄，但是这个过程本身又离不开具有良知和勇气的先知先觉者。在这个意义上，中国知识分子的普遍沉默是可以理解的，我们没有权利要求任何人成为英雄，也不能对任何阶层或界别有过高期待。

另一方面，知识人基本上都是"明白人"，应当知道最近几十年究竟发生了什么、当代存在哪些问题、今后应该走什么道路、向什么模式看齐。如果为了一点蝇头小利而睁着眼睛说瞎话、助纣为虐、帮助洗脑，那就是不可原谅的罪恶。

我认为，道德指责是没有用的。与其指责别人懦弱，不如做好我们自己，用行动为社会树立标杆，总结前人的经验教训，尽力传播常识和真相，尽可能改良社会风气并争取体制内外的支持，让更多的人加入宪政民主大业。

33. 未來中国是否可能通过全面政治妥协、多元圆桌会议等途径，实现和平的宪政转型？有学者主张温和的中右与温和的中左缔结为主要社会联盟，这在未来的中国有多大的操作可能性？

我不擅长预测未来，且将这两个问题合并讨论。变革社会的政治谱系大致分为四种力量：体制内的强硬保守派与温和改革派以及体制外的温和变革派与激进革命派。强硬派拒绝任何实质意义的政治改革，温和派则在既有体制框架下渐进推动政治与法治改革；体制外的温和派愿意有原则地和体制内温和派形成改革合力，激进革命派则坚持只有彻底改换现体制才能实现真正的制度变革。我认为，最重要的联盟在于体制内的改革派和体制外的温和变革派。至于社会上不同谱系的联盟固然也重要，但并非只靠说服就能形成的。一旦体制内外产生温和轴心，体制外的激进派会越来越少，自动向温和轴心靠拢。体制外温和派利用既有社会资源对体制施压，体制内温和派积极回应并实施政治乃至制度改革；体制内外的有效互动机制和良好社会效果既使强硬派无计可施，也有助于转化激进派并使之加入温和轴心。

亨廷顿在《第三波——二十世纪后期的民主化》中已经将转型动力学描述得很清楚：任何成功的政治改革都是体制内外的温和派形成强大联盟，挤压体制内强硬派和体制外激进派的结果；失败的改革则不是强硬派灭绝任何改革的可能性，就是激进派通过暴力推翻现体制，但往往随之而来的或是建立新专制，或是陷于内乱不断。

中国从 1898 年戊戌变法开始，从未形成过稳定的温和轴心，改良失败使得革命力量越来越发展壮大，却离宪政民主越来越远。1989 年重蹈覆辙，体制内"健康力量"几被清除出局。尽管体制内仍然存在有良知、有觉悟的人，但是经过长年不断的逆淘汰，这样的人似乎悉数销声匿迹；除了温家宝这样的个别例外，已 30 年无人敢公开谈论政治改革这样的话题。这是中国当下和平转型的最大困境：体制内似乎找不到和体制外温和派公开结盟的力量。当然，在一个极不透明的政治体制下，这可能只是表面现象，实际情况处于不明状态。

另一方面，需要看到的是，四十年对外开放极大削弱了极权体制的烈度。半个世纪之前，在 1970 年的"一打三反"运动中，遇罗克因为批判出身论、王佩英因为同情刘少奇而被判处死刑；今天，异议言论仍然受到打压，但力度不可同日而语。极权体制的削弱不仅降低了社会的维权代价，同时也意味着体制内的良知力量和法治意识在增长。2003 年，孙志刚之死激发了收容遣送制度的废除，可被视为体制内外温和力量联手推动的结果，由此开启了民间维权的"孙志刚模式"。这种模式固然是脆弱、代价高昂和不可预测的，但是它至少意味着体制具有两面性。目前虽然全面开倒车，但体制内温和力量的存在使之不可能回到改革前状态。待到倒退动力迟滞，必然会迎来一波新的改革反弹。

目前在孤军奋斗的逆境中，中国体制内外的温和派需要坚守宪政民主的底线，稳妥而积极地传播宪政民主理念，利用有限的自由空间推动民间社会契约的形成，让尽可能多的公民服膺并实践政治自然法则，而不能坐等某个"立宪时刻"的到来。社会契约是一切形式的宪政民主的基础。中国自身的教训即足以证明，没有社会契约，再好的宪法文本也是不能落地的空中楼阁。宪政民主是一套制度，但这套制度的运行需要与之匹配的公民契约文化。没有真正理解、信仰并愿意亲身实践政治自然法的公民群体，要一部体现全套政治自然法则的宪法有何用？清末法学大家沈家本期待："一法立而天下共守之。"没有愿意守约的人，宪法又如何立得起来？当然，在宪政民主未能建构的国家，建构社会契约困难重重，但是我们没有别的选择。

34.您认为中国未来的宪政民主制度需要继承和保守最近七十年、最近一百多年和过去二千年历史中哪些积极因素？

最近七十年教训多过经验，尤其前三十年只有血的教训；后四十年的有限经验表明，一个社会有自由才有活力和繁荣——不仅包括物质繁荣，也包括思想、信仰、艺术、科学等精神层次的繁荣。最近七八年又回归教训：如果没有民主制度保障，所谓的自由只是一时松绑，可以在一夜之间归零。最近百多年有共和民主的民国经验和教训，可惜由于底子薄、环境差，阴差阳错、功败垂成。它的教训主要是，一个民族必须有相当数量的人尤其是政治精英接受了社会契约的基本原则，才有可能成功建构宪政民主制度。这在我去年反思五四百周年的文章"契约构造的失败——从辛亥到五四"中有比较详细的讨论。

至于古代传统，我前面已经说过，政治制度方面早已智慧枯竭，对现代宪政民主没有贡献；如果还像今天的"新儒家"这样死抱着那点陈芝麻烂谷子，只有死路一条。连张之洞的"中体西用"说都主张改革政治与法律制度，只是要保留儒家伦理核心。抱残守缺同时也意味着对儒家等思想传统中有价值的道德伦理学说视而不见，或者因为自己的懦弱猥琐而不敢面对。如前所述，宪政民主的成功转型需要有一大批具有道德勇气的公民，而道德勇气必须来自宗教或世俗文化信仰。

因此，一方面要全面放开宗教自由；但另一方面，我很怀疑文化上的"全盘西化"足以占据中国庞大的"信仰市场"。即便韩国、台湾等地解严后放开了宗教自由，基督教等外来宗教所占的人口比例也是十分有限的；我对这个问题完全实用主义，没有本土—外来的价值判断，只是指出基本事实。传统文化对于多数国民有一种自然的亲近感，在历史上也发挥了制约公权滥用的有限作用，既非尽然糟粕、亦非纯粹精华，因而既不能全盘接受、也不能绝然拒斥。今人的任务是要梳理甄别儒学等传统文化中哪些是精华、哪些是糟粕，筛选之后发扬光大。

我自己在研究儒家、道家、墨家等传统学说过程中，发掘出"人的尊严"这个概念，认为它最恰当地总结了传统思想的精华，也是中国和西方乃至世界文化交流的桥梁。西方国家以前只关注人权，现在越来越重视尊严概念，近年来出版了不少比较研究的成果。遍览这些比较研究之后，我不谦虚地认为，孔孟等原始儒家对这个概念的阐释最为精深独到，也最容易和现代接轨。儒家为主导的中国尊严观不仅有利于中国自身的宪政制度建构，而且可以为世界和平作出独特贡献。

35. 您认为，中国应当如何处理与欧美民主国家之间的关系？应当如何更有力地推动人类的和平、文明和自由？

以尊重和保护人的尊严为标准，中国有什么理由不和代表世界文明主流的欧美民主国家搞好关系？为什么要和践踏尊严的北朝鲜、俄罗斯、伊朗等独裁甚至神权国家打得火热？这方面，我们理论和实践差距太大。虽然中国传统文化中有丰富的尊严思想，却没有体现到制度保障当中。尤其近七十年，我们在这个方面离文明国家差得太远，今天只有像当年日本明治维新那样放下身段、虚心学习、借鉴效仿的份。中国占了世界人口的 1/5，中国人自己的文明化就是对人类文明的最大推动。这次武汉肺炎导致世卫组织宣布全球公共卫生紧急状态显示，如果中国不能独善其身，肯定会殃及世界。要让世界看得起中国，也只有走宪政文明之路。看看武汉肺炎揭示出来种种匪夷所思的人性丑陋众生相，一个闭塞、愚昧、猥琐、野蛮的民族怎么能指望得到别人的尊重？要想得到世界的尊重，那就首先做一个和宪政民主的世界潮流合拍的文明人吧。

正如 1948 年的联合国《世界人权宣言》宣布的那样："所有人都生来平等，并具有平等的尊严和权利。他们被赋予理性和良知，并应以'四海之内皆兄弟'的精神相互对待。"世界应当是一个尊严平等的自由人的联合体，每一个国家首先要尊重和保护自己国民的尊严，才能取得进入世界文明联合体的入场券。宪政民主制度的目标正是为了让国家尊重每一个国民的尊严，让文明人共同生活在一个文明国家里。能否进入世界文明的大门，钥匙掌握在我们自己手里。尤其在宪政文明不可动摇地占据了世界主流的友好大环境下，中国人没有理由自暴自弃、自毁自侮，抱着颟顸丑恶的专制体制不放，把自己关在世界文明的大门之外。只要我们自尊自立、尊重自己、尊重同胞、尊重他人，中国宪政文明的步伐是任何力量都挡不住的。

《当代华语世界思想者丛书》 出版书目

自由主义的重生与政治德性	陈纯 著	已经出版
戊戌六章	许章润 著	已经出版
宪政中国——迷途与前路	张千帆 著	已经出版
上帝、信仰与政治秩序	罗慰年 著	即将出版
知性蒙蔽与德性沉沦 ——中国当代知识人批判	荣剑 著	即将出版